원 포인트 고전 인문 시리즈 3

번민
고전에 답이 있다

원 포인트 고전 시리즈 3

번민-고전에 답이 있다

김 가 원

해조음

간행사

새롭게 하고 또 새롭게 하라

　마음의 이치란 참으로 묘하다. 사소한 동기에도 필요 이상으로 우쭐해지는가 하면, 때때로 침울해지면서 커다란 상실감에 빠져들기도 한다. 그래서 이와 같은 감정의 소용돌이에 빠져들고 나면 일상을 살아나가면서 자기 자신의 이성에 지배되는 마음의 평정심을 추스른다는 게 결코 쉬운 일이 아니다.

　그렇다면 옛 사람들은 어떻게 하였을까? 당장 떠오르는 게 탕 임금의 세숫대야에 쓰어 있다는 서경書經의 문구다.
　"진실로 하루가 새롭거든 나날이 새롭게 하고 또 날로 새롭게 하라.(苟日新 日日新 又日新)"

　이는 지금은 고인이 되어 살아 계시지 않은 집안 어른의 가르침 덕이다. 호가 유남有南이셨던 어른께서는 항상 책을 가까이 두고 살아가는 습관이 있으셨다. 그 가운데 옛 사람들의 정신과 뜻이 새겨진 고전이나 문집 등에 관심이 많으셨다.

앞의 구절은 그 가운데 하나인 대학에서 인용하고 있는 서경의 한 구절이다.

처음 어르신의 서재에서 그들 문헌을 마주대할 때면 감흥이 그다지 크질 못했다. 아버님도 어쩔 수 없이 옛 사람이라는 정도, 아마 그랬을 것이다. 그러나 나이가 들어가면서 생각이 변했다. 수천 년의 세월에도 그 생명력이 이어져 내려오고 있다면 그 이유는 무엇일까? 비로소 고전이 고전이어야만 하는 이유에 주목해 보게 되었다는 뜻이다. 사실 흘러가는 세월의 흐름을 의식해보면 세상살이가 덧없게 느껴질 때가 많다.

우리 자신들의 어린 시절 한때, 기쁨과 슬픔이 교차하는 어떤 세상살이 길목에서의 기억들, 우리는 그것을 어떻게 이해하며 어떻게 살아야 하는 것일까? 허망함, 아니면 그저 그렇다는 정도의 느낌. 옛 사람들의 가르침에 의하면 깨어있는 마음의 눈으로 이를 수용해야 한다는 것을 강조하고 있다. 깨어 있는 마음의 눈? 다만 우리는 그것이 무엇인지 깊이 생각해 보는 기회가 많지 않다.

그런데 이런 삶의 단면들에 대해서 한번쯤 마음을 붙여 보게 하는 책이 한 권 선을 보이게 되었다. 제목은 『번민-고전에 답이 있다』. 오랫동안 그 분야에서 자기의 길을 걸어온 이 책의 필자나 이 책에 대해서 나로서는 뭐라고 단정해서 말하기 어렵다. 다만 우리의 세상살이가 항상 눈을 주며 살아가는 내용물에 따라 자기 마음이 다스려지기도 한다는 점에서 나는 이 책이 지닌 의미를 찾고 싶을 뿐이다. 때로 삶이 복잡하고 심란하게 여겨질 때면 내 마음을 붙들어 주는 옛 사람들의 목소리에 관심을 가져본다는 뜻에서 이 책이 의미가 있을 것으로 여겨지기 때문이다.

이는 마치 성호 이익이 자기의 사설에서 강조하고 있는 다음과 같은 맥락이 될 것이다.

"세간에 무한한 번뇌의 장벽을 어떻게 제거할 것인가? 여의치 못한 환경을 만나면 문득 한 상쾌한 일을 찾아 울분을 풀어 버릴 것이니, 이것을 가리켜 '환경을 바꾸어 마음을 달랜다(借境調心)'고 이르는 것이다."

성호가 그곳에서 말하는 논의의 초점은 다름 아닌 책읽기다. 성인들의 정신과 행적이 깃들어져 있는 내용의 문헌들. 나로서도 당연히 공감하는 내용이다. 그리고 그런 책이 있다면 이 책도 또한 그런 유의 범주에 들어갈 수 있지 않을까?

나로서는 분명 그럴 수 있을 것이라고 믿고 싶다. 그뿐 아니다. 세상의 바람 소리, 물소리, 골목이나 시장 어딘가에서 스쳐 보냈던 이웃들의 따뜻한 표정까지도 의미 있게 새겨볼 수 있을 것 같은 기대를 이 책에 담긴 메시지를 통해서 가져 볼 수 있을 것이라고 믿기에 나로서는 보다 더 많은 사람들에게 이 한 권의 책을 적극 권하고 싶은 심정이다.

마지막으로 이 책의 출판에 도움을 주신 이지현 선생님과 원산거사 및 해조음 출판사 이철순 사장님 그리고 한국자치학회의 전상직 회장님과 고전읽기 모임의 대표 마형석 선생님께 특히 고마움을 표시하면서 나로서도 소박하게나마 감흥이 없지는 않다.

그래서 마지막으로 갈관자鶡冠子 천권편天權篇의 다음 구절을 덧붙이며 많은 사람들에게 일독을 권하는 내 마음의 감회를 대신하기로 한다.

"만물을 연聯하고, 천지를 부류로 삼으며, 박髆을 합하고 뿌리를 함께 하여, 우주宇宙라 이른다. 우宇를 알기 때문에 용납하지 않음이 없고, 주宙를 알기 때문에 만족하지 않는 것이 없다. 만물의 생겨남은 앞의 것이 가면 뒤의 것이 계속하니, 주역에 이른바 '건乾의 도道가 변화하여 각기 성性과 명命을 바르게 한다'는 바로 그 구절의 뜻이 될 것이다."

유남고전인문학당 대표 **김 광 민**

추천사

자기를 비워야 하는 고전의 이치

이 책을 소개하면서 문득 떠오르는 구절이 있습니다.
『여씨춘추』의 다음 구절입니다.
형나라 사람이 활을 잃고 나서 주고받는 대화의 내용입니다.

활을 잃어버리고 나서도 활을 잃은 당사자는 어쩐 일인지 활을 찾겠다는 노력을 하지 않습니다. 이를 곁에서 지켜보던 이가 묻습니다.
"잃어버린 활을 찾아야 하지 않겠어?"
그러자 돌아오는 대답이 의외였습니다.
"형나라 사람이 잃어버린 활을 형나라 사람이 주워서 사용할 텐데 어찌 꼭 찾아야 할 필요가 있겠소."
뒤에 공자는 그 사람의 말을 듣고 이렇게 말합니다.
"형나라라는 수식어를 떼어 버렸다면 더욱 좋지 않겠는가."

공자의 말대로라면 사람이 잃은 것을 사람이 주워 사용하는데 굳이 찾을 필요가 있겠느냐는 뜻입니다. 형나라로 한정된 마음의 눈을 세상의 보편적인 사람으로 돌리려는 공자의 안목을 확인해 볼 수 있는 대목입니다. 그런데 그 문답이 공자에게서 끝나지 않습니다. 다시 노자가 등장합니다. "사람이란 말을 떼어 버리고 자연을 주어로 사용하면 더욱 좋을 것이다." 노자의 말대로라면 "자연에서 나온 것이 자연으로 돌아가는데 굳이 찾을 필요가 있겠는가" 이렇게 문장이 전개됩니다. 사람이라는 주어 대신에 자연을 취함으로서 노자 고유의 무위無爲 자연사상이 끼어들고 있습니다.

그 구절을 접하면서 나는 자신에게 물었습니다. 나의 시야의 범위는 어디일까? 나인가, 아니면 우리 집인가, 우리 마을인가?

이는 주민자치에 오랫동안 몸담아오면서 수도 없이 반문해 오던 질문 가운데 하나입니다. 당연히 결론은 분명합니다. 우리 집이면서 우리 마을이라야 하고 이 시대의 우리 이웃들과 우리 국가라야 합니다. 그러나 그뿐일까요. 우리 집과 우리 마을, 우리 이웃, 우리 국가가 소통하기 위한 이치, 그것을 항상 기억해야 한다는 믿음이 그 결론의 끝에는 따라붙습니다. 사실 저의 주민자치에 대한 오랜 관심은 결국 거기에 초점이 맞춰져 있습니다.

그러나 애석하게도 우리나라의 주민자치는 정치권의 이해관계와 관 주도 분위기에 짓눌리면서 전혀 다른 세계의 풍토로 흘러가고 있습니다. 그리고 그 점 때문에도 이 한 권의 책이 세상 사람들에게 주목을 받아야 하는 이유가 있다고 생각합니다. 비어서 실체가 없는 마음의 원리, 즉 하늘의 신비로운 힘으로 통하는 고전의 의미 체계가 이 책의 핵심 내용이기 때문입니다.

이 책의 주장에 의하면 그것은 불교적인 관점, 즉 현상적인 연기緣起법이자 서로 의지해 있기 때문에 실체가 없는 『주역周易』의 일음일양一陰一陽입니다.

그렇다면 그것을 현실에 적용했을 때의 우리 삶이란? 자기 자신을 비우고 세상과 세상 사람들, 인간의 오래된 정신을 자기 삶의 중심에 두어야 한다는 쪽으로 결론이 모아지게 됩니다. 이 책의 저자는 그것이 곧 고전의 핵심 주제임을 일관되게 강조하고 있습니다.

> 세상을 지혜롭게 살아가기를 원한다면 마음을 비우고서 학문을 해야 하고, 마음을 비우고서 사업이나 정치를 해야 하며, 마음을 비우고서 사람도 만나야 한다고 했다. 그리고 그것이 본래 텅 비어 실체가 없는 자기 자신의 본질에 충실한 삶의 지혜가 된다고 했다.
> —본문 중에서

그런데 이 책의 저자는 그와 같은 고전의 이치를 지식으로 전하고 있지 않습니다. 나이 든 노인과 젊은 사내가 등장하는 대화체로 풀어나가고 있습니다. 물론 그렇다고 쉽게 다가오지는 않습니다. 평소 관심을 두고 살아가는 분야가 아닌 까닭에 다소 난해하다는 느낌이 없지는 않습니다. 그 이유는 간단합니다.

비어서 실체가 없는 우리 마음의 신비로운 힘, 천체의 움직임에 주목한 세상의 이치 등과 같이 이 책에서 실제 다루는 여러 이야기들은 평소 우리들에게 그다지 익숙하지 않은 주제들 가운데 하나이기 때문입니다. 그러나 그렇더라도 이 책에 마음을 붙이고 시간을 보내게 되면 얻어지는 결실이 분명 있습니다. 그것은 자기 마음이 따뜻해지는 기쁨입니다. 마치 세상의 산과 물이 누각 한 채의 아름다운 풍경과 어울리는 묘한 분위기의 호젓함, 즉 바로 그런 경계일 것입니다.
성스러움이나 속물스러움 따위도 잊고, 세상을 바꿀 수 있다면 바꾸고, 바꿀 수 없다면 자기의 뜻을 지키면서 서로 다른 산과 물이 하나의 누각과 조화를 이루면서 어울릴 수 있는 삶의 평온함. 제 서재의 현판에 걸린 표현을 빌리면 '산색수성공일루山色水聲共一樓'의 경계일 것입니다.

그러나 그게 쉽지는 않습니다. 왜냐하면 자기 자신의 평온한 일상을 지키기 위해서는 자기 마음의 원리에 눈을 떠야 하고, 세상이 돌아가는 부끄러움 없는 삶의 이치에도 밝아야 하기 때문입니다. 달리 말하면 그것은 인류가 생겨난 이래로 수천 년 전에도 그렇게 살았고 수천 년 뒤에도 그렇게 살아야 하는 고전의 원리, 그것에 밝아야 하는 일입니다. 그런데 다행스럽게도 저는 지금의 이 책 한 권에서 그 점에 분명히 눈뜰 수 있는 여지가 있음을 의심하지 않습니다.

이는 유교와 불교, 도교를 넘나드는 이 책의 내용 때문만은 아닙니다. 문장의 행간에 스며들어 있는 필자의 아름다운 정신을 느낄 수 있기 때문이기도 합니다. 실제 이 책의 저자는 오랫동안 절집과 서당 등을 전전하면서 옛사람들의 오래된 정신에 몰입하며 세상을 살아오는 독특한 경력의 소유자였습니다.
그렇게 형성된 삶의 바탕과 세계관을 저잣거리로 내려온 뒤에도 묵묵히 잊지 않고 현실에 적용하고자 애쓰며 살아가는 정신의 아름다움을 지니고 있습니다. 이는 마치 앞에서 소개한 산과 물, 현실과 이상이 아름답게 조화를 이루는 '산색수성공일루' 그 자체의 분위기가 아닐까 합니다. 그 점을 언급하기 위해 저는 아무래도 부암동의 제 서재 풍경을 그런 의미에서 다시 언급하지 않을 수가 없습니다.

앞의 현판이 걸려 있는 제 서재는 오른편이 북한산이고 왼편은 인왕산입니다. 그리고 서재 앞으로는 한 줄기 사천沙川이 조용히 흘러내리고 있습니다. 그래서 서재에 앉아 있노라면 산색과 어울려 하나가 되어 흘러내리는 물소리가 한 채의 호젓한 누각의 분위기를 떠올리게 합니다. 거기에 '산색수성공일루'라는 현판을 남긴 사람은 구체적으로 자신을 밝히고 있지는 않지만 자기 삶을 단아하게 꾸리며 살아왔을 법한 조선 선비의 기상이 그 글씨체에서 분명하게 풍겨 나옵니다.

그래서 산색과 물소리가 전혀 다른 개체이면서도 하나의 호젓한 누각과 아름답게 조화를 이루고 있습니다. 제가 보기에 이는 이 책의 핵심 주제인 자기를 비워야 하는 고전의 원리, 그것과 조금도 다름없는 경계임을 보기 때문입니다.

본래 비어서 실체가 없으나 한없이 신비로운 우리의 마음!

얼마나 아름다운 이치입니까?

그래서 저는 이 책에서 말하는 그때의 감동적인 고전의 이치들을 보다 더 많은 사람들이 함께 새겨볼 수 있기를 바라는 마음으로 여기 추천사 한 편을 엮게 되었습니다.

기해己亥 정월正月 부암동 산색수성공일루에서

한국자치학회 회장 **전 상 직**

추천사

세상을 살아가는 삶의 자세

나는 대다수 우리 주변의 이웃들처럼 평범하고도 단순한 생활인이다. 일터와 가정을 오가면서 하루의 대부분을 보내며 살아간다. 어제보다는 오늘이, 또 오늘보다는 내일이 경제적으로 좀 더 풍요롭고 건강이나 인간관계 등에서 삶의 어떤 어려움을 겪지 않을 수 있다면 더 바랄 게 없겠다고 생각하는 편이다.

그런데 이처럼 소박하게 세상을 살고자 해도 때로는 되지 않는 게 있다. 호주머니에 쓸 만큼의 돈이 있고, 하루 세끼 밥걱정을 할 정도의 상황에 내몰려 있는 것도 아닌데 어딘지 정신이 허전하고 무엇인가를 놓치고 있는 것 같아 마음이 편하지 못할 때가 더러 있기 때문이다. 그래서였을까, 뭔가 삶 자체가 의미 있게 되기를 바라면서 여기저기를 기웃거리던 끝에 만나게 된 것이 고전이었다.

옛 '고(古)', 법 '전(典)'. 글자의 뜻대로라면 옛사람들의 오래된 기록들로서 우리 삶의 법이 될 만한 기록들이라는 뜻일 것이다. 내가 만났던 고전은 『주역周易』 등의 유가 경전이 있고, 노자의 『도덕경道德經』과 스치고 지나가는 식으로나마 불교의 경전들도 있다. 물론 생활을 하면서 틈틈이 귀동냥을 했던 까닭에 책을 손에 붙들고 살았어도 그 안의 깊은 뜻을 안다고 말하기는 어렵다. 다만 그로 인해 생겨난 결론은 있다. 세상을 살아가면서 잊지 말아야 하는 인간으로서의 안목, 혹은 세계관이랄까 그런 것을 생각하게 되었다는 점일 것이다.

인류가 출현한 이래로 먹고 입고 생활하는 의식주 이외에 옛 사람들이 주목하며 살았던 관심 사항들, 그것은 생존을 위한 삶의 일상을 도대체 어떤 눈으로 어떻게 보내야 할 것인가에 대한 고민이었을 것이다. 그 점에서 지금 이 한 권의 책이 의미가 있다고 여긴다.

『번민-고전에 답이 있다』라는 제목에서 이미 짐작이 되겠지만 이 책은 단순히 지식으로 옛사람들의 문헌을 다루고 있지는 않다. 왜 삶이 괴로워야 하며, 어떻게 그 괴로움에서 벗어나는 삶을 살아야 하는가를 대화체의 양식을 빌려 구체화시키고 있다.

이는 시詩를 통해 사심邪心 없는 인간의 모습을 보여 주고 싶어 하시던 공자님의 가르침과 통하는 일면이 있다. 『시경詩經』의 시 삼백여 편에 '사무사思無邪'라고 하였던가! "시 삼백 편을 한마디로 덮어 말한다면, 마음속에 사특함이 없게 함이다."
또 말하기를, "「관저關雎」(시경에 실린 시의 편명)는 즐거워해도 도에 지나지 않으며, 슬퍼해도 마음을 상하지 않는다."고 하니, 이는 바람직한 시를 떠올릴 때에 매우 적절한 표현이 되겠지만 이 말은 단순히 시에서 끝나지 않는다. 우리가 무엇을 생각하며 무엇을 꿈꾸고, 무엇을 위해서 세상을 살아야 할까를 생각할 때 이보다 더욱 요긴한 삶의 자세는 찾기가 어려울 것이다. 나는 그것을 마음의 평온함과 결부시키는 이 책의 전체적인 줄거리에서 보고 느끼는 까닭에 이 책이 고맙고 더욱 정이 가는 구석이 있다.

사실 생각해 보면 고전을 붙들고 살아가면서 생겨나는 이점은 헤아릴 수 없이 많다. 그 중에서도 지나칠 수 없는 게 두 가지가 있다.

첫째는 현실적인 삶에서 마주쳐야만 하는 인간적인 형태의 숱한 번민들을 털어낼 수 있게 한다는 점이다.

둘째는 옛사람들의 오랜 기록들을 만나면서 자기 자신도 알지 못한 채로 그들의 삶을 닮아 가는 데서 생겨나는 삶의 뿌듯한 자긍심이다.

비록 수박 겉핥기식으로 고전에 대한 나의 느낌이 이와 같았다면 이 책의 저자처럼 자기 생애를 고전의 기록들에 매진하며 살아온 경우라면 다시 그것을 의심해 보지 않아도 될 것이다. 그래서 떠오르는 성현의 『용재총화』한 구절을 여기에 소개하면서 이 책의 추천사를 마무리하고자 한다.

경술과 문장은 원래 두 가지 이치가 아니다. 육경은 모두 성인의 문장으로 일체의 사업에 그대로 나타나 있다. 지금 글을 짓는 자는 경술의 근본을 알지 못하고, 경술에 밝다는 자는 문장을 모르는데, 이는 편벽된 기습氣習뿐만이 아니라 이것을 하는 사람들이 힘을 다하지 않기 때문이다.

그렇다면 이 책은 어떨까? 감히 경술과 문장이 모조리 갖추어졌다고 단언하기는 어렵겠지만 어렴풋하게나마 그 이치를 더듬어 볼 수는 있게 할 것이라 믿는다.

고전읽기모임 대표 **마 형 석**

서문

고전에서 얻는 마음의 평온함

고전! 떠올리면 언제나 고리타분하고 막연할 수도 있다.
잔뜩 먼지 낀 채로 서고에 꽂혀 있는 누런 색깔의 문헌, 누구나 느낌이 그와 같지는 않을까?
그래서 생겨나는 것은 마음의 거부감이다.

그래, 그게 무슨 의미가 있는 건데?
밥을 먹여 줘, 지위를 보장해 줘?
눈만 피곤하게 할 뿐이다. 또 인문학 열풍이 불면서 세상의 모든 해답을 고전에서 단칼에 찾아낼 수 있을 것 같아 모처럼 마음을 붙여 보더라도 대부분 뜻을 모를 때가 더 많다.
도道! 하늘(天) 공空! 무無! 마음(心)!
다루고 있는 용어 자체부터 너무 추상적이고 사람을 졸립게 만든다.

그렇더라도 이것들이 고전이 아니던가?
생각이 거기에 미치면서 다시 인내심을 가지고 마음을 붙이지만 자신도 모르게 터져 나오는 반감은 어쩔 수가 없다.
그래, 이 따위 추상적인 주제들로 무엇을 어떻게 공유하자는 것일까? 만약 고전이 인간 문제의 모순을 다뤄야 한다면 우선순위가 바뀌어 있다고 여기기도 하던 자신이었다.

누구나 문득 잠자리에서 일어나면 마주치게 되는 현실 속 인간들의 수많은 문제의식, 예컨대 부패와 불평등, 전쟁과 배고픔, 살인과 폭력 따위 등과 같이 좀 더 심각한 현실 문제를 다뤄야 한다고 여겨지기 때문이었다. 그럼에도 포기하지 않고 고전에 마음을 붙이면서 살아가다 보면 생겨나는 결론이 있다.

아, 이건 양자택일의 문제가 아니구나.
자기 자신의 절실함과 관련된 마음의 반영, 그것은 아닐까?
그렇다면 내게 있어서의 가장 절실한 문제는?
당연히 평온한 마음의 지속이었다. 열정을 가지고 살면서도 들뜨지 않고, 남의 인정을 받지 못하더라도 우울해하지 않을 수 있는 삶. 남보다 가진 게 하나 더 있더라도 잘났다고 우쭐대지 않고, 가진 게 없어 초라하더라도 마음 자체만은 의연할 수 있는…….

그런데 그게 사실은 옛사람들이 고전에서 요구하고 있는 삶의 핵심 주제였다.
아, 그랬구나.
누구나 그런 관점에 수긍을 하면서 고전을 다시 훑어보면 스스로 보이는 게 있게 된다. 또 마음의 평온함에 초점을 맞추게 되면 이제까지 전혀 이질적인 형태의 장르로 여겨지던 공맹孔孟이나 노장老莊, 석가모니 등 텍스트의 핵심도 의외로 분명해진다.

세상을 바라보는 자기 세계관의 문제!
서로 간에 사용하는 용어가 다르고 내세우는 이론체계는 같지 않지만 그 점에서 만큼은 조금도 다를 수가 없는 옛사람들의 고전이다. 그리고 그것이 인류사회 전체의 모순과 결부될 수 있을 때 본질적인 형태의 문제 해결이 된다고 믿게 되는 이치였다.

그렇다면 그 같은 고전의 원리를 사람들과 공유하는 방법은? 타고난 자질이 우둔한 나로서는 쉽지 않은 일이었다. 그러나 포기할 수 없었고 나름대로 찾아낸 궁리 끝의 결론이 있었다.

마음의 평온함에 초점을 맞춘 고전의 의미체계!
바로 그것이었다. 그것도 대화 형식에 의존한 현실과의 소통 방식이었다. 물론 이런 의도가 자신의 바람 만큼 설득력도 있고 알기 쉽게 반영되었다고 확신할 수는 없다.

그럼에도 불구하고 이 책을 외면하지 않는다면 얻어지는 게 있을 것을 확신한다. 특히 세상을 살아가는 마음의 갈등이나 번민 등이 문제가 되는 사람이라면 더욱 그럴 것이다.

참고로 이 책 속에 등장하는 노인과 젊은 사내는 시대의 상징이다. 노인은 옛 시대의 상징이고 젊은 사내는 현실 문제에 고뇌하는 요즘의 생활인이다.

이 책이 나오기까지 많은 분들의 도움이 있었다. 유남고전인문학당 김광민 대표님, 한국자치학회 전상직 회장님, 고전읽기모임 마형석 대표님, 해조음 출판사 이철순 대표님을 비롯해 음으로 양으로 도움을 주신 분들께 깊은 감사의 말씀을 올리며, 아울러 인연 있는 모든 분들의 평안과 고전을 통해 삶의 번뇌가 녹아내리기를 간절히 바랄 뿐이다.

기해년 아침

김 가 원

차례

상편
上篇

1. 마음의 불안과 인생의 도 | 28

2. 삶의 고통과 실체가 없는 마음의 이치 | 31

3. 마음의 원리에 대한 자각 | 34

4. 텅 비어 실체가 없는 본질 | 38

5. 세상을 보는 마음의 눈 | 41

6. 세상살이의 본질 | 44

7. 신비로운 마음 작용과 일체유심조 | 47

8. 본래 번뇌가 없는 삶의 자각 | 50

9. 보여지는 세상과 바라보는 마음의 눈 | 53

10. 성스러움의 정체 | 56

11. 소리로 눈뜨는 삶의 본질 | 58

12. 발 밑을 돌아보라 | 61

13. 두 길로 가지 않는 마음 | 64

14. 마음의 즐거움을 불러오는 원리 | 67

15. 좋은 사람 콤플렉스 | 70

16. 짝으로 일어나는 세상 이치의 신비 | 73

17. 말로 설명할 수 없는 마음의 신비 | 76

18. 즐거움을 맞았을 때의 도리 | 79

19. 장애가 없는 삶을 위한 특별한 기도 | 82

20. 고통에서 벗어나는 마음의 지혜 | 85

21. 세상의 리더가 되고자 한다면? | 89

22. 게임과 인간의 삶 | 92

23. 게임으로 드러내는 마음의 폐단 | 95

24. 실체가 없는 생명의 신비 | 98

25. 본래 온전한 인간의 본질 | 101

26. 동양의 삼재 사상과 삶의 질서 | 104

27. 세상을 바라보는 마음의 눈 | 108

28. 세상과 호응하는 삶의 덕목 | 111

29. 마음을 어디에 붙일까? | 114

30. 변덕일까, 신비일까? | 118

31. 죽음을 넘어선 인간의 길 | 121

32. 뜻으로 꽃 피워야하는 인간의 마음 | 125

33. 보이게 하고 들리게 하는 그 무엇 | 128

34. 보이지 않는 마음의 토대 | 131

35. 삶이 행복한가요? | 134

36. 반야부 경전은 왜 21년이었을까? | 137

37. 마음의 불안은 어디에서 오는가? | 140

38. 고유성을 고집하지 않는 마음의 신비 | 143

39. 마음의 불편함은 어디서 오는가? | 146

40. 인생의 마지막 가는 길 | 148

41. 인간의 꿈과 삶의 의미 | 151

42. 갈림길 앞에서 한 걸음 | 154

43. 현대 사회의 절망감 | 157

44. 억압된 의식으로부터의 해방 | 160

45. 나이 들고서야 눈을 뜨는 마음의 신비 | 163

46. 해인사 구조가 보여주는 삶의 일상 | 166

47. 연기론에 의지한 세상의 이치 | 169

48. 범부인가, 성인인가 | 172

49. 뜻과 지혜가 없다면? | 175

하편
下篇

1. 하늘의 이치를 바탕으로 삼다 | 180

2. 해 그림자를 따르는 마음의 움직임 | 185

3. 무엇이 소중한 재산일까? | 189

4. 아하! 그런 원리가 | 194

5. 달력이 만들어지는 원리와 삶의 교훈 | 199

6. 천간 지지, 그거 미신 아냐? | 204

7. 자동차 번호판에도 반영되는 삶의 원리 | 208

8. 피보나치수열에서 배우는 삶의 평온 | 212

9. 인간의 속물근성과 점 | 216

10. 점과 자기 삶의 성찰 | 220

11. 삶이 고통스럽거든 | 223

12. 개구리와 제비 울음소리 | 226

13. 왜 하필 몽이야? | 231

14. 출렁이는 기쁨 | 235

15. 음양의 이치를 통한 삶의 이해 | 238

16. 욕심을 딛고 선 마음의 아픔 | 242

17. 도서관이 주역? | 247

18. 인생, 기다릴 줄도 알아야 | 253

19. 뜻만 있다면 | 256

20. 일이 어긋나는 까닭 | 260

21. 스승은 누구라야 할까? | 263

22. 인생의 봄을 기다리며 | 266

23. 왜 백년해로를 말할까? | 270

24. 지역감정, 어떻게 뛰어 넘을까? | 273

25. 마음을 비워야 하는 이유 | 276

26. 평온한 삶을 위해 | 280

27. 상징의 의미 | 283

28. 밝은 눈을 안으로 감추자 | 286

29. 태산 한줌의 흙도 버리지 않는 마음 | 289

30. 마음이 괴로워지는 진짜 이유 | 294

31. 갑질을 겪는다면 | 298

32. 삶이 편안하지 않다면 | 303

33. 평온한 삶에 이르는 길 | 306

34. 스스로 두려운 마음의 도적 | 309

35. 하늘의 도움을 바란다면 | 312

36. 노평공 이야기 | 315

37. 세상이 호응하는 길 | 318

38. 하늘에 근본을 두고 사는 사람 | 321

39. 마음이 뜨거운 삶을 살자 | 324

40. 석가에 대한 범천의 권유 | 326

41. 어느새 지나가는 세월 | 329

인간은 높은 산과 바다의 거대한 파도와

굽이치는 강물과 저 하늘의 맹렬한 태양

그리고 무수히 반짝이는 별들은 놀라 경탄하면서도

정작 경탄의 대상이 되어야 하는

자기 자신의 존재는 주목해 보지도 않는다.

상편
上篇

1. 마음의 불안과 인생의 도

　종종 이럴 때가 있었다. 감당할 수 없는 재앙이라도 들이닥칠 것만 같은 불안감! 까닭이 없는 불안이었다. 순간 떠오르는 얼굴이 있었다. 언제 오랫동안 교류해 오던 사내 기억 속의 노인. 이심전심以心傳心이었을까? 걸려 오는 전화를 받아 보니 신기하게도 노인이었다.
　'어떻게 아셨어요? 목소리라도 들어 볼까 생각하고 있다는 걸.'
　그러나 사내는 목소리를 한층 낮춘 채 자신의 감정을 숨겼다. 또 전화기를 통해서 주고받은 대화의 내용도 실제 자신의 처지하고는 아무런 연관성도 지니지 않은 일상적인 내용일 뿐이었다. 다만 일상적인 통화였음에도 결과는 자신에게 매우 유익했다.
　나이 든 사람에게서 배우게 되는 경륜 이상의 지혜!
　마음이 불안하다는 한마디만으로도 노인의 처방은 명쾌했다.
　"꼭 자네뿐이겠어!"
　사람은 누구나 조증 아니면 울증의 어느 한쪽에 과도하게 빠져들곤 한다고 했다. 원인은 간단했다. 들뜨거나 우울할 수밖에 없는 마음의 틀이 존재하기 때문이었다.
　"틀이요?"
　"그래, 마음의 틀!"

노인의 대답은 한층 힘이 들어가 있었다.

"……."

"실체가 없음에도 실체가 있다고 여기는 마음의 틀. 말만 들어도 신비하지 않나?"

"……."

사내는 납득하기 어려웠다. 어떤 사물에 실체가 없다면 없는 거고, 실체가 있다면 실체가 있어야만 했다. 실체가 없는 것을 어떻게 실체가 있다고 느낄 수가 있을까?

"자네 지금 내 말 듣고 있나?"

"네, 당연하죠."

"바로 그거야, 보이지 않지만 자네와 소통하게 하는 내 목소리!"

노인에 의하면 그게 바로 우리 마음의 속성 그대로였다. 보거나 붙잡을 수는 없지만 그렇다고 없다고는 말할 수 없는 노인의 목소리. 사내는 분명히 그것을 느끼고 있었고, 어느 면에서는 알 수 있을 것 같기도 했다.

"무릇 도道란 자기 마음의 평온함과 관련된 이치일 뿐이야."

"……."

"그렇지 않다면 굳이 도 따위를 찾아야 할 까닭이 없지."

● ● ●

고전의 한 갈래인 『주역周易』의 지향점은 피흉취길避凶趣吉에 있다. 흉凶한 현실을 피해 복福이 되거나 아름답다고 여겨지는 삶을 향유하기를 바라는 마음. 물론 『주역』뿐만이 아니다.

불교도 마찬가지다. 고통스러운 삶이 아닌 즐거움이 가득한 삶! 다시 말하면 이고득락離苦得樂이다.

중국의 초기 선禪불교에서는 선지식들이 강조하는 여러 가지 독특한 법문의 특징을 두고 압축된 설명을 하려고 할 때 '안심법문安心法門'이라는 표현을 즐겨 사용했다. 글자의 뜻을 잠시 풀이해 보면 '마음을 편안하게 유지할 수 있도록 하는 법문'이라는 뜻이다.

그래서 고전의 전체적인 의미를 더듬어 보려는 이 책의 서두에서 다루게 된 주제가 바로 마음의 불안함과 그것의 이유에 대해 언급하는 내용이다.

2. 삶의 고통과 실체가 없는 마음의 이치

"전가의 보도? 그건 아니겠지."
노인의 어투는 단호했다.
"그렇지만 용어 자체들이야."
물론 노인의 견해를 사내도 부정하지는 않았다. 인연因緣 공空 따위 등과 같이 그런 말들을 즐겨 사용하는 사내 자신도 평소 그 말들이 불교적인 용어일 수는 있어도 불교만의 전유물로 믿고 있지는 않았다.
"요는 확신이 없기 때문인 게지. 매사에 실체가 없다는 확신."
노인의 계속되는 말이었다.
세상의 본질이 마음이라고 수긍하지 않더라도 세상이 결국 마음 먹기에 달려 있다고 한다면 특정한 의미의 특정한 단어들을 특정한 집단의 전유물로만 이해해서는 안 되었다. 왜냐하면 그것은 집착이 되게 되어 있으니까. 적어도 노인은 그 점을 사내가 이해해 주길 원했다.
'그게 무슨 뜻이 있나요?'
사내는 그렇게 묻고 싶었지만 물을 수가 없었다. 어리석은 질문처럼 여겨졌기 때문이다.
"적어도 고통스럽지 않은 삶이란……."
"……."

"고통이 생겨나지 않는 세계관을 터득해야 하는 거야."
"어떤 세계관이요?"
"글쎄?"

노인은 그것까지는 설명해 주지 않았다. 또 노인으로서는 설명하고 싶지 않은 대꾸이기도 했다. 말은 어디까지나 말일 뿐, 사람의 내면세계를 변하게 하는 데는 한계가 있었다.

"노자老子가 이런 말을 하지. 도道를 도道라고 말할 수는 있지만 진정한 의미의 도道일 수는 없다고. 그렇지만 그게 도道만의 문제겠어? 인연因緣, 공空 따위의 용어들도 다를 수 없는 거지."

"……."

"만약 다르다고 느낀다면 거기에는 집착이 생겨나 있는 거지. 그렇다면 생겨나는 결론이 뭘까? 삶이 고통스러워진다는 거야. 왜?"

단호하게 묻고 있었지만 노인은 거기에 대한 답변을 내놓지는 않았다. 왜냐하면 노인이 아는 세상의 이치란 결국 자기 눈의 문제이고 자기 눈이 왜곡되어 생겨나는 삶의 고통은 아무리 설명하고 알려 주더라도 그다지 소용이 없었다. 그 점에서 보면 사내 역시 조금도 다를 수가 없었다.

고통이란 삶의 집착이고, 집착은 곧 세상을 바라보는 마음의 눈에 있음을 어떻게 납득하기 바랄 것인가? 이런 대화를 나누게 될 때면 결국 아쉬워지는 게 오직 그뿐임을 이제까지 숱하게 경험해 온 노인이었다.

∙ ∙ ∙

누구나 그렇듯 고통스런 삶을 즐기는 이는 없을 것이다. 그렇다면 누구나 원하지 않는 삶의 고통은 왜 생겨나는 것일까? 옛사람들의 가르침에 의하면 이는 세상을 바라보는 마음의 무지 때문이라고 말한다. 다시 말해 자기 자신의 정체성을 분명히 알지 못하기 때문에 생겨나는 집착의 문제라고 보는 것이다.

그래서 불교에서는 삶이 고통스러워야 하는 이유에 대해 설명하는 교리 가운데 하나가 바로 '사성제四聖諦'다. 사성제는 불교『아함경阿含經』에 나오는 석가모니의 기본 가르침 가운데 하나이다. '제諦, Satya'는 진리 또는 깨우침을 뜻하는 말이다. 그래서 사성제라고 하면 '네 가지 형태의 성스런 이치에 관한 깨우침'이라는 뜻이 된다. 구체적으로는 고苦 · 집集 · 멸滅 · 도道의 네 가지다.

세상을 올바른 눈으로 살아가지 못한다면 누구나 고통스러울 수밖에 없다는 고성제苦聖諦, 그와 같은 고통의 원인이 되는 마음의 잘못된 집착에 관한 집성제集聖諦, 마음의 집착에서 벗어남으로 인해 맛볼 수 있는 평온한 삶으로서의 멸성제滅聖諦, 그 같은 삶의 평온함을 실현하고자 했을 때 누구나 생각해 볼 수가 있는 여덟 가지 형태의 방법인 도성제道聖諦 등이다.

그런데 설명은 이와 같이 복잡해도 핵심은 하나다. 본래 실체가 없는 마음의 이치에 대한 자각! 그리고 그것이 이 글에서 다루고 있는 내용의 핵심이다.

3. 마음의 원리에 대한 자각

"일상적인 마음의 평온?"

그렇게 반문하면서 노인은 긴 한숨을 내쉬었다. 생각해 보면 노인으로서도 쉽지 않은 삶의 문제였다. 집착하는 마음만 없으면 된다는 충고도, 색色이 공空이라는 교훈도, 분명 이론으로는 공감하지만 자신에게는 언제나 그림 속의 떡이었다.

"쉽지 않더라고, 꼭 손오공 한가지였지."

노인은 이야기를 시작하면서 문득 『서유기』를 읽어 봤는지 물었다. 그러나 대답을 기대하는 질문은 아니었다. 사내가 미처 대답도 하기 전, 자신은 대여섯 번쯤 읽었을 것이라고 했다. 작가 오승은의 문장력 덕분이었을까, 노인이 느꼈던 호기심의 배경은 단순했다. 『서유기』의 전체적인 줄거리 탓도 있었지만 무엇보다도 자기 자신의 내면을 들여다보게 만드는 등장인물들의 독특한 캐릭터의 힘이었다.

천방지축 자신의 재주를 믿고 날뛰는 원숭이 손오공孫悟空! 그의 탄생에 얽힌 이야기와 천궁天宮에서의 난동, 아둔해 보이면서도 돋보이는 개성을 부정할 수 없는 저팔계猪八戒, 약삭빠르기로는 따라올 대상이 없으면서도 그것만으로는 한계가 있음을 알아야 했던 사오정沙悟淨, 거기에 불경을 구해 오기 위한 삼장법사三藏法師 현장의 진지한 이미지까지. 돌이켜 보면 모두가 자기 자신의 객관적인 일면들이었다. 그러나 그 뿐이었을까?

우화 형식의 풍자를 통해 독자를 일깨워 주는 『서유기』 내용의 기묘함 도 있었다. 그래서 시작된 노인의 화제가 등장인물의 이름에 숨어 있는 글자의 뜻이었다. 마치 변덕이 심한 자신의 마음을 떠올리게 하는 원숭이 손오공! 그의 재주는 뛰어났지만 세상을 살아가는 이치에서 볼 때 고작 나무 타기에 능한 재주에 지나지 않았다.

그런데 왜 그의 이름이 손오공일까? 노인에 의하면 '손孫'은 성이고, '오공悟空'은 깨칠 '오悟', 빌 '공空'이 합해진 불교 '공空' 도리의 상징이었다. 세상의 모든 만물이 서로를 의지해 있으므로 실제로는 텅 비어 실체가 없다는 그런 의미의 명칭이었던 것이다.

"그렇지만 살면서야 쉬웠겠어?"

"……."

사내는 줄곧 아무 대꾸도 하지 않았다. 나이 든 사람의 경험담을 듣게 되는 기쁨 탓만은 아니었다. 『서유기』를 읽은 적도 없었고, '색즉시공色卽是空 공즉시색空卽是色' 따위의 개념에도 무식한 사내 자신이었다. 그러나 사내의 묵묵함에도 노인의 이야기는 그치지 않았다.

"읽어 보았다면 알겠지만 『서유기』에서 느끼는 매력은……."

노인의 기억으로는 공空 도리를 표현하고 있는 다음 장면이었다. 삼장법사 일행이 법을 구해 마침내 인도에 도착하고 난 뒤의 일이었다. 죽음을 무릅쓰고 자신을 찾아온 그들 일행에게 부처는 글자 한 자도 찾아볼 수 없는 텅 빈 책 한 권을 내밀었다. 그것을 받아 든 손오공이 소란을 피우며 부처님에게 항의했다.

"글자가 한 자도 없는 이게 무슨 경전입니까?"

자기 자신의 재주만을 믿고 부처의 진실한 가르침조차도 이해하지 못해 난동을 부리는 손오공. 이는 본래 인간의 삶 자체에 어떤 실체도 없음을 분명히 알지 못하는 까닭에 생겨나는 노인 자신의 어리석은 모습 그대로였다. 아무튼 그런 우여곡절을 거치면서 건네받은 삼장법사의 성과물이 지금의 합천 해인사에 보관된 팔만대장경이었다. 그렇지만 그 이치를 깨닫지 못한다면?

"나무 판때기? 아마 그렇진 않을까."

필경 그럴 것이라고 단정하고 있는 노인의 분위기였다.

● ● ●

  이런 표현은 어떨까? 일자불설一字不說! 불교의 『대품반야경大品般若經』, 『능가경楞伽經』 등의 경전은 물론 황벽黃蘗의 『완릉록宛陵錄』, 천태 지자의 『마하지관摩訶止觀』 등의 여러 논서論書에서도 쉽게 찾아볼 수 있는 개념이다. 본래 실체가 없는 사물의 이치를 마음으로만 한정시켜 생각하지 않고 그것을 전하는 문자조차도 실체가 없음을 강조하는 석가모니의 유명한 지론이다.

『아함경』 12년, 『방등경』 8년, 반야부 계통 21년, 다시 『법화경』 및 『열반경』을 설법하신 햇수가 49년이었다. 그런데 이와 같은 자신의 행적에도 불구하고 도무지 한 글자의 법문도 입에 담아 본 적이 없다니. 허풍치고는 너무나 대단한 허풍이다. 그리고 그게 허풍이 아니라면 합천 해인사의 장경각에 보관되어 있는 팔만사천 경판을 어떻게 설명할 수 있겠는가.

그래도 석가모니의 가르침에 관심을 가지고 살아가는 사람들은 이 말에 대해 아무런 이의를 제기하지 않는다. 왜냐하면 어떤 말의 이면에는 그 말이 내포하고 있는 행간의 뜻이 있기 때문이다. 오승은의 『서유기』는 이와 같은 행간의 뜻을 문학적인 형태의 적절한 비유로서 완벽하게 수긍할 수 있게 만든다.

그러므로 그런 원리를 바탕에 두고 항상 평온하기를 바라는 사람이 있다면 적용해야 하는 원리는 단순하다. 일자불설. 그것을 떠올리면 되는 일이었다. 왜냐하면 실제 삶의 본질이란 어떤 유형의 성스러움조차도 실체로서 찾아볼 수 없는 신비로운 마음의 원리에 대한 자각, 바로 그것이라야 하기 때문이다.

4. 텅 비어 실체가 없는 본질

"무엇을 놓고 잊는다는 것?"

노인에 의하면 그것은 특정한 범주의 특정한 사람들에게만 요구되는 특정한 형태의 이상적인 가치가 아니었다. 고통 없는 세상을 올바르게 살아가려는 사람이면 누구나 기억해야 하는 일반적인 사람의 일반적인 문제였고, 자기 자신에 대해서 그 어떤 것보다 엄격해야 하는 세상살이의 가장 으뜸가는 지혜였다. 그 점을 강조하면서 인용하는 노인의 문구가 『주역周易』 중천건重天乾의 다음 문언전文言傳이었다.

하늘에 근본한 자는 하늘과 친하고, 땅에 근본한 자는 땅과 친하며, 같은 소리는 서로 응하며, 같은 기운은 서로 구하되, 물은 습한 데로 흐르고, 불은 마른 데로 타오른다. 이처럼 일체의 만물이 각기 그 비슷한 류만을 따르는 법이다.

곧 자기 자신의 생각에 따라서 세상은 받아들여지기 마련이고 그 만큼의 수준에서 세상은 항상 이해될 수밖에 없음을 강조하는 노인의 한마디였다. 그렇다면 세상을 살아가면서 생겨나는 아름다운 미덕, 그것을 우리는 어디에서 찾아야 할까? 사람에 따라 다르겠지만 노인의 경험에 의하면 그것은 오직 자기 마음을 비우는 일이었다.

"만행 중이던 탄산과 젊은 수행승의 이야기일세."

어느 날 둘이서 길을 가고 있었다. 마침 젊고 아리따운 여성이 강을 앞에 두고 애를 태우고 있었다. 탄산은 그 모습을 보고 여자를 품에 안고 강을 건너게 해 주었다. 젊은 수행자가 보기에는 망설임이 없는 탄산의 행동이었다.

"스님, 고맙습니다."

강을 무사히 건넌 아가씨의 한마디였다. 그리고 그 아가씨는 제 갈길로 떠나갔고 탄산과 젊은 수행자도 다시 아가씨를 만나기 전의 만행 길에 올랐다. 그런데 아가씨를 떠나보내고 한참 시간이 흘렀을 때였다. 탄산과 동행하던 젊은 수행자가 문득 이렇게 물었다.

"출가 수행자가 여자를 품에 안아도 되는 건가요?"

"응, 그 여인! 아직인가? 난 진작 내려놓았는데."

뒤통수를 치는 탄산의 대답이었다.

우리가 생각하는 신념, 우리가 추구하는 권위나 명예, 우리가 생각하는 최고 가치로서의 물질, 그런 것들로 인한 마음의 어지러움도 노인의 경험에 의하면 바로 만행 중이던 젊은 수행자가 내려놓지 못하는 마음속의 젊은 여인, 바로 그것이었다.

"내려놔 보면 알게 되지. 그게 얼마나 자기 자신을 편하게 하는가를."

마음을 내려놓지 못하면 사람을 만나는 일도, 공부를 하거나 사업을 하는 어느 것 하나라도 짐 아닌 게 없다고 했다. 그러므로 세상을 지혜롭게 살아가기를 원한다면 마음을 비우고서 학문을 해야 하고, 마음을 비우고서 사업이나 정치를 해야 하며, 마음을 비우고서 사람도 만나야 한다고 했다. 그리고 그것이 본래 텅 비어 실체가 없는 자기 자신의 본질에 충실한 삶의 지혜가 된다고 했다.

"사람이 비우지 못하면 숨 쉬는 것조차 힘들 때가 있거든."
잊을 뻔했다는 듯이 사족처럼 덧붙이는 노인의 한마디였다.

● ● ●

마명馬鳴의 『기신론起信論』에 의하면 세상을 살아가는 삶의 방식은 다음의 두 가지다. 하나는 삶이 고통스러울 수밖에 없는 흐름을 보여주는 염법훈습染法薰習이다.

다른 하나는 본래 고통 자체로부터 벗어난 모습의 정법훈습淨法薰習이다. 다시 말하면 『기신론』의 염법훈습은 세상을 바라보는 마음의 눈이 고통으로 빠져들 수밖에 없는 세계관에 물들어 있다는 뜻이다.

반면 정법훈습은 그렇지가 않다. 자기 자신까지를 포함한 세상의 모든 현상이 아무런 실체가 없음을 자각하고 살아가는 까닭에 실체가 없는 마음 자체의 신비로운 힘에 스스로 도움을 받는 삶이 가능하다는 뜻의 표현이다.

5. 세상을 보는 마음의 눈

"미녀봉! 정말 딱이죠."

어떻게 보아도 눈앞의 산자락은 오뚝한 코, 볼록한 가슴, 미끈한 이마, 도톰한 입술까지 어느 모로 보아도 옆으로 누워 있는 선명한 여자의 외모였다.

"글쎄."

대답이 애매하거나 동의하고 싶지 않을 때면 보여 주는 노인 특유의 반응이었다.

"……."

"음도살망淫盜殺妄, 『능엄경楞嚴經』에 나오는 계율의 차례라지."

"……."

"왜곡된 인간 의식의 반영. 불교의 『능엄경』에 의하자면 살인殺人보다 더욱 중요한 게 음행淫行이라는 거야. 그렇다면 앞뒤 차례는 외면하더라도 미녀봉이 뜻하는 의미는 뭐겠어. 왜 산 모양에서 아름다운 여성의 육체를 보느냐 이거지. 추한 여성의 육체가 아닌."

사내로서는 대꾸할 말이 없었다. 너무 진지한 노인의 반응도 의외였지만 되새겨 보면 틀린 말도 아니었기 때문이다.

"산을 여성으로 의인화시키는 능력도 능력이지만 그 능력은 결국 지배당하는 틀이 있다는 뜻이 되지. 성욕·명예욕·식욕·수면욕·지식욕 그것도 아니면?"

"들려주시죠."

사내는 비로소 노인을 무시하지 않기로 했다. 못생긴 외모와 달리 사람을 사로잡는 사색의 깊이 때문만은 아니었다. 사람을 무시하기 어렵게 만드는 노인 특유의 묘한 분위기. 사내는 그것을 외면하기가 어려웠다.

"산자락에서 미녀를 보았다면 미녀를 보게 하는 눈이 있다는 뜻이지. 그렇게 되면 중요해지는 게 뭐야. 산자락의 모양새가 아니잖아. 산자락을 바라보는 마음의 눈이 되는 거지. 우리의 세상살이는 매사가 모두 그래."

"……."

노인의 논리는 단순했다. 누구나 관심이 바깥의 사물에 맞춰져 있다고 믿지만 자기 내면의 욕구 수준을 벗어나지 못한다는 주장이었다. 그러나 언제 어느 순간이라도 마음의 평온함이 유지될 수 있으려면 방법은 간단하다고 했다. 욕구의 대상으로서가 아닌, 욕구도 일으킬 줄 아는 마음의 신비함에 눈을 떠야 한다고 했다.

'욕구도 일으킬 줄 아는 마음의 신비?'

사내는 자신도 모르게 눈앞의 노인을 유심히 바라보게 되었다. 자신으로서는 미처 짐작조차 못하던 노인의 묘한 매력! 그것은 나이 들어 못생겨 보이면서도 나이나 외모만으로는 판단하기 어려운 어떤 신비로움이었다. 그래서였을까? 사내의 머릿속으로 떠오르는 구절이 있었다. 로마제국 말기 철학자이자 사상가인 성 아우구스티누스의 말이었다.

인간은 높은 산과 바다의 거대한 파도와 굽이치는 강물과 저 하늘의 맹렬한 태양 그리고 무수히 반짝이는 별들은 놀라 경탄하면서도 정작 경탄의 대상이 되어야 하는 자기 자신의 존재는 주목해 보지도 않는다.

경탄의 대상이 되어야 한다는 아우구스티누스의 한마디는 노인도 공감하였다. 다만 그게 아우구스티누스와 달리 노인에게는 매우 구체적이었다. 본래 어떤 실체조차 없는 자기 자신의 마음이라는 점에서.

● ● ●

밤길을 가면서 길 위에 놓인 새끼줄을 뱀으로 착각했다고 하자. 이를 불교의 유식에서는 다음의 세 가지로 구분하여 우리 마음의 움직임에 대하여 설명을 한다.
첫째는 의타기성依他起性이다.
둘째는 변계소집성遍計所執性이다.
셋째는 원성실성圓成實性이다.
의타기성이란 새끼줄을 앞에 두고 생겨나는 갖가지 마음의 작용, 즉 감각·지각·정서·사고 등의 모든 정신적 활동 그 자체를 의미한다.
변계소집성은 앞에서 보여 주는 마음의 활동에 의해서 인식되는 대상인 새끼줄에 해당한다.
그러나 새끼줄 자체를 뱀으로 착각했듯이 그와 같은 형태의 잘못된 마음의 작용은 그 자신이 평소 지니고 살아가는 잘못된 분별에 의한 집착의 결과로서 받아들인다.
이와 같은 주관과 객관의 실체론적인 이분법이 분명한 착각임을 알고 나면 뱀으로 착각하면서 생겨나던 자기 안의 섬뜩한 두려움은 거짓말처럼 사라지게 되는 상태가 세 번째 개념인 원성실성이다. 여기서도 결국은 그 토대가 본래 실체가 없는 우리 마음의 문제에 맞춰진다.

6. 세상살이의 본질

"3천배요? 대단하시네요. 저라면 관절 때문에도."
젊은이는 말끝을 흐렸다.
"……."
"시간도 꽤 걸릴 텐데요."
"하기 나름이지. 빨리 하면 8시간도 남아돌고, 느리게 하면 10시간도 모자라고……."
"절을 하실 때는 주로 무슨 생각을 하세요?"
혹 빌고 싶은 소원이라도 있느냐고 묻고 싶은 사내였다. 아무리 별다른 삶을 사는 경우라도 누구나 다를 수는 없었다. 좋은 집에 살고 싶고, 좋은 차를 타고 싶고, 항상 병 없이 살면서 남들로부터 주목받는 삶을 기대하는 심리, 노인도 역시 예외일 수 없다고 믿는 사내였다.
"글쎄."
설명하기가 애매하다는 표정이었다. 노인으로서는 설명한다는 게 애매했다. 절을 하면서도 절을 하는 대상을 두는 법이 없었고, 대상이 없으면서도 실체가 없는 마음의 신비로운 힘은 항상 부정해 보지 않는 노인의 3천배. 그것을 어떻게 설명할 수 있겠는가. 물맛의 차고 더운 것을 스스로 알아야 하는 이치와 동일했다.

"그래도 절을 하다 보면 절실해지기도 하겠어요."

"맞아! 그거겠군. 절실함!"

노인의 반응은 즉각적이었다. 마치 그 한마디를 기다려 온 듯한 어투와 표정이었다.

"……."

"절할 때뿐이겠어? 절을 안 할 때도 마찬가지겠지."

'절실함?' 사내는 잠시 노인의 입가 주름을 응시하면서 그 단어가 지닌 의미를 되씹어 보았다. 동시에 자신과 같은 사람에게는 떠오르는 이미지가 뻔했다. 돈이나 지위, 건강 등과 같은 어떤 기대치.

"그런데 이런 절실함도 통하나요? 복권 당첨에 대한 기대."

"그것도 절실하면 되지 않을까?"

노인의 대답은 유보적이었다.

"아니라고 말씀하시지는 않으시네요."

"행운을 바라는 게 잘못일 순 없잖아, 다만……."

노인은 일단 거기서 말을 끊었다. 본말이 뒤집혀선 안 되는 일이었다. 행운을 기대할 줄도 아는 신비로운 마음의 작용, 바깥의 조건이 아닌 바깥의 조건에서 찾을 줄 아는 마음의 신비로운 작용, 그것은 무엇이 가장 큰 삶의 기쁨일 수 있는가를 헤아려 보려는 절실함의 문제일 뿐 아무래도 가르쳐서 알게 되는 세상의 이치가 아니었다. 그리고 그와 같은 삶의 원리를 누구보다도 잘 아는 노인이기에 절을 하면서도 집중하는 것은 오직 하나였다.

마음이 지닌 가치에 대한 집중. 그것은 실체가 없는 대상에 대한 절실함이었고 실체가 없지만 결코 의심해 본 적이 없는 인간 삶의 지극함이었다.

∙∙∙

마음은 어느 순간에나 무엇엔가 붙들고 살아가는 대상이 있기 마련이다. 그래서 우리 마음의 움직임을 두고 원숭이가 나뭇가지에 매달려 여러 곳을 옮겨 다니는 비유로서 설명하기도 한다. 그렇다면 그 비유에 의존하여 우리의 삶을 돌아볼 때 우리가 결국 눈떠야 하는 세상의 이치는 어디에 있을까? 대부분 원숭이가 공간을 옮겨 다니면서 붙잡고 살아가는 나뭇가지의 가치 그것에 관심을 집중하게 된다. 과연 그럴까? 또 경전에서는 이를 어떻게 설명하고 있을까?

『법구비유경』의 한 구절을 참고해 보자.

마음은 우주의 근본 만상의 본체이고
한 생각 뛰어나온 현상은 그림자이네.

또 『화엄경』 야마천궁게찬품에서는 이런 문구도 있다.

저 길손이여! 무엇을 찾고 있나.
세상살이의 참 모습을 찾고자 원하면
자기의 마음으로 눈을 돌릴 것이니
마음의 그 모습 만법을 닮았다네.
그러므로 근본인 마음을 찾아 법계성을 관하라.

7. 신비로운 마음 작용과 일체유심조

"신비하지 않아?"

"……."

"색깔을 상대로 한 눈의 작용, 소리를 상대로 한 귀의 작용, 냄새를 상대로 한 코의 작용, 그뿐이겠어? 혀와 몸의 촉감은 물론 맞고 틀린 것을 따질 줄 아는 의식도 있잖아. 신비하단 말야, 정말 신비해! 안 그래?"

노인의 반문은 사뭇 강요에 가까웠다.

"그거 당연하잖아요?"

그게 왜 놀랍고 신비로운 일일까? 사내는 오히려 그게 이상했다.

"그래 당연할 수도 있겠지."

그러나 그것은 당연한 일일 수가 없다고 했다. 또 당연한 일도 아니지만 당연하게 여겨서도 안 되는 일이라고 했다. 특히 공포나 두려움 따위와 같이 살아 있는 자로서의 섬뜩한 감정으로부터 자유롭고자 하면 명심해야 하는 이치임을 노인은 강조했다. 눈과 귀, 코와 혀 및 신체 따위의 작용을 통해서 나타나는 마음의 신비로운 작용! 그것에의 절실한 자각이 자기를 진정으로 평온하게 만들고 세상을 사는 동안 감당해야 하는 온갖 부정적인 감정들을 극복하게 만드는 버팀목이 되어 준다고 했다.

"안 그렇겠어. 마음을 눈에 붙이면 볼 수가 있지. 귀에 붙이면 어때,

소리를 듣게 되잖아. 그밖에 코나 몸에 붙이더라도 마찬가지야. 그런데 어떻게 당연한 걸로 끝나겠어?"

그것을 당연하다고만 여기니까 그것의 신비로움을 깨닫지 못한다고 했다. 또 그것의 신비로움을 깨닫지 못하니까 보이면 보이는 것에 마음을 빼앗기고, 들리면 들리는 것에 휘둘리는 인생이 된다고 했다. 그러면서 소개하는 노인의 격언이 「자경문自警文」의 다음과 같은 문구였다.

三日修心千載寶(삼일수심천재보)
百年貪物一朝塵(백년탐물일조진)
3일간 닦은 마음은 천년의 보배이고,
백년을 탐하여 모은 재산은 하루아침에 먼지가 된다.

"어째 실감할 수 있겠어. 당연하게만 생각하는 마음의 신비로운 힘, 그것!"

그리고 그와 같은 신비로운 마음의 작용을 의식하고 살아가는 게 우리 인생의 참다운 모습이 된다는 노인의 계속되는 주장이었다. 정치도, 경제도, 문화도, 영업이익이 발생하는 사업도, 책읽기를 통한 독서활동도 모두가 신비로운 마음의 작용, 그것으로 이해할 수 있어야 하고 또 그것을 위한 행위여야 한다고 말하는 노인이었다. 그렇지 않은 인간의 어떤 행위도 결국은 갈등의 요인이고 부정적인 삶의 요소로 표출되는 세상살이의 짐일 뿐이었다.

"그렇다면 기억해야 하는 게?"

"……."

"들어 봤겠지. 일체유심조一切唯心造!"

모든 게 마음에서 일어난다는 『화엄경』의 핵심 교훈이었다. 노인에 의하면 어떤 실체로서의 마음이 일어나는 게 아니었다. 눈으로 볼 수 있고, 귀로 들을 수 있고, 코로 냄새 맡을 수 있는 일체의 모든 작용들이 아무런 실체조차 없는 마음에서 일어나는 현상이었다.

"어째 신비롭지 않아?"

노인으로서는 음미해 볼수록 신비로울 뿐이라고 했다.

● ● ●

수행을 통한 마음의 평온함. 그것을 엿보게 하는 대표적인 사례가 있다. 중국 초기 선종의 달마와 혜가의 문답 내용이다.

혜가가 달마 스님을 찾았다.

자신을 찾아온 혜가에게 달마가 물었다.

"그래, 자네는 내게서 무엇을 구하는가?"

"제 마음이 편하지를 못합니다."

혜가의 대답이었다.

"그래. 편치 않은 그대의 마음을 가져와 보도록 하라."

"찾을래야 찾을 길이 없습니다."

"내 이미 그대의 마음을 편안케 했노라."

혜가는 그 한마디의 가르침에 커다란 깨달음을 얻었다.

8. 본래 번뇌가 없는 삶의 자각

　노인에게는 원칙이 있었다. 하루 한 끼의 음식 값은 3,000원을 넘겨서는 안 되고, 시간이 허락되면 승용차를 결코 이용하지 않았다. 노인의 이런 옹색함이 사내로서는 불만스러웠다. 3,000원이면 김밥 하나가 고작이었다. 그래서 튀어나오는 사내의 불평은 너무나 뻔했다.
　"좀 대범하면 좋겠어요!"
　"대범大泛?"
　나직하게 되받던 노인의 한마디였다. 대범하다는 말의 뜻을 혹 생각해 본 적이라도 있느냐면서.
　동양의 고전에서는 크다고 하면 『대학大學』을 떠올릴 수 있다고 했다. 그곳에서 '대大'의 뜻은 '세상의 만물을 낳아 기르는 하늘과 땅의 큰 덕'이었다. 그러면서 이어지는 노인의 뒷말은 평소와 달리 아예 훈계조였다.
　노인에 의하면 세상의 온갖 만물은 하늘의 이치를 벗어나 있는 게 없었다. 그래서 『주역』에서는 만물이 하늘을 거느리고 있다는 '내통천乃統天'이요, 그것을 계승한 땅의 '내순승천乃順承天'이었다.
　그러므로 우리의 일상적인 대범함이란 그와 같은 하늘의 이치를 본보기로 삼아 자신의 역할을 보여 주는 땅의 유순한 작용을 염두에 둔 말이어야 했다.

물론 사내로서도 부정하고 싶은 뜻은 없었다. 그러나 그건 가능한 삶도 아니었고 또 그렇게 살아야 한다면 그것은 너무나 막연했다. 숨이 막힐 듯한 답답함, 아니 그 이상이었다.

"세상을 어떻게 그리 사나요?"

"그렇다면 옛사람들이 틀린 거네?"

따지는 말투였지만 분위기는 담담했다. 그리고 이어서 들려주는 노인의 다음 말은 분명했다. 누구나 매사에 원하는 것은 마음의 평온함에 맞추어지게 되어 있다는 노인의 주장이었다. 그리고 거기에는 가능해지는 원리가 있었다. 자기 자신의 본질, 오직 하늘의 덕스러움에 대한 자각을 필요로 하는 이치였다.

"예컨대 역易의 천뢰무망天雷无妄을 생각할 수가 있지!"

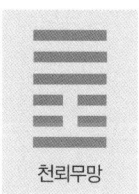
천뢰무망

노인에 의하면 '천뢰무망'이란 위가 하늘 건乾이고 아래가 우레 진震이었다. 그 뜻은 위로 신비로운 하늘이 자리 잡고 있고, 아래에서 양陽 기운 하나가 힘찬 우레의 모습으로 움직이면서 위에 놓인 하늘의 덕을 회복하고자 애쓰는 구조였다. 그래서 괘명도 망령됨이 없는 '천뢰무망'이었다. 이는 세상의 일체 만물이 망령됨이 없는 하늘의 이치로 전개되고 있음을 알게 하는 의미의 상징이라고 했다. 노인에 의하면 비단 천뢰무망뿐만이 아니었다.

하늘 아래 전개되는 세상의 어떤 사물도 하늘의 이치를 벗어나 있는 법은 없었다. 하늘이 두 개 겹쳐져 있는 '중천건重天乾'에서는 만물이 하늘을 거느린다고 했고, 만물이 하늘을 거느리고 있다면 우리가 생각하는 우리 자신의 가

중천건

치가 어떻게 받아들여지겠는가를 묻는 노인이었다. 결론은 불교의 『금강경』에서 이야기하는 '아개영입무여열반我皆令入無餘涅槃'이었다.

나 '아我', 모두 '개皆', 하여금 '영令', 들 '입入', 없을 '무無', 남을 '여餘', 그리고 번뇌를 찾아볼 수 없는 불교적인 개념의 열반涅槃.

사내는 그 의미를 혼자서 이해해 보려고 애썼다. 노인에 의하면 생명 있는 모든 것들로 하여금 어떤 형태의 번뇌도 없는 열반의 상태에 들어가게 하겠다는 불타의 다짐을 뜻한다고 했다.

"비단 석가모니뿐일까?"

노인에 의하면 기독교의 예수님이나 공자, 요순 등의 성인 역시 조금도 다를 수가 없었다. 다만 다른 게 있다면 그 의미를 받아들이는 우리들의 안목이었다. 태어나면서 구원되어져 있음을 의심하지 않는 것, 그게 아니면 누구나 죄에 빠져들 수밖에 없지 않겠느냐고 하시면서. 십자가에 못 박히신 예수님의 사랑도, 천하를 떠돌며 노심초사했던 공자의 절실함도, 갈비뼈가 앙상해지도록 고행을 마다하지 않던 석가모니의 행적도 모두가 동기는 다르지 않았다.

"적어도 동양의 시각에서는 그렇다는 거지. 종교적인 관점에서는 수긍하지 못할 수도 있겠지만……."

다소 여운이 느껴지는 노인의 마지막 말이었다.

・・・

본래 실체가 없는 우리의 마음, 그것은 뛰어난 화가와 같다(心如工畫師). 그러므로 우리 자신의 신비로운 마음이, 우리가 의지하고 싶어하는 성스러운 부처이며 보잘것없는 중생으로 폄하하며 살아가는 우리 자신의 모습으로서, 마음과 부처, 중생의 이 세 가지는 근본적으로 아무런 차별이 없는 것이다(心佛及衆生 無差別).

『화엄경』 야마천궁설게품의 한 구절이다.

9. 보여지는 세상과 바라보는 마음의 눈

'은퇴', '황혼 출가'라는 단어의 어감부터가 생소했다. 처음 겪는 작은 암자에서의 하룻밤이었다. 숨조차 멎을 듯한 적요寂寥!

기분이 야릇했다. 살아 있는 것이라곤 골짜기를 넘어오는 바람과 그 바람에 흔들리며 딸랑거리는 처마 끝의 풍경 소리가 전부였다. 혹 죽음도 이와 같지는 않을까? 태어나서 늙고 병들어 죽는 인간의 삶, 야트막한 산자락 어딘가에 언젠가는 반드시 한줌 재로 뿌려질 자신의 육신이었다.

"본래 생사生死가 없어!"

귓가에 남아 있는 노인의 목소리는 아직도 생생했다. 은퇴 후 황혼 출가에 관심을 보였을 때 들려주던 한마디였다.

"네?"

이해되지 않는 의아함에 사내는 노인의 표정만 물끄러미 응시했다.

"저잣거리에 나앉은 선지식이 한 명 있었지."

어떤 수행승의 이야기였다. 평소 가깝게 알고 지내던 도반이 그 수행승의 번잡한 저잣거리에서의 생활을 염려하며 산속으로 다시 돌아오기를 권했다.

"자네가 그 수행승이라면 어떻게 반응했을까?"

"……."

"수행자에게 저잣거리가 번잡하게 느껴진다면 산속인들 조금도 다를 수 없다는 거야. 왜 그럴까? 쉴 새 없이 지나다니는 자동차의 행렬과 삐죽삐죽 솟구쳐 있는 건물들의 무질서한 풍경, 수시로 마주치는 수많은 사람들의 모습이 번잡한 것이라면 산속 역시 조금도 다를 수 없기 때문이지."

"……."

"실제 그렇지 않겠어. 흐르는 물소리, 높고 낮은 산등성이의 풍경과 그 풍경을 채우고 있는 수많은 나무들의 울울창창한 모습들 그것과 추호도 다를 순 없잖아. 무릇 마음이 고요하면 저잣거리도 번잡하지 않겠지만 마음이 고요하지 못하면 산속에 앉아서도 저잣거리와 한가지가 되는 거지."

"……."

"요는 자기 눈에 보이는 세상의 모습이 아니야, 그것들을 바라보는 자기 마음의 문제, 그거지."

노인의 그 한마디는 결코 틀린 지적이 아니었다. 조용한 산을 찾는다는 게 오히려 하지 않아도 좋을 마음속의 온갖 근심 걱정까지 밀려드는 체험을 해야만 했으니까.

● ● ●

임제는 말한다. 우리들 누구나가 생각을 일으키는 한마음에 갖춰진 청정 淸淨한 빛이 우리 자신의 법신불法身佛이다. 우리들의 한 생각에 갖춰져 사려 분별로 나타나는 빛이 우리들 자신의 보신불報身佛이다. 또 우리들의 마음에서 차별된 모습으로 나타나는 마음의 작용이 우리들 자신의 화신불化身佛이다.

이 세 가지의 것들이 지금 우리가 추구하는 성스러움 그것이다. 이처럼 지금 세상을 상대하며 우리 눈앞에서 약동하고 있고, 시종일관始終一貫 일체의 처소에 주저함이 없는 우리들 자신, 그것이야말로 살아 있는 문수文殊이다. 우리 자신의 생각으로 다양하게 전개되는 차별 없는 빛이야말로 모든 곳에서의 참다운 보현普賢이다.

우리들의 일념이 본래 스스로를 해방할 수 있게 되어 있어, 도처에서 해탈을 완성하고 있으니, 그것이 관음觀音의 삼매경三昧境이다.

— 『임제어록』

10. 성스러움의 정체

"저분들은 대체 어디로 가신 거죠?"

공자의 사당을 돌아보고 난 사내의 한마디였다. 그곳에는 공자님 외에도 '안증사맹顔曾思孟' 즉 안자(복성군), 증자(종성군), 자사(술성공), 맹자(아성공) 등의 여러 성현이 함께 모셔져 있었다. 그러나 사내의 판단에도 그 질문은 너무나 엉뚱했다.

"……."

노인은 역시 사내의 짐작대로 아무런 대꾸가 없었다.

그런데 동당과 서당 건물을 돌아보고 입구의 찻집에 자리를 잡고 난 뒤였다.

"이제 해답을 찾았나?"

예기치 않은 노인의 질문이었다.

"……."

"자네가 다섯 분의 성현들이 가신 곳을 묻지 않았나."

"아, 그거요."

사내는 멋쩍게 뒤통수를 긁었다.

왔다가 가고 또 왔다가 가고, 대체 오는 곳은 어디이고 가는 곳은 어디일까? 인간의 삶과 죽음에 대해 생각하면 자신으로서는 언제나 풀리지 않는 수수께끼였다.

"볼 줄 아는 사람에게는 보이고, 보지 못하는 사람은 못 볼 뿐이야."

노인은 잠시 입을 다물고 생각에 잠겼다.

"자네와 나, 그리고 저기 저 눈앞의 사람들. 그게 아니면 어디서 찾겠나?"

사내에게는 멍해지는 대답이었다.

● ● ●

조주가 자기의 스승인 남전화상에게 물었다.

"누구나 궁금해 하는 도란 도대체 무엇입니까?"

"평상심平常心이 도다."

남전의 간략한 대답이었다. 평상심. 세상을 살아가면서 누구나 한번쯤 들어 본 단어일 것이다. 남전이 말하는 평상심의 뜻은 어떻게 이해하는 게 좋을까? 좀 더 분명하게 확인하기 위해 황벽의 「전심법요」를 참고해 보기로 하자.

'네가 아는 범부와 성인은 터무니없는 분별이다. 사람들은 지금 그것을 알지 못하고 도리어 실재한다고 집착한다. 실체가 없음에도 실재한다고 집착하고 있으니 어찌 허망하지 않은가. 또 허망하기 때문에 스스로 미혹에서 벗어나지 못한다. 그렇기에 범부와 성인에 대한 집착만 떠날 수 있다면 자기의 마음 밖에 어떤 성스러움도 찾게 되지 않을 것이다.

여기에 눈뜨게 하시고자 옛날의 선지식들은 모든 사람들이 평상시의 모습 그대로 성스러운 한 물건이라고 가르치셨다. 이런 마음의 이치에서 어긋나게 범부라는 생각과 성스러움에 집착하여 바깥을 향해 구하기만 한다면 스스로 자기 자신의 보물을 잃어버리는 게 되고 만다. 때문에 나는 너에게 마음이 곧 부처라는 즉심시불卽心是佛을 이토록 강조하는 것이다.'

11. 소리로 눈뜨는 삶의 본질

"방법?"

노인에 의하면 방법은 다양했다. 그 가운데서 가장 권할 만한 방법은 관세음觀世音보살의 이근원통耳根圓通이었다. 귀 '이耳', 뿌리 '근根', 둥글 '원圓', 통할 '통通'. 귀를 통해 전달되는 소리에 주목하여 본래 실체가 없는 사물의 원만함에 눈뜨는 방법. 불교 경전의 하나인 『능엄경楞嚴經』 25원통장圓通章에서 다뤄지는 수행방법이라고 했다.

물론 그곳에서 소개하는 내용물들로는 소리만 있는 게 아니었다. 자기 자신이 상대하는 세상의 모든 대상들이 그 안에 들어 있었다. 눈이 상대하는 색깔, 귀가 상대하는 소리, 코가 상대하는 냄새, 혀가 상대하는 음식의 맛, 피부에 의해서 느껴지는 촉감, 마음에 의해서 펼쳐지는 생각의 내용물까지도 모조리 마음공부를 위한 구체적인 수단들이었다.

"특별하진 않네요."

명칭조차도 생소한 간화선看話禪을 의식한 대답이었다. 그만큼 사내에게는 생소하기만 했던 수행의 세계였다. 특히 선사들이 강조하는 화두에 생각이 미치면 자신에 대해 알 수 없는 절망감마저 생겨났다. 부모로부터 태어나기 전의 본래면목? 생겨나는 것도 아니고 없어지는 것도 아니라는 이뭣고? 그뿐 아니었다. 부처가 무엇인가에 대한 답변이 똥

마른 막대라거나 판때기 이빨 위의 터럭이라는 화두 자체의 모호함!

사내로서는 절망스러웠다. 그런데 자신을 더욱 절망스럽게 만드는 것은 그렇게 모호한 개념을 참선의 수단으로 제시하면서도 머리로 그것을 분석하거나 답을 찾기 위해 생각을 굴리지 말라는 단서조항이었다. 도대체 자신이 속물인 것인지, 아니면 바탕이 아둔한 것인지 금기하는 행위에 대해서는 도대체 적응이 안 되었다.

"특별할 리가!"

배가 고프면 밥을 찾고 몸이 피곤하면 잠자리에 드는 인간의 일상사! 그것을 떠난 삶의 본질이 뭐가 또 있겠느냐는 노인의 반문이었다. 그렇다면 삶의 본질에 눈을 뜨는 수단 역시 평범하기 마련인 것이고, 그게 곧 귀로 듣는 소리나 코로 맡는 냄새, 생각으로 헤아리는 분별 등과 같은『능엄경』이십오원통의 내용들이라는 설명이었다.

"이근원통耳根圓通만 봐도 그렇거든."

실체가 없는 소리의 속성에 주목해 보는 관세음보살의 이근원통! 단순하다면 단순할 수밖에 없는 요소지만 결코 단순하지 않은 생명의 신비였다. 그래서 소리를 통해 보여 주는 생명의 신비를 절에서는 원통보전 圓通寶展이라는 신앙물로 구체화시키기도 하고, 수행의 방법을 열거하는 가장 그럴듯한 행법체계의 하나로 꼽았다. 수행의 형식을 떠올릴 때도 항상 명심해야 할 게 있었다. 가장 평범한 것이 가장 특별할 수 있는 세상살이의 명쾌한 상식, 바로 그것이었다.

"그 점에서는 신앙의 내용물도 마찬가지 아니겠어?"

하늘을 품고 살아가는 지금 이 자리의 나 자신 그것을 자각하는 형태라야 했다. 2,500년 역사 속 전설이 된 싯다르타의 문제가 아니었다. 또 날이 특별할 때면 발길이 향하는 어느 낯선 성전은 더욱 아니었다. 냄새로 확인되고 소리로서 눈떠야 하는 지금 나 자신의 소박함, 바로 그것이었다. 그런 까닭에 노인에게는 누구에게나 들려주고 싶은 게송이 하나 있었다.

堂堂大道(당당대도) 赫赫分明(혁혁분명)
人人本具(인인본구) 箇箇圓成(개개원성)
당당한 대도여, 밝고 밝아 분명하다.
사람사람이 본래 갖추고 있고, 낱낱의 개별 이치 원만함이라.

— 야보冶父 도천道川

• • •

자기 안의 당당한 대도! 그것에 눈뜨지 못하면 반드시 밖을 향해 욕구가 일어나게 되어 있다. 그러나 그게 필경 우환을 불러오게 된다고 공자는 가르친다. 『논어』 계씨편의 가르침이다. 노나라의 계씨가 전유를 침공하고자 할 때였다. 그 소식에 접한 공자가 계씨의 가신이던 염유를 불러 크게 꾸짖었다.
"전유는 거리가 가깝고 또 성이 견고하므로 지금 점령하지 않으면 뒷날 반드시 후손들에게 걱정거리가 될 것입니다."
스승의 꾸짖음 앞에서 늘어놓은 염유의 변명이었다.
공자는 이 말에 다음과 같이 답했다.
"내가 들으니 나라를 갖고 집을 가진 사람은 적은 것을 걱정하지 않고 고르지 못한 것을 걱정하며, 가난한 것을 걱정하지 않고 편안하지 못한 것을 걱정한다고 했다. 대개 고르면 가난한 사람이 없고, 서로 사이가 좋으면 적이 없으며, 편안하면 서로 넘어지는 일이 없기 때문이다. 또 나의 생각으로는 계씨의 근심이 전유에 있지 않고 담벽 안에 있다고 본다."
계씨의 욕심이 근심과 변란을 불러올 것이라는 성인의 충고였다.

12. 발 밑을 돌아보라

"누구나 발을 딛고 선 땅이 있겠지!"

그것은 마음도 마찬가지라는 게 노인의 지론이었다. 그렇다면 어떤 땅이라야 할까? 노인의 말로는 집짓기를 예로 들어 생각해 보면 납득하기가 쉽다고 했다.

"집을 지으려면 무엇보다 중요한 게 집이 들어설 집터가 아니겠어?"

예컨대 땅이 비탈진 곳이면 깎아서 평평하게 만들어야 하고 구덩이가 파인 곳이면 메워서 지대를 높여야 하기 마련이었다. 거기에 전망마저 좋다면 다시 말할 까닭이 없을 터였다. 이는 평평하고 전망이 트인 곳이라야 영위하는 일상의 삶이 쾌적하고 불편하지 않기 때문이었다. 그리고 이런 원리는 우리가 세상을 살아가는 마음의 원리 쪽에서도 똑같이 적용된다는 노인의 주장이었다.

"삶이 평온하게 유지되는 마음의 땅이 있는 게야."

노인의 설명은 이어지고 있었다. 비탈진 땅에 마음이 서 있으면 불안하고 초조해지는 게 어쩔 수 없는 우리의 세상살이였다. 지대가 낮아 습기가 많더라도 예외가 아니라고 했다. 건조하면서도 앞은 탁 트이고 통풍은 잘되며 심한 비바람은 피할 수 있고 충분한 일조광선을 받을 수 있어야만 했다. 그래야만 삶이 평온하고 활기에 넘치게 되기 때문이었다.

다시 말해 세상을 살아가는 우리 마음의 상태는 그 상태가 생겨나는 원인이 조금도 엉뚱할 수가 없다는 이야기였다. 그리고 그것이 평소 발을 딛고 서 있는 자기 마음의 땅을 문제 삼게 되는 옛사람들의 구체적인 이유였다.

옛사람들의 가르침에 바탕을 둔 노인의 경험에 의하면 마음이 초조하거나 불안하다면 초조하거나 불안해질 수밖에 없는 땅 위에 자신이 서 있는 탓이었다. 그렇다면 늘 평온하여 출렁거리는 기쁨을 느낄 수 있으려면 어떤 땅 위에 자기 마음이 터를 잡아야만 할까? 노인의 귀띔에 의하면 자기 마음의 눈을 올바르게 확립하는 방법 이외에 길은 없었다.

"정견正見 바로 그것뿐이야. 세상을 바르게 본다는 뜻이지."

돈도 지위도 심지어는 건강조차도 정견이 서고 난 뒤에 의미가 있게 된다는 노인이었다. 일체의 사물을 올바른 눈으로 바라보는 정견正見! 정견이 아니면 어떤 형태의 성공이나 입지전적인 평판이 자기를 향하더라도 결코 행복하거나 평온해질 수가 없는 이치, 그것이 바로 옛사람들이 말하는 고전의 핵심 원리이자 세상을 살아가는 인간의 진정한 나침반이었다.

"옛 선사들의 행적을 대하면 느낌이 어때?"

노인은 도대체 무슨 씨나락 까먹는 소리인가 싶어 한동안 거부감이 적지 않았다는 고백이었다. 그런데 어느 순간 무릎이 탁 쳐지더라고 했다.

"조고각하照顧脚下!"

자신의 발밑을 내려다보며 살필 수 있어야 한다는 뜻이지만 달리 말하면 식심초동識心初動으로 개념을 바꾸어도 상관없을 것이라고 했다.

노인에 의하면 그것은 오직 세상을 바라보는 자기 마음의 문제로서 추호도 막연하거나 횡설수설 지껄여 대는 문답이 아니었다. 그리고 그게 알쏭달쏭한 구석은 있지만 쉽게 말하면 정견正見뿐이고 좀 더 어렵게 설명하면 실체가 없는 공空과 공의 작용을 이해하는『화엄경』의 일체유심조一切唯心造였다.

　세상의 모든 법이 오직 마음에서 일어날 뿐이라는 그 유명한 일체유심조! 노인은 그렇게 설명하면서 일체유심조라는 문구를 사내에게 들으라는 듯이 두어 차례 연거푸 읊조려 대고 있었다.

● ● ●

　혜능에 의하면 세상 사람들의 마음은 본래 맑고 깨끗하여 일체 만법이 모두 그 안에 들어 있다고 말한다. 이를 어떻게 증명할 수가 있는가. 누군가가 혹 나쁜 일을 떠올리면 곧 악을 행하게 되고, 착한 일을 떠올리면 선행을 닦게 되는 이치로도 알 수가 있다.

　그렇다면 이는『화엄경』에서 말하는 것처럼 세상의 일체법이 그 어느 것이나 자기의 마음에서 일어나는 경계의 신비로움이다.

13. 두 길로 가지 않는 마음

"사람의 마음이 두 길로 갈 수 있겠어?"

사람의 마음이 두 길로 움직인다면 그것은 정신분열증의 경우에나 가능하다는 노인의 주장이었다. 자기 안에 증오심이 가득 차게 되면 사랑은 마음에서 찾아볼 수 없었다. 그 반대도 마찬가지였다. 자기의 마음이 사랑으로 가득 차게 되면 미움이나 증오는 어느새 자취를 감출 수밖에 없었다.

"이는 삶의 동기도 마찬가지겠지."

나와 남이라는 이분법적인 사고로 자기의 역할을 생각할 때, 생겨나는 삶의 동기는 반드시 둘 중의 하나여야 했다. 자기만을 위하는 이기적인 모습이거나 아니면 남들의 삶을 함께 고려하는 이타적인 쪽이었다. 그뿐만이 아니었다. 선을 지향할 것인가, 악을 지향할 것인가. 동動적인 삶을 지향할 것인가, 정靜적인 삶을 지향할 것인가. 본질적인 삶인가, 감각적인 삶인가. 아니면 정신인가, 물질인가.

"답을 어디에서 찾아야 할까?"

노인에 의하면 자기 자신이 향유하는 행복감에 달려 있었다. 악을 지향하고도 행복할 수 있다면 악을 지향하면 되는 일이었다. 선을 지향해야만 삶이 행복할 수 있다면 선을 지향해야만 했다. 이기적인 삶으로도 만족한다면 이기적인 삶을 살면 그만이었다. 이타적이라야 행복해질 수 있다면 이타적이어야만 된다고 했다. 대신 노인의 지론에 따르면 이와 같은 판단을 받아들일 때는 전제가 있었다. 자신이 받아들이는 행복감의 정체가 보편적이어야만 했다. 죽음을 앞에 두고서도 당당할 수 있는 보편성, 그것은 하늘을 마주 대하고 서서도 한점 부끄러움이 없는 당당함이기도 하다.

"예를 든다면요?"

"공자가 양호로 오해받았을 때의 일이겠지."

'사문斯文'이라는 용어가 생겨나게 된 고사와 관련이 있었다. 광 땅에서의 일이었다. 당시 공자의 모습이 백성들을 착취하며 포악하게 굴던 지방관 양호와 닮았던 모양이다.

그래서 사람들은 공자 일행을 둘러싸고 험악한 분위기를 연출했다. 제자들은 예기치 않은 돌발 상황에 잔뜩 긴장하면서 어떻게 대처해야 할지 두려움을 견디기 어려웠다. 그러나 공자는 태연했다.

문왕이 이미 돌아가시고 그 가르침(斯文)이 나에게 있지 아니한가. 하늘이 만약 이 문을 상하고자 할진댄 곧 반드시 뒤에 죽는 나로 하여금 이 문에 참여하도록 허락을 하지 않았을 것이다. 그렇지만 지금 내가 이미 그 가르침을 얻어 참여하고 있지 않은가? 그렇다면 이는 하늘이 나로 하여금 이 뜻을 이어 가게 하려는 것이니 광 땅 사람들이 이런 나를 어떻게 하겠느냐?

(文王이 旣沒하시니 文不在玆乎아 天之將喪斯文也ㅣ신댄 後死者ㅣ 不得與於斯文也ㅣ어니와 天之未喪斯文也ㅣ시니 匡人이 其如子에 何ㅣ리오)

자신의 역할에 대한 자부심, 곧 하늘의 이치에 마음을 붙이고 살아가는 자신의 삶에 대한 자부심이었다.

"얼마나 당당한 모습인가? 그 같은 공자의 사례가."

● ● ●

만약 누군가가 마음이 한 길로 가는 삼매三昧에 들고자 하면 먼저 실체가 없는 마음의 이치(般若)에 눈을 떠야 한다. 그런 뒤에 한 길로 가는 마음의 움직임이 가능해질 것이다.

— 『문수설반야경文殊說般若經』

실체가 없이 청정한 세상의 이치에 마음을 붙인 채 사물을 바라보되 그와 같은 마음의 눈이 밤낮 구분 없이 지속되게 하여야 한다.

그래서 마음이 흩어지려고 하면 급히 이를 실체가 없는 마음의 신비로 거두어들이되, 새 다리를 노끈으로 묶어서 새가 날아가려고 하면 속히 끈을 잡아당기는 것과 같이 해야 한다.

이처럼 종일 마음의 움직임을 살펴서 한길로 갈 수 있게 하면 자기 마음은 어느새 평온해지면서 입도안심의 경지에 들 수 있게 될 것이다.

— 『도신道信』

14. 마음의 즐거움을 불러오는 원리

"사무실 개원했다며? 듣자 하니 반갑던데!"
"떠벌릴 일이 아니라서요."
"왜 오히려 떠벌려야지."
"……."
"그게 자네 일이라고 생각하지 마. 그러면 그 생각에 자신이 묶이는 거야."

노인에 의하면 개인적인 형태의 사무실조차도 세상을 위한 일이어야 하고 또 세상에 기여하는 공간이어야 했다. 그래야만 자신에게 묶이지 않는다고 했다.『대승기신론』의 교훈이었다.

본문의 표현을 그대로 빌려 오면 대치사법對治邪法의 논리였다. 짝 '대對', 다스릴 '치治', 사특할 '사邪', 법 '법法'이었다. 그 가운데 특히 주목해야 하는 낱말은 세 번째에 자리 잡고 있는 사특함의 뜻이었다. 노인에 의하면 실체가 있다고 여기면 모조리 사특한 법이었다.

"실제 그렇잖아? 나만 본다는 것은 나라는 실체에 집착하는 일이지만 실체에 대한 집착의 끝은 뭐겠어?"

오직 고통뿐이라는 게 노인의 주장이었다. 그러면서 노인은 하나의 고사를 들려주었다.『맹자』의 양혜왕 장이었다.

맹자가 양혜왕을 찾았을 때였다. 양혜왕이 맹자를 향해 물었다.

"노인께서 천리 길을 마다하지 않고 이렇게 찾아주셨는데 우리 나라에 무슨 이익이 있겠습니까?

"왕께서는 하필 이익을 말씀하십니까? 오직 인仁과 의義가 있을 뿐입니다."

양혜왕이 기대하는 나라의 이익 그게 사특하다고 할 수는 없지만 결국 자기 자신에게 집착하는 고통스러운 삶이라면, 맹자의 인仁과 의義! 그것은 자신의 이익과 짝을 이루는 노인의 대치사법對治邪法이었다. 양혜왕 장에서 이어지는 『맹자』의 뒷 구절은 그 점에서 노인에게 색다른 느낌의 대화 내용이 된다고 했다. 계속되는 노인의 말이었다.

왕께서 어떻게 해야 내 나라를 이롭게 하겠느냐고 하시면 대부들은 어떻게 하면 내 집이 이로울까를 말하며 선비들과 일반 서민들은 어떻게 하면 나 자신을 이롭게 하겠느냐고 말할 것이니, 위와 아래 나라 안의 모든 사람이 자기의 이익만을 취하게 되면 그 나라는 결국 위태롭게 되기 마련이라는 게 맹자의 주장이라고 했다.

그렇기에 만승의 나라에서 그 임금을 죽이는 자는 반드시 천승의 가문이 될 것이고, 천승의 나라에서 그 임금을 죽이는 자는 백승의 가문이 될 것이니, 만을 가지고서도 천을 취하려 들고 천을 가지고서도 백을 취하지 않는 게 오히려 이상하지 않겠느냐고 했다. 그리고 이 모든 게 결국은 자기 자신에게 집착하는 인간의 어리석은 모습일 것이라고 했다.

"어찌 짝을 이루는 기신론의 대치사법을 생각하지 않을 수 있겠어?"

그러자면 결국 생겨나는 결론이 양혜왕의 이익이 아닌 맹자의 인仁과 의義, 그것으로 귀결되기 마련이라는 게 노인의 분명한 지론이었다.

그리고 그게 바로 노인이 말하는 대치사법이었고 고통스럽지 않은 삶을 의식한 인간의 참된 지혜였다.

・・・

마음이 밝은 빛으로 가득 채워지면 어둠은 거짓말처럼 사라진다.
본래 실체가 없는 사물의 이치로 우리 자신의 마음이 가득 채워지게 하면 세상의 모든 것에 나와 내 것의 실체가 있다는 집착으로 인해 생겨나는 온갖 번민들이 삽시간에 자취를 감춘다.
이를 『기신론』에서는 대치사법이라고 하여 사특한 법을 다스리는 근본 원리로 삼는다.
다음은 해당 본문 내용이다.

사사로운 집착에 대한 마음의 고통을 짝으로 다스린다는 것은 그 원인이 되는 공도리에 눈뜨는 것이다. 이는 모두 나와 내것이라는 견해에 의존해 있으므로 만약 나와 내 것에 실체가 없음에 눈뜨게 되면 절로 사사로운 집착에서 일어나는 마음의 고통이 소멸되는 것이다.

15. 좋은 사람 콤플렉스

"남의 눈을 어떻게 생각해?"
노인의 질문이었다.
"남의 눈이라뇨?"
사내로서는 분명하게 대답하기 어려운 질문이었다. 의식할 때도 있고 의식하지 않을 때도 있었다.
"괜찮은 사람 콤플렉스가 있었거든."
이어지는 노인의 말이었다. 그 사람 정말 괜찮다는 평가를 들어야만 마음이 편했다. 그러나 자신의 결벽증과 묶이면서 그것은 오히려 족쇄가 되었다. 매사에 얽히는 인간관계가 부담스럽고 괴로울 수밖에 없는 족쇄였다. 그리고 그와 같은 족쇄로부터 자신을 풀려나게 해 준 계기가 바로 『대승기신론大乘起信論』과의 만남이었다.

마명馬鳴의 저술을 신라시대의 고승 원효元曉가 주석한 책이었다. 일심一心, 이문二門, 삼대三大, 논리적으로는 엄격하지만 이치는 명쾌했다. 하나의 마음에서 괜찮다와 별 볼일 없다는 두 개의 이미지가 생겨나는데 그것을 구체적으로 분석해 보면 본체와 현상, 그리고 본체가 눈앞의 현상으로 펼쳐지게 되는 작용, 즉 체상용體相用 삼대三大로서 이해하는 의미 체계였다. 다만 이런 식의 번거로운 설명에도 불구하고 핵심은 하나였다. 즉 보여지는 자기 일상의 모든 사물을 실체가 없는 연기緣起의 형태로서 이해하는 일이었다.

"사람들이 나에 대해 말할 때 별 볼 일 없다고 말하면 견딜 수가 없어지는 거야. 괜찮은 사람으로 평가받고 싶었으니까."

"그러다 보니 괜찮다는 말에 집착을 하게 되고 괜찮다는 이미지에 집착하다 보니 삶이 괴롭지 않았겠어."

"그래서요?"

"인간관계를 꼬이게 하면서 나 자신을 괴롭히는 집착에 대해서 생각해 보았지. 『기신론』에서 설명하는 것처럼 눈이 잘못되어 있었던 거야. 삶이 고통으로 흘러갈 수밖에 없는 세계관에 의존하고 있었던 거지."

『기신론』에 의지한 노인의 설명에 의하면 괜찮은 놈이라는 자신의 이미지는 물론 별 볼 일 없다는 이미지 자체가 본래 둘이 아니었다. 그 어디에도 결국 실체를 찾을 수 없는 하나의 마음이 보여 주는 두 갈래의 현상이었다. 그럼에도 그것을 어떤 실체가 있는 둘로서 구분해 바라보는 것은 반드시 마음의 고통이 생겨날 수밖에 없게 만드는 노인의 집착으로 나타났다.

"괜찮은 놈이라는 이미지도 별 볼 일 없다는 이미지도 사실은 한마음의 작용이었던 거지."

"……."

"얼마나 신비로워! 실체가 없는 마음이 괜찮다고 여기기도 하고, 별 볼 일 없다고 보기도 하잖아. 내 삶은 그동안 놓치고 있던 초점이 있었던 거지."

초점, 그것은 하나의 마음에서 두 갈래의 짝이 생겨나는 마음의 신비로운 작용이었다. 서로 다른 형태의 대립된 두 갈래 이미지가 사실은 둘 같지만 둘일 수가 없는 마음의 신비로움. 물론 둘이 아니라고 하지만 그렇다고 하나도 아니었다. 그리고 그게 노인으로서는 괜찮은 놈이라는 이미지에 대한 집착을 돌아보게 만들었고, 노인의 세상살이가 한사코 괴로울 수밖에 없었던 이유에 대해 눈뜨게 된 고마운 계기였다.

● ● ●

성자들은 자기의 기술에 의지하여 모두 각자 생활을 영위한다. 혹은 밭농사를 짓고, 혹은 살아갈 방도를 세우며, 혹은 글을 배우거나 가르치고, 혹은 사업을 경영하고 혹은 도장을 교묘하게 새기기도 하며, 혹은 글을 짓고, 혹은 붓을 만들며, 혹은 경서를 통해 깨달음을 추구하고, 혹은 용맹스러운 장군이 되며, 혹은 나라의 안정에 기여하기도 한다.

다양한 우리들의 삶 자체가 성스러운 본질, 그것임을 강조하는 『중아함경』 경전의 본문 내용이다.

16. 짝으로 일어나는 세상 이치의 신비

상갓집에 들어서고 난 뒤로 생각이 많아지는 사내였다. 아파트 거실과 마당에서도, 전철 개찰구에서도, 공연장과 사무실 근처의 식당에서 그토록 자주 얼굴을 맞대던 고인이었다. 아직 50대 초반의 나이였다. 무엇을 이루기 위한 열정이었을까? 재산이나 건강에 대한 집착도 모두가 허망한 흔적이었다. 이를 미처 예측하지 못했던 것일까? 그것은 아니었다. 지금은 무뎌졌지만 돌이켜 보면 그게 절실했던 나이는 오히려 10대였다. 삶과 죽음, 그게 뭘까? 삶은 어디에서 오고 죽음은 어디로 가는 것일까? 그리고 자신의 나이도 벌써 50대였다.

이틀 뒤 죽마고우를 잃고 난 허전함에 사내는 노인을 찾았다.
"시간이 있었나 봐?"
노인은 정원수의 가위질에서 눈을 떼지 않은 채 사내를 맞았다.
"친구가 갔거든요."
"친구?"
"네. 친구요."
"그래 남 일 같지 않겠군."
"……"
"자네 이런 자문자답 들어봤나?"

"……."

"'이 사람아!' '왜?' '눈을 뜨고 있기는 하나?' '물론이지.'"

'무슨 말을 하고 있는 것일까?'

사내로서는 잠시 어리둥절했다.

"그런데 말야, 눈을 뜨고 있어도 나는 내가 안 보여 도대체. 자네도 마찬가지 아닐까?"

"……."

"그런데 죽음!"

'연기緣起'에 관한 이야기였다. 삶은 죽음을 짝으로 생겨나고, 남자는 여자에 의지하여, 높은 것은 낮은 것에, 밝은 것은 어두운 것에 의지해 있었다. 그렇다면 짝을 떠난 실재란 모조리 허상이었다.

"보이지 않는다고요? 죽음까지도!"

"당연하지. 대신 보아야 하고 또 누구에게나 보이게 되어 있는 게 있어. 삶과 죽음처럼 짝으로 일어나는 작용의 신비. 그거."

삶과 죽음을 실체로 여기지 말라는 노인의 충고였다.

'실체?'

사내는 잠시 죽마고우의 얼굴을 떠올리며 노인의 말을 되씹었다.

"그게 어디 종교만의 이치겠어?"

종교가 그것을 알려 주었을 뿐 우리 마음에 의해 드러나는 우리 삶의 진실이면서 세상의 구체적인 현실이었다. 그리고 그것을 달리 표현하면 불교적 의미의 연기설緣起說이자, 『주역』의 음양陰陽에 해당한다고 노인은 담담하게 말하고 있었다.

∙∙∙

옛날 어떤 사람에게 미워하는 사람이 있었다. 그 사람을 생각하면 하는 일마다 손에 잡히지 않았고, 혹 일을 하다가도 돌연 맥이 탁 풀릴 만큼 미움이 컸다.

어느 날 이를 목격한 친구가 물었다.

"자네 무슨 일이 있기에 그토록 시름이 깊나?"

"말 말게. 미워서 죽이고 싶은 놈이 하나 생겼다네. 그런데 그 놈을 어떻게 할 수가 없거든."

"허, 그 사람 풀어 버려. 뭐 대수롭지도 않은 일이라면서."

"그러면 오죽이나 좋겠나. 그런데 그 놈이 나를 계속 헐뜯고 돌아다닌다지 뭔가. 게다가 오죽 힘이 장사라야지."

친구가 말했다.

"그를 해칠 수 있는 주문이 있네. 그러나 한 가지 걱정스러운 게 있어. 만일 자네가 그를 해치지 못하면 도리어 자네가 당하게 되거든."

"아, 그래, 그렇다면 부디 그 주문을 나에게 가르쳐 주게. 그 놈만 해칠 수 있다면 나는 어떻게 되더라도 상관이 없네."

친구는 주문을 가르쳐 주었다. 그는 이 주문을 가지고 상대방을 해치려고 무척 노력을 했는데 그 주문에 매달려 살아가는 동안 부풀어 오른 마음의 증오심에 스스로 해를 입고 말았다.

─『구잡비유경』

17. 말로 설명할 수 없는 마음의 신비

"나라는 실체가 없다면 윤회하는 놈은 누구일까?"

윤회를 한다면 윤회를 하는 주체가 있어야 했다. 그러나 불교에서는 나라는 실체를 인정하지 않는 무아설無我說이 기본이었다. 그러므로 노인은 이와 같은 불교의 윤회설과 무아설 사이의 모순을 어떻게 보아야 하느냐는 질문이었다. 사내는 잠시 생각하는 시간을 가져 보았지만 결론을 내릴 수는 없었다. 잠시 침묵이 흐르고 난 뒤 노인은 다시 입을 열었다.

"열쇠는 바로 그거야."

신비로운 마음의 작용을 이해하는 열쇠! 노인의 입에서 튀어나오는 반사적인 결론이었다. 계속되는 노인의 설명에 의하면 그것은 우리 마음에 의해서 빚어지는 모순일 뿐 존재론적인 형태의 실재 문제가 아니라고 했다. 다시 말해 둘은 실재 현상이 아니면서도 실체가 있는 개념처럼 여겨지는 마음의 불가사의였다.

"말장난 같겠지만 실제가 그래."

나라는 실체가 없음에도 있다고 여기면 있는 것처럼 여겨지는 마음의 신비! 그래서 사실은 자신의 실체를 찾을 수 없는 무아無我임에도 나라는 실체가 있어서 그로 인해 윤회를 한다고 생각하게 되어 있는 게 우리 마음의 신비로운 움직임이라고 했다.

사내로서는 이해하기 어려운 설명이었다. 그 말을 어떻게 수긍해야 하는 것일까? 사내의 상식으로는 너무나 애매한 설명이었다. 세상의 이치라는 건 실체가 없다면 실체가 없어야 하고 실체가 있다면 실체가 있어야 하는 게 자신이 받아들일 수 있는 일반적인 상식이었다.

"이해하기 어렵겠지. 그 신비로운 작용을."

"……"

"이와 같은 마음의 작용에 대한 집중."

노인에 의하면 그것이 '도'였고, 그것이 '삶의 본질'이었다. 죽음과 삶의 갈림길에서도 마음의 평온함을 잃지 않게 하고 살아서는 고통 따위에 물들지 않게 하는 삶의 본질. 그래서 석가모니는 세상의 일체 만법이 마음에서 일어난다는 '일체유심조一切唯心造' 혹은 '성기설性起說'을 주장했다.

"참 애매하네요?"

참 애매한 문제였다. 차라리 외면하고 싶은 마음의 표현이었다. 그리고 생각해 보면 실제로 그랬다. 세상의 일체 법이 성품에서 일어나건, 아니면 마음에서 일어나건 그런 것을 꼭 알아야 하는 이유가 있을까? 배가 고프면 먹을 수 있는 밥이 있고, 밤이 되면 자신을 맞아 주는 집이나 가족에게 충실할 수 있다면 다른 불만은 생겨날 것 같진 않았다.

"그렇다면 도인이지."

노인은 수긍하지 않았다. 사람의 삶이 그렇게 단순했다면 왜 역사에서 갖가지 형태의 종교가 생겨나고 철학이 꽃을 피웠겠는가를 생각해 보라고 했다.

"인간人間의 일대사인연一大事因緣에 대한 관심."

노인의 결론은 그것이었다. 다시 말해 삶과 죽음의 문제를 의식한 마음의 평온함을 모색한 결과였다는 설명이었다. 그런데 그게 가능하려면 어쩔 수 없이 무아와 윤회설 사이에 생겨나는 모순을 이해할 수 있어야만 하는데 그게 곧 노인이 말하는 실체가 없는 마음의 신비로움이었다.

18. 즐거움을 맞았을 때의 도리

"세상을 살면서 즐거운 일이 생긴다면?"
　자문자답의 성격에 가까운 노인의 한마디였다. 자식이 대표이사에 취임하고 고위 관료로 승진하고 회사의 규모를 확장하고 이런저런 집안의 경사는 그냥 넘겨선 안 된다고 했다. 심지어 아들딸을 시집보내거나 장가를 들이더라도 마찬가지라는 주장이었다. 작악숭덕作樂崇德! 음악을 통해 그 은덕을 숭상하는 일. 『주역』 '뇌지예雷地豫' 괘의 교훈이었다. 자신에게 넘치는 기쁨을 허락해 준 하늘에 대해 감사드리면서 조상을 거기에 짝으로 배향해야 옳았다.
"다만 그 기쁨이……."
　땅을 통해 세상을 이롭게 어루만지는 하늘의 덕에 맞춰질 수 있어야 했다. 자기 자신만의 기쁨, 너를 죽이고 나만 누리게 되는 기쁨이라면 취하지 않는 게 좋았다. 세상 사람의 근심을 덜어 줄 수 있는 기쁨, 『주역』의 표현을 빌리면 '여민동환與民同患'의 정신이었다.
"너무 이상적인 삶 아니에요?"
　사내의 시각으로는 너무 이상적이었다. 자기 자신을 지탱하는 일만으로도 급급한 게 사내가 아는 세상살이의 일반적인 패턴이었다.
"『주역』의 생명력이 몇 천 년쯤 될까? 오천 년, 오히려 그 이상이겠지."

　　그럼에도 그게 살아남았다면 거기에는 그만한 이치가 담겨 있지 않겠느냐는 주장이었다. 노인은 그 실례로서 '산택손山澤損' 상구上九 효사爻辭에 주목해 보면 된다고 했다.

　산 아래에 연못이 자리 잡고 있으면서도 자기의 가진 것을 덜어 위의 산에 보태 주는 게 주역 '산택손山澤損'의 기본 구조였다. 그러나 맨 위의 효사 상구도 자기를 낮춰 세상에 보태고자 하면 그로 인한 삶의 축복이 상상을 뛰어넘는다고 했다.

　역易의 원리에서 놓고 볼 때 덜고 보태는 것, 그것은 우리 자신이 알고 있는 손해와 이익의 개념을 분명 뛰어넘는 일이었다. 세상과 세상 사람들을 사랑하기 위한 일이라면, 자기 개인의 손해도 손해가 분명 아니며, 이익도 단순한 이익으로 마무리되지 않는다는 노인의 설명이었다.

　"그러나 여기에서 중요한 것은!"

　어떤 상황에서나 돈이면 모든 것이 해결된다는 생각이면 곤란했다. 노인에 의하면 세상은 덜어야 할 때가 있고 보태야 할 때가 있었다. 또 채워야 할 때도 있고 비워야 할 때도 있었다. 덜어야 할 때 덜고 보태야 할 때 보태되, 조상들을 위한 제사나 남들에게 보탤 수 있는 자기의 재물이 고작 두 개의 대그릇뿐이라면 그것만으로도 하늘은 정성껏 흠향하게 되어 있다는 논리였다.

　"아 그래서 불교 『금강경』 내용이……."

　이제야 납득이 되는 사내였다. 왜 갠지스 강의 모래알만큼이나 많은 삼천대천세계에 가득 찬 칠보七寶로 남들에게 베푸는 보시布施 공덕보다 본래 실체가 없다는 한마디의 가르침에 눈뜨는 일이 보다 더 가치 있다고 말하는가를. 그래서였을까? 엉뚱하게도 사내의 머릿속을 스쳐 지나가는 새삼스러운 문구가 있었다. 노자의 『도덕경』 구절이었다.

  최상의 선은 물과 같다. 물은 만물을 이롭게 하고도 그 공을 다투지 않으며, 모든 사람들이 싫어하는 곳을 자기의 처소로 삼으므로 거의 도에 가깝다. 몸은 낮은 곳에 두고, 마음은 깊은 곳에 두며, 베푸는 점에서는 어질고(仁), 말은 신뢰가 있고, 다스리고 일에 임하는 모든 행위가 언제나 때에 맞으면서도 그 공을 다투지 않으므로 허물이 없다.
  (上善은 若水라. 水善利萬物而不爭하고 處衆人之所惡라. 故로 幾於道니라. 居善地하고 心善淵하고, 與善仁하고, 言善信하고, 正善治하고, 事善能하고, 動善時라. 夫唯不爭이라, 故로 無尤니라.)

● ● ●

  실체가 없는 우리 마음의 작용에 대한 믿음은 세상의 어떤 보물과도 비교할 수가 없음을 강조하는 내용이 『금강경』의 24장이다.

  수보리야, 만약 삼천 대천 세계 가운데에 있는 크기를 알 수 없는 수미산과 같은 칠보 덩어리들을 가지고 남에게 보시를 하더라도 금강경에서 알려 주는 반야바라밀경 사구게 등을 스스로 지니고 읽고 외우면서 다른 사람을 위해서 설하는 복덕에 비하면 백분의 일도 미치지 못하며 백 천 만 억분 내지 숫자의 비유로도 안 될 만큼 비교가 되지 않는다.
                                       － 『금강경』 제24장 복지무비분福智無比分

19. 장애가 없는 삶을 위한 특별한 기도

보일러가 터지고 아이가 차에 치일 뻔하고 마누라가 넘어져 골절상을 입었다. 동시다발적으로 일어난 집안의 사고였다. 별 생각이 다 들었다. 삼재三災가 들었다는 신년 운세도 떠오르고 조상들이 자신에게 세상을 잘못 살고 있을 때 보내는 어떤 경고성 메시지 같기도 했다. 아무튼 어떻게 생각하더라도 평범한 상식으로는 도대체 이해하기가 어려웠다. 언짢은 사고가 한 가지도 아닌 여러 가지였고 심리적인 형태로 끝나는 것도 아닌 구체적인 현실의 문제였다. 그것도 돈이 들어가는 데서 끝나지도 않았고 사람이 다치는 불상사마저 치러야 했다.

"어디 영험이 있는 장소를 찾아가 기도라도 드리라는 뜻인가요?"

노인에게 의논을 드렸으나 한동안 아무런 대꾸가 없었다.

"……."

"그래. 상황이 자네와 같다면 누구라도 그런 생각을 할 수도 있겠지. 그렇지만 말야."

노인은 거기서 잠시 숨을 골랐다.

"사는 동안의 이해 안 되는 어려움이 다만 그뿐이겠나?"

지금의 우리와 조금도 다를 수가 없던 옛 성인들의 이야기였다. 석가는 비가 오는 여름 석 달 안거 기간에 먹을 게 없어 말 먹이로 견뎌야 할 때도 있었고, 공자는 때 아닌 탐관오리인 양호로 오인을 받아 광 땅에서 목숨을 위협받는 때도 있었다.

"그래도 기도를 드리는 일인데요."

"자네가 말하는 기도라는 게 무슨 뜻일까?"

"……."

"자신을 믿고 옛사람의 가르침을 믿게."

'어떤 가르침이요?'

도대체 노인이 말하는 자신은 어떤 자신일까? 또 어떤 형태의 어떤 가르침일까?

노인은 오래 기다리게 하지 않았다. 또 사내의 궁금증에 대해 입을 열었을 때 보여 주는 노인의 목소리는 매우 확신에 차 있었다.

하늘에 통해 있는 자신의 본질 그것을 소외시키지 말라는 충고였다. 동시에 노인은 사내에게 다음과 같은 경구를 한마디 들려 주었다.

我有一卷經(아유일권경) 不因紙墨成(불인지묵성)
展開無一子(전개무일자) 常放大光明(상방대광명)
나에게 있는 한 권의 경전
종이와 필묵 글자 한 구 없어도
보고 듣는 일상에서 항상 찬란한
아, 그 눈부신 광채!

그렇다면 사내에게 권하는 노인의 기도는 그 의미가 분명했다. 스스로 소외시키고 스스로 확신을 갖지 못하는 일상적인 인간의 삶, 그것이 그대로 노인에게는 사내가 생각하는 성스러운 도량에서의 기도 그것이었다.

∙∙∙

　마음의 안목이 열린 대장부는 자기 자신이 본래 추호의 모자람도 없는 성스러운 자체임을 너무나 잘 알고 있다. 그러나 유감스럽게 그 사실을 끝내 믿지 않기 때문에, 밖으로 헐떡거리며 구해 돌아다니면서, 이미 자기의 머리를 외면하고 다시 다른 머리를 찾고 있는 어리석음을 잠시도 멈추지 못한다.

-『임제록』

20. 고통에서 벗어나는 마음의 지혜

'내가 변했나?'

스스로에게 반문했을 때 그게 변화라면 변화였고 변화가 아니라면 변화가 아니었다. 아무튼 일상을 살아가는 자신에 대해 낯선 순간은 누구에게나 생겨나기 마련이었다.

옛날에 알고 있는 책을 다시 읽는 일도, 오가며 늘상 대하는 거리의 풍경도, 그리고 그런 마음의 변화가 강렬했던 순간이 노인에게도 있었다. '파자소암婆子燒庵'에 접했을 때의 일이있다. 선가禪家에서 회자되는 고사의 하나인 '파자소암'.

옛날 암자의 수행자를 돌봐 주는 노파가 있었다. 의식주를 떠나 수행에 몰입할 수 있도록 돕던 조건 없는 뒷바라지였다. 그렇게 20년이 지난 어느 날이었다. 노파는 자기 딸을 시켜 그동안의 수행성과를 시험하게 하였다. 딸이 어머니의 말씀대로 스님의 품에 안겨 물었다.

"바로 이럴 때는 심경이 어떻습니까?"

"고목이 찬바람을 의지했으니 겨울 삼동三冬에 따뜻한 기운이라곤 추호도 없구나."

인간으로서 애욕조차 끊어 버린 자신의 심정을 토로한 말인 셈이었다. 딸은 돌아와서 자기 모친에게 겪은 대로 일러 바쳤다. 노파는 그 말을 듣고 크게 화를 내면서 암자를 불살라 버렸다.

"내가 20년 동안 애써 가며 뒷바라지한 자가 고작 이런 속물이었단 말이냐."

만약 당시의 수행자가 사내 자신이었다면? 애욕을 떠나기는커녕 그 딸아이를 오히려 꽃으로 바라보았을 것이라는 점에서 거처가 불에 타는 봉변은 너무 당연했을 터였다.

"그 할매 정말 못됐네요."

자연스러운 사내의 대답이었다.

"세상만사 어느 것 하나 남 탓할 건 없겠지. 어떤 것도 결국은 자기 문제니까."

노인에게 있어서 마음이란 부정적일 수도 있었다. 물론 부정만도 아니었다. 긍정적일 수도 있었다. 부정적인 눈으로 세상을 바라보면 그에 상응하는 요소들만 자기의 눈에 들어오고, 긍정적인 눈으로 세상을 바라보면 또한 긍정적인 요소만 보여지게 되는 게 세상살이의 참된 이치였다. 그리고 그게 우리가 알고 있는 연기緣起의 세계였고 『주역』의 음양陰陽이었다.

'자기 문제?' 처음 듣는 노인의 한마디는 아니었지만 그날은 왠지 낯설었다. 내뱉는 노인의 말투 때문이었을까? 어딘지 그늘이 느껴지는 말투였다. 이성에 대한 자신의 관심조차도 마음의 신비로운 작용으로 자각할 수 있어야 하고 자각하고자 노력하게 되었다는 회고조로는 도무지 어울리지 않았다. 사내는 결국 반발하지 않을 수 없었다.

"왜요? 수행자라면 그래야 하지 않나요?"

수행자라면 그래야 했다. 여자에게도 무심한, 자신의 감정으로부터도 초연한 그게 어떻게 허물일 수 있을까?

"그래야 할 수도 있겠지. 그렇지 않을 수도 있는 거고."

"……."

"문제는 그래야 한다고 생각하면 그래야만 하는 논리와 그로 인한 마음의 작용이 생겨난다는 사실이지. 물론 그 반대라도 마찬가지일 테고. 그렇지만……."

"……."

"그럴 수도 있고 그렇지 않을 수도 있는 마음에서 바라본다면……."

그것이 노인에게는 삶의 해답이고 마음이 보여 주는 작용의 신비였다. 악惡이 아닌 선善, 흑黑이 아닌 백白, 보수保守가 아닌 진보進步, 어느 한쪽만을 진리로 생각하는 삶은 결국 고통이었다. 진보일 수도 보수일 수도, 선일 수도 악일 수도, 비판적일 수도 수용적일 수도 있는 마음의 신비로운 작용을 보아야 했다.

그리고 그것이 고통스럽지 않은 인생을 추구하는 사람들에게 필요한 삶의 평범한 진리였다.

"물론 이렇게 '파자소암'을 받아들이는 게 어떤 시각에서는 달갑지 않을 수도 있겠지."

그러나 노인에게는 관심 밖이었다. 중요한 것은 편협한 자기애自己愛의 고통으로부터 벗어날 수 있는 자기만의 일상적인 마음의 지혜였다.

● ● ●

이와 같은 파자소암의 선화를 이해하려면, 우리 마음의 신비로운 작용에 관한 임제의 다음 가르침이 참고가 될 수도 있다.

여러분, 마음이라고 하는 것은 형태가 없어서 시방세계十方世界를 꿰뚫고 있다. 눈에 작용하면 보고, 귀에 작용하면 듣고, 코에 작용하면 냄새 맡고, 입에 작용하면 말하고, 손에 작용하면 쥐고, 발에 작용하면 걷는다든지 달린다든지 한다. 그리고 이것도 애당초 일심一心일 뿐 다른 게 아니다.

그러므로 (실체가 없는 우리의 신비로운 마음이) 곧 여섯 가지 감각기관을 통해서 작용하는 것임을 철저히 자각할 수 있게 된다면 어떠한 경계에 있어도 그 사람의 경지는 그대로 해탈이다.

— 『임제록』

21. 세상의 리더가 되고자 한다면?

"개혁을 해야 한다면 떠올려야 하는 게 무엇일까?"
통치자로서의 역할과 관련되어 있을 수도 있다고 했다. 세상을 바꾸기 위한 주제라고 가정해 보아도 상관없다고 했다. 사내로서는 예기치 않은 노인의 질문이었다. 앞뒤 설명도 없었고 그것을 질문하는 이유도 밝히지 않았다.
사내는 대답하지 못했다.
"당연히 달력을 확인해야겠지."
"기념하기 위해서요?"
결혼기념일, 출생기념일, 졸업기념일 등의 갖가지 기념일을 사내는 그때 떠올리고 있었다.
"아니!"
옅은 미소와 함께 튀어나오는 노인의 한마디는 단호했다. 그리고 덧붙이기를 자기 자신의 뜻을 돌아보고 그런 역할이 주어진 것을 감사하게 여기려는 마음의 출발 때문이라고 했다.
'달력을?'
노인에 의하면 달력을 확인하는 이유가 있었다. 하늘과 조상들에게 감사드리기 위함이었다. 그것도 음악을 통해 감사드리고 성대한 제물까지 곁들이는 감사였다. 그렇지만 그뿐일까? 노인의 말은 계속되었다. 무엇을 위해 누구와 함께 어떤 형태로 자신의 뜻과 역할을 받아들여야 할지 고민해야 하는 문제라고 했다. 그리고 그 해답은 당연히 세상과 세상 사람들을 위한 자신의 사랑에서 찾으려는 노력의 결과였다.

노자『도덕경』에서 말하는 도심의 강조. 사람은 땅의 법칙을 본받고 땅은 하늘의 법칙을 따르며 사람은 하늘의 도를 본받아야 한다는 의미의. 그리고 노인이 그때 강조하는 천지의 법이란 만물을 수용하는 덕의 한량없음이었다.

"그랬을 때 세상은 어떤 모습이 될까?"

노인은 사내의 답을 기다리지 않았다. '광화光化' 바로 그것이라고 스스로 답하고 있었다.

아직도 이 나라의 한복판에서 찾아볼 수 있는 궁궐 출입문의 명칭인 광화! 노인에 의하면 '광光'은 하늘의 덕스러운 기운이었다. '화化'는 그 덕에 감화되어 나타나는 세상 사람들의 민심이었다. 세상을 걱정하는 사람은 누구나 개혁을 들먹이는데 그것보다 더 의미 있고 본질적인 개혁이 어디에 있겠느냐고 했다.

이 땅의 유토피아는 오직 천지자연의 법칙 바로 그것이었다. 누구나 그 법칙을 생활에서 자각하고 실천하려는 노력, 그것의 상징이 바로 지각 있는 나라의 구체적인 명칭, 신라와 서라벌 등이었고 동지와 같은 나라의 풍속이었다. 현재 통용되는 서울의 명칭도 그 점에서는 예외가 아니라고 했다.

노인의 설명은 근거까지 덧붙이지는 않아 애매한 느낌이 있었지만 서울의 건축물 명칭만큼은 고개가 끄덕여지기도 했다. 만물이 일어나는 봄기운을 상징하는 흥인문興仁門, 열매가 열리면서 생명을 지닌 이들에게 안겨 주는 유익함을 강조하는 돈의문敦義門, 너무 왕성한 남쪽의 성한 열기가 예로서 다스려지기를 원했던 숭례문崇禮門, 겨울에는 모든 게 고요한 침묵의 세계로 접어드는 까닭에 북쪽문의 명칭이 숙정肅靖이었다.

"그런데 말야 그것도 기준이 있거든, 해와 달, 별이나 지구의 움직임과 일치하는 일이지."

노인에 의하면 형이상학에 대한 관심이 형이상학만의 세계가 아니었다. 계절과 연도에 따라 지구에 영향을 미치는 구체적인 천체의 움직임이기도 했다. 그리고 노인의 결론은 거기에서 반전을 준비하고 있었다.

"그러나 거기서도 기억해야 하는 게 있지. 세상을 사랑하고 세상 사람들을 이롭게 해야겠다는 모든 세상 사람 개인의 노력, 바로 그거라야 한다는 거지."

● ● ●

공자가 말한다. 거룩하다. 요임금의 덕이여. 우뚝하게 높아 존엄한 것은 오직 하늘이거늘 이를 법칙으로 삼은 분은 요임금의 정치였다. 그래서 그 정치가 높고 커서 사람들이 이루 말로 모두 표현하거나 칭송하기도 어려웠다. ─『논어論語』 태백泰伯 편

반면 마음의 평온함을 위해서 괴테가 강조했던 부분은 이치에 맞는 삶이었다. 누구나 인간다운 삶을 원한다면 날마다 몇 가지 매일 좋아하는 음악을 듣고, 좋은 시 한 편을 읽고, 훌륭한 그림을 적어도 하나는 보아야 한다. 가능하다면 하루 중 '이치에 맞는 말' 몇 마디를 할 수 있어야만 한다.

22. 게임과 인간의 삶

노인에게는 10대 중반의 손자 아이가 있었다. 아이의 취미는 '스타크래프트'였다. 노인은 컴퓨터 앞에 매달려 있는 아이를 지켜보면서 가끔 생각해 보곤 했다.

'게임에 빠져 살아간다는 것은?'

게임에 몰입해 있을 때의 아이 모습을 보고 있노라면 한편 이해가 되기도 하고 어느 면에서는 이해하기가 매우 어려웠다. 좀 더 솔직히 말한다면 이해가 되지 않아 이해해 보려고 노력하는 쪽이었다. 그러나 이해해 보려고 노력을 해도 쉽지 않았다. 요란한 효과음과 함께 벌겋게 충혈된 눈으로 몹시 분주한 아이의 손동작을 지켜보노라면 어쩔 수 없이 솟구쳐 오르는 게 실망감이었다. 그러나 게임에 매달려 있는 아이를 나무라거나 잔소리를 해 본 적은 이제껏 없었다. 이유는 간단했다. 미련 없이 실컷 즐기고 나면 게임을 그만둘 것이라는 노인 나름대로의 믿음 때문이기도 했지만 그보다도 더 큰 이유는 따로 있었다. 즉 자신의 이미지, 노인은 한 대를 건너뛴 손자 아이에게 나이 든 꼰대 취급을 받는 게 싫었다. 그래서 좀 심하다 싶을 때면 지나가는 말처럼 "책도 좀 봐."하는 정도의 말이 고작이었다.

그러던 어느 날이었다. 노인은 이런 의구심이 생겨났다.

'아이를 위해 이게 정말 최선일까?'

게임에 몰입해 있던 아이의 괴성은 실제 광기에 가까웠고 그걸 들은 노인으로서는 그냥 지나치고 싶지는 않았던 것이다. 결론은 분명했다. 그건 방치일 뿐 아이에 대한 사랑은 아니었다. 또 생각해 보니 할아버지 된 자로서 결국 지혜로운 처신도 아니었다. 이는 계속 게임을 허용했을 때 마주치는 아이의 정서 상태만으로도 의심할 까닭이 없는 사실이었다.

 내가 있기 때문에 즐기고 싶어지는 게임이 있게 되고 나와 짝을 이루는 세상의 경계가 생겨나면서 보여 주는 아이의 광기. 거기에 자기 밖에 자기의 짝을 갖게 되면서 그것을 취하고 싶어질 모든 인간의 심리를 결부시키면 결론은 너무나 분명했다. 취할 것이 있다면 취하는 대상물은 절대적인 의미를 갖추게 되고 그로 인해 자기 자신은 결국 소외되는 아이의 광기를 결코 소홀히 해선 안 될 것 같았다.

 '어떻게 해야 하지?'

 노인은 혼자 묻고 혼자 궁리했다. 그렇게 해서 생겨난 결론은 『기신론』의 '대치사법對治邪法'이었다. 게임 등과 같은 부정적인 취미가 아닌 긍정적인 삶의 관심거리들을 통해서 아이에게 즐거움을 심어 주는 방법이었다.

 "대치사법對治邪法이요?"

 노인의 말에 귀를 기울이던 사내는 자신도 모르게 큰 소리로 물었다. 노인과 같은 손자는 아니지만 오히려 자신에게는 노인보다도 더욱 절실한 자식이 있었다. 사내의 자식 역시 노인의 손자 못지않게 말리기 어려운 게임광이었다. 노인의 그 한마디는 참기 어려운 호기심의 대상이었다.

 노인의 설명은 간명했다. 지나칠 만큼 게임에 몰입하곤 하는 노인 손자의 생활 패턴이 잘못되어 있는 사邪라고 한다면 그것의 짝이 될 수 있는 바람직한 형태의 어떤 흥밋거리는 바로 노인이 말하는 대對의 개념이었다. 아이로 하여금 게임이 아닌 그 짝이 되는 어떤 방법을 이용하여 아이의 삶에 올바른 기쁨이 생겨날 수 있게 하려는 노력, 그것이 바로 노인이 말하는 대치사법의 구체적인 의미였다.
 '게임과 짝이 될 대치사법?'
 노인의 뒷말이 어느새 기다려지는 사내 자신이었다.

· · ·

『법구경』에는 이런 구절이 있다. 조그만 즐거움을 버리고 커다란 즐거움을 얻으려 한다면 사물의 올바른 이치를 추구하게 하고 사소한 즐거움을 버리게 하라. 또 『불본행집경』에서도 마음이 지나치게 들뜬 쪽으로 치우치거나 그런 류의 일들을 탐닉하게 되면 결국 스스로 마음의 안정을 잃게 되면서 감당하기 어려운 어둠 속으로 빠져들 수밖에 없는 인간의 세상살이에 관한 문구가 등장한다. 그리고 그 결론은 당연히 『예기』의 다음과 같은 말로 흘러가고 있음을 눈뜨게 만든다.

인간에게 있어서 진정한 즐거움은 순간의 즐거움이 아닌 올바른 마음의 즐거움에서 찾아야 한다. 누군가가 올바른 마음을 가지고 순간의 지나친 기쁨이나 허욕을 절제할 수 있으면 그 속에 진정한 낙이 있을 뿐 아니라 세상을 살아가는 과정의 봉변까지도 모면할 수가 있다.
그렇다면 어떻게 그것이 극복될 수 있도록 만들어 나가야 할까? 당연히 서로가 짝을 이루는 앞의 대치사법對治邪法을 적용해 볼 수가 있다. 즉 감정을 지나치게 들뜨게 하는 조그만 즐거움과 마음의 안정을 불러오는 커다란 즐거움을 서로 하나의 짝으로서 비교해 볼 수 있는 기회를 제공하는 일일 것이다.

23. 게임으로 드러내는 마음의 폐단

　노인은 우선 게임이 아닌 여러 가지 형태의 만화책을 통해 극복할 수 있도록 돕고자 노력했다. 여러 권으로 엮어진 『삼국지』도 보게 하고 어느 대학 교수가 출판한 『먼나라 이웃나라』 등도 보게 했다. 노인의 치밀하고도 계산된 시도는 어느 정도 아이의 생활에서 효과를 만들어 내기는 했지만 그러나 한계도 분명했다. 게임에 빠져 있을 때의 묘한 마음의 도취감을 만화 따위의 지적인 매개물로는 역시 한계가 있었다.
　그러나 사내는 노인의 회의론에도 관심을 거둘 수 없는 체험담이었다. 노인과 마찬가지로 자신에게도 게임을 두고 항상 씨름하는 자식이 있기 때문이었다. 가능하면 자신이 밝은 앞길을 열어 주고 싶고, 미래를 책임져야겠다고 생각하는 대상으로서의 자식이었다.
　사내가 바라보기에 자식의 게임에 대한 몰입은 게임 자체의 황홀경으로만 끝나지 않았다. 자식이 게임을 통해 드러내는 마음의 폐단은 자기 소외라는 형태의 부정적인 삶의 요소까지 동시에 목격하게 만들었다. 그로 인해 미처 아버지로서 느끼지 못하던 극단적인 형태의 우울증 및 피아의 개념, 혹은 세상의 공동체 의식을 뿌리째 흔들어 대는 이기주의 등으로 아이가 치닫곤 한다는 게 사내 자신이 자식을 통해 내리게 된 마지막 결론이었다.

"그래요, 대치사법이라고 하셨나요?"

결국 사내로서는 묻지 않을 수 없었다.

솔직히 아이 아빠로서 아이에 대한 믿음이 없다면 사내는 자기 아이가 게임에 빠져 살아가는 모습을 봐 주지 못할 것이다. 그러나 자기 자신에게는 항상 엄격하고 싶던 자기 자신과는 달리 아이도 그런 삶을 살아야 한다고 고집하고 싶지는 않았다. 그 이유는 단순하다. 아이는 아이의 개성이 있고 아이의 생활 방식과 세상을 바라보는 아이만의 눈이 있기 때문이었다. 그렇다면 자신이 아이의 아버지이긴 해도 그것을 지나치게 강요해서는 곤란한 일이었다.

그렇게 생각하면 답은? 노인에 의하면 그게 마음의 자긍심이었다.

"자긍심이라면?"

사내는 묻지 않을 수 없었다. 스스로 긍지를 느낄 수 있도록 이끄는 삶! 자신이 생각해 볼 수 있는 정도의 개념이었다.

"생각을 떠올리기만 해도 가슴이 콩닥거려진다면 더욱 좋겠지."

그게 그동안에는 게임이었다면 게임 말고도 또 뭔가가 있지 않겠느냐는 노인의 반문이었다. 그리고 그것을 찾아내는 것은 안목을 갖춘 사람이면 누구나 가능하다고 했다. 대신 조건이 있었다.

"……."

뭘까? 묻지 않았지만 궁금했다. 노인의 말을 빌리면 부모 자신부터가 조바심을 느끼지 않는 세상살이였다.

성공에 대한 조바심, 실제 인생은 어떤 목적과 진지한 삶의 의미를 향해 맹목적으로 치닫기보다는 한 템포 늦춰 가면서 게으름도 부려 보고 적당히 놀이 앞에 자기를 노출하며 살 수도 있어야 하지 않겠느냐는 노인의 반문이었다.

거기에 그런 조바심이 곧 암담하고 서글픈 우리 자신의 현실로 나타나게 되어 있다는 주장이었다. 상습적인 마약 복용, 한탕주의를 통해서라도 인생역전을 이루고 싶어 하는 끊임없는 시도, 모두가 왜곡된 자의식이 빚어내는 안타까움이었다. 그것을 그런 식으로라도 성취가 가능하다면 문제가 되지 않겠지만 그렇지 않다면 문제가 심각해진다는 주장이었다. 고통으로 빠져들 수밖에 없는 자기 인생의 파멸.

닭이 먼저일까 달걀이 먼저일까? 그것은 따지지 말자고 했다. 자의식의 노예가 되기 때문에 게임에 빠져드는 것인지, 게임에 빠져들면서 자의식이 강화되는지. 아무튼 초점은 왜곡된 세계관의 결과라는 것만 깨우칠 수 있으면 된다는 노인이었다.

24. 실체가 없는 생명의 신비

"결혼도 죄가 되나요?"

물론 죄라고 단정하고 있는 질문은 아니었다. 성스러운 삶을 염두에 둘 때 대체로 독신이라야만 할 것 같은 이유 때문이었다. 신부와 수녀, 비구와 비구니, 그래서일까? 성聖과 성性, 남자와 여자. 매사가 완벽해야 한다는 자신의 결벽증일 수는 있었다. 아무튼 남녀 간의 관계를 떠올리면 마음이 혼란스러워지는 사내 자신이었다. 결혼이라는 제도를 통해 성립된 자연스러운 세상살이의 하나임을 고려하게 되는 순간조차도.

"그렇다면 『시경詩經』은 왜?"

"……."

"첫머리가 관저關雎 편이거든."

노인에 의하면 관저關雎는 물 기러기, 즉 정경이라는 물새에 견주어서 남녀 간의 아름다운 사랑을 읊고 있는 시였다. 공자가 시 300여 편을 모아 한 권의 경전으로 구성하면서 그것을 왜 첫머리에 배치했겠냐는 반문이었다. 남자와 여자, 여자와 남자의 관계가 어느 한쪽만을 위한 사랑이라면 사내의 그런 의문은 당연할 수도 있다고 했다. 자기 자신만의 육체적인 쾌감을 위한 사랑. 그것은 자신의 실체에 대한 집착이었다. 하늘이 땅에 의지하는 이치, 땅이 하늘을 짝으로 펼쳐 보이는 불교적 의미의 연기緣起. 그것을 알지 못하는 근시안적인 안목일 뿐이었다.

關關雎鳩(관관저구) 在河之州(재하지주)
窈窕淑女(요조숙녀) 君子好逑(군자호구)
끼룩끼룩 우는 물수리 하수가에 있구나.
아리따운 아가씨 군자의 좋은 짝이로다.

아름다운 뜻을 지닌 군자에 대한 숙녀의 그리움이라면 그것은 죄가 아니었다. 권장해야 하는 인간의 이상이었다. 실제『시경』의 관저편은 행간의 이미지가 거기에 맞춰져 있었다. 날 때부터 제 짝이 정해져 있어 늘 함께 다니지만 그렇다고 남녀로서 어울리며 노는 게 어지럽지도 않은 정경이 서로 사랑하면서도 자신의 분수를 지킬 줄 알고 이성간의 관계이면서도 두터운 정을 유지하는 이성간의 사귐은 그만큼 이상적이었다.

"『주역』에서도 말하잖아. 일음일양一陰一陽."

하늘과 땅, 음陰과 양陽의 신비한 작용일 뿐이라는 노인의 지론이었다. 자기와 자기의 몸, 그리고 자기 몸의 성性에만 집착하지 않으면 된다고 했다. 하늘이 땅을 짝으로 하고, 땅이 하늘을 짝으로 움직이듯이 실체가 없는 생명의 신비로움으로 받아들이면 된다고 했다.『시경』에서도 남녀 간의 사랑을 읊고 있는 관저편이 첫머리가 되고 그 한 편을 중심으로 한 주남周南과 소남召南 편이『시경』의 핵심이 된다고 했다.

노인에 의하면『시경』이란 '시의 성전聖典'이라는 뜻으로 엮은이는 공자였다. 문헌이 엮어진 시기는 BC 470년경이었다. 고대 중국의 풍토와 사회를 배경으로, 그 속에서 살아가는 사람들의 생활을 노래한 가장 오래된 시가집이라고 했다.

"그런데 관저가 첫머리잖아."

"……."

"남녀 간의 아름다운 사랑을 읊고 있는 관저. 의미가 뭘까?"

노인에 의하면 인간의 평범한 삶 자체, 그것이 바로 누구나 자기의 손으로 움켜쥐기를 바라는 성스러운 알맹이 그것이기 때문이었다.

● ● ●

주남周南과 소남召南은 『시경詩經』의 핵심에 속한다. 배경은 당시 중국의 역사적인 내막과 관련이 있다. 주나라의 토대를 닦았던 문왕文王의 조상 태왕으로까지 거슬러 올라가는 내막이다.

태왕은 이민족의 침략을 피해 빈豳땅으로 와서 뒷날 주나라가 들어서는 기반을 거기에서 닦았다. 이를 상나라의 제을帝乙이 태왕의 후손인 왕계王季를 서백西伯에 봉했고 문왕 대에 이르러서는 천하를 셋으로 나눈 것 중의 둘을 차지한 유력 국가로 발전했다.

거기에 문왕의 덕은 유달리 세상의 칭송이 자자했는데 그것을 고려한 나라의 천자가 기산의 일부 지역을 주공周公 단旦과 소공召公 석奭에게 떼어 주고 사유지로 삼게 하였다. 그리고 시경의 주남과 소남에는 그들이 다스리던 지역에서 떠돌던 시들을 모아 수록하고 있었다.

이들은 모두 세상으로부터 칭송이 자자하던 문왕의 덕스러운 면모를 엿보게 하는 결과로서, 둘째 아들 주공이 다스리던 주남은 성인聖人의 교화가 반영되어 있다고 보았고, 소공이 다스리던 지역의 시가인 소남에는 현인賢人의 교화가 반영되어 있다는 게 일반적인 학자들의 평이었다.

25. 본래 온전한 인간의 본질

"공성상空性相!"

노인에 의하면 동양 사상의 뼈대는 세 갈래였다. 세상의 어디에서도 끝내 고유의 실체를 찾아볼 수 없는 공空이 하나였다. 그러나 일상적인 세상의 모든 사물이 꼭 텅 비어 실체가 없는 것만은 아니었다. 세상을 살아가는 우리의 눈에는 어떤 실체조차 없으면서도 신비롭기 짝이 없는 작용으로서의 성性이었다. 그리고 그 같은 신비로움에 의지한 세상의 잡다한 현상들 그것이 다름 아닌 우리가 일상적으로 상대하는 눈앞의 모든 사물들이었다.

"왜 언젠가 대적광전이 자리 잡은 절간을 한 번쯤 가 보기도 했겠지?"

노인의 질문이었다. 이어지는 설명에 의하면 대적광전大寂光殿은 곧 앞에서 공성상空性相으로 압축할 수 있는 형식을 인간의 종교적인 상징으로 구체화시킨 하나의 내용물이었다.

그게 화엄경 사상에 의존하면 법신法身·보신報身·화신化身의 삼신불인 비로자나불·아미타불·석가모니불을 봉안하게 되고 선종禪宗의 삼신설三身說을 따르게 되면 청정법신淸淨法身 비로자나불·원만보신圓滿報身 노사나불盧舍那佛·천백억화신千百億化身 석가모니불의 삼신을 봉안하는 관례가 생겨난다는 것이었다.

그것을 우리 자신의 존재와 연결시킨다면 비로자나불은 우리 자신의 바탕이 본래 청정한 빛과도 같은 공空의 상태가 되고, 그와 같은 공空의 묘한 작용이 우리가 헤아리기 어려울 만큼 작용이 원만하다는 뜻의 노사나불이었다. 거기에 비로자나불과 노사나불의 신기함을 온전히 갖추고 세상에 모습을 드러내는 우리 자신의 실제 모습 그것은 우리가 일상으로 믿고 의지하는 성스러운 석가모니불의 조형이었다.

"그렇다면 뭘까? 하늘을 거느리고 있다는 『주역』의 내통천乃統天 그뿐만은 아니겠지."

노인의 결론은 이미 준비되어 있었다. 믿음을 갖는다는 것은 곧 자기 자신의 성스러운 본질을 자각하는 일이었다. 밖에서 구하지 않고 자기 자신의 온전함을 확인하는 일이었다. 노인의 표현에 의하면 석가모니가 말했던 자등명自燈明이자 법등명法燈明이었다.

자기의 마음 밖에서 어떤 절대자를 찾아 자기를 맡기는 것이 아니라 자기의 마음 그대로가 자기 자신이 결국 의지해야 하는 성스러운 그 자체임을 의심하지 않는 일이었다. 그리고 그것을 깨닫고 그 이치에 의존하면서 그 이치에 힘입는 삶이 곧 석가모니가 말했던 자등명이자 법등명이었다.

"......"

"눈에 붙였을 때 볼 수 있고, 귀에 붙였을 때 들을 수 있는 신비!"

노인에게는 오직 그것뿐이었다. 그와 같이 들을 수 있게 하고 볼 수 있게 하는 작용의 신비에 자기 마음을 붙이고 살아가는 길, 그것이 자기 자신을 등불로 삼는 자등명自燈明이고, 그 이치를 등불로 삼는 법등명法燈明이었다. 그것은 공자도 마찬가지였다.

오랫동안 몸에 열이 나면서 감기로 시달릴 때의 일이었다. 제자가 공자에게 니구산을 찾아가 기도라도 드리는 게 어떻겠냐고 물었다. 그러자 공자가 정색을 하며 대답했다. 무슨 기도를 말하는 게냐. 자기 자신은 사는 게 곧 기도라는 이야기였다.

"어때 당연한 이치 같지 않아?"

노인으로서는 당연한 이치였다. 그렇게 보면 사실 하늘을 품고 살아가는 자기 자신을 떠난 그 어딘가에서 다시 성스러운 땅이나 대상을 찾아 나선다는 것 자체가 받아들이기 어려운 논리상의 모순임은 너무나 분명했다.

• • •

여러분, 다름 아닌 자네들 자신, 즉 무엇을 지금 본다든지 듣는다든지 하고 있는 바로 그 작용 그대로가 성스러운 대상 그것이다. 그런데 그 사실을 끝내 믿지 못하기 때문에, 밖으로 향하여 구하며 돌아다닌다. 착각해서는 안 된다.

— 『임제록』

26. 동양의 삼재 사상과 삶의 질서

"도량석道場釋이라는 말을 들어 보았나?"

노인에 의하면 도량석은 불교 사찰의 새벽 예불 시간에 행해지는 의식 행위의 하나였다. 개별적인 글자의 뜻으로 보면 '도량道場'은 절 집안을 가리키고 '석釋'은 풀어서 어루만져 준다는 뜻이었다. 목탁으로 천수경 등의 경전을 읊조리면서 이제 갓 눈을 뜨려고 하는 사물을 어루만져 주는 행위인 도량석!

"그런데 시간이 왜 세 시일까?"

노인에 의하면 동양의 삼재三才 사상을 떠올리면 납득하기 쉽다고 했다. 이를테면 역의 기본 삼획괘의 구성과 맥이 동일했다. 옛사람들은 세상의 만물이 가상의 기운인 하늘과 땅의 기운이 사귀어 생겨난 결과물로 이해했다. 이것을 역에서는 하늘과 땅, 만물을 상징하는 부호로서 구체화시켜 왔는데 건(乾☰)을 예로 들어 보면 다음과 같았다.

아래에서 위로 올라가며 그어져 있는 세 줄의 그림 가운데 맨 아래 첫 줄은 명칭이 초효初爻였다. 그리고 둘째 줄의 명칭은 이효二爻, 셋째 줄의 이름은 삼효三爻였다. 이것이 바로 앞에서 말하는 역의 삼재 사상의 반영이 되는데 그 가운데 맨 위 삼효는 하늘의 기운을 뜻했고, 맨 아래 초효는 땅의 기운, 가운데 이효는 하늘과 땅이 사귄 만물, 즉 사람을 뜻하는 기호였다. 그런데 이런 삼재 사상의 반영은 하루의 시간 단위를 12시진時辰으로 구분할 때도 마찬가지였다.

처음 하루가 시작되는 자시子時는 하늘이 열리는 시간이었고, 축시丑時는 땅이 열리는 시간이었으며, 인시寅時는 만물이 눈을 뜨는 시간이었다. 그러므로 사찰의 도량석 시간이 새벽 3시인 인시로 정해져 있다는 것은 그것의 사상적 배경이 결국 주역의 삼재 사상과 연결되어 있다는 뜻이었다.

"도량석뿐만이 아니야."

우리 주변의 문화와 풍속 등에 대한 이해도 결국 삼재 사상이라야 했는데 달리 말하면 그것은 하늘과 땅, 즉 조화調和를 잃지 않는 『주역』의 음양이었다. 그 가운데서도 특히 양성 평등을 예로 들었을 때의 노파심이었다.

노인에 의하면 양성 평등의 문제에 대해 생각할 때 자칫 안타까운 마음이 항상 있었다. 왜냐하면 그것을 문제 삼는 사람들의 시각이 대체로 둘 상호 간의 역할을 대립 혹은 배타적인 쪽으로 받아들이는 경향이 많아서였다. 그러나 『주역』의 이치에 바탕을 두고 이야기할 때 그것은 분명 잘못된 시각이었다. 대립 혹은 배타가 아닌 상호 보완 내지는 소통의 대상이어야만 했다.

"'천지왕 본풀이'라고, 아마 제주도 개벽 신화였지."

'하늘에서 푸른 이슬이 내리고, 땅에서 물 이슬이 솟아나 서로 합해진 뒤, 음양陰陽의 기운이 서로 통하면서 만물이 생겨나기 마련이었다.'

그렇다면 우리의 삶이 두터운 번민에 짓눌리지 않고 평화를 구가할 수 있는 방법은? 당연히 『주역』에서 말하는 음양의 아름다운 조화, 바로 그것이었다.

"그래서 옛사람들은 언제나 강조하는 덕목이 있게 돼."

『황제내경』 상고천진론上古天進論의 이야기였다.

마음의 평온함을 추구하는 사람이면 항상 천체의 운행과 자연의 이치에 순응하는 것을 잊지 않았다. 자기 안에 생기는 끊임없는 욕심과 야망을 버리고 묵묵히 행동하면서 때 묻지 않고 두려움 없는 양심을 중요하게 여겼다. 그래서 활동적이면서도 결코 자신을 혹사하는 삶을 살지 않았다.

● ● ●

『황제내경黃帝內經』은 간략하게 『내경內經』이라고도 불린다. 저자는 황제이며 소문素問 편과 영추靈樞 편으로 구성되어 있다. 중국 고대의 인물인 황제, 즉 헌원씨와 명의 기백의 대화 내용으로서 현존하는 동양의 의학서로는 가장 오래되고 중요한 책 가운데 하나다.

전국시대에 활동했던 음양가들의 견해가 반영되어 있는 이 책은 천문·역법·지리·음률 등 각 분야의 지식을 두루 포함하는데 전체적인 이론과 내용의 토대는 결국 『주역』이다.

따라서 『황제내경』에 대한 이해는 주역을 구체적으로 이해하는 데 많은 도움이 된다. 어쨌든 『내경』에 의하면 인간의 신체는 작은 하나의 소우주로서 그것의 근원적인 이해는 우주 원리에 대한 이해가 무엇보다도 우선되어야 한다는 전제로부터 시작한다.

이를 동양에서는 천인합일天人合一설로 이해해 왔는데, 그 특징은 인간의 전체적인 생명력 자체가 지닌 의미를 우주 원리에 맞게 생활하고 조화를 이룰 수 있어야 한다는 데 맞추고 있다는 점이다.

『황제내경』의 구성은 18권 162편으로 전반부의 9권은 소문편이고 후

반부의 9권은 영추편이다.

소문편은 내용의 핵심이 우주의 원리에 바탕을 둔 인체의 건강 이론서라고 말할 수 있고, 영추편은 경락 침구로의 응용이 가능한 물리요법이 상세하게 소개되고 있다

27. 세상을 바라보는 마음의 눈

"문장文章을 구사한다는 게 뭘까?"

"문장이요?"

노인의 질문이 자신도 모르게 되씹어지는 사내였다. 사전적인 의미로는 어떤 생각이나 느낌을 표현하고 있는 글을 뜻한다고 말할 수 있겠지만 노인이 자신에게 그것을 묻는다고 여겨지지는 않았다. 그보다는 다른 무엇, 즉 행간의 뜻이 있을 게 분명했다. 또 사내로서는 그런 문제에 대해 깊이 생각해 보지도 않았고 생각할 필요도 없는 그동안의 자기 삶이었다.

"그렇지, 문장!"

노인에 의하면 문장文章은 앞의 문文과 뒤의 장章이 합해진 글자였다. 인류가 발을 딛고 살아가는 지구의 환경을 천체의 움직임과 관련시켜 색상으로 표기할 때, 봄의 색깔은 청색靑色, 여름의 색깔은 적색赤色, 가을의 색깔은 백색白色, 그리고 겨울의 색깔은 흑색黑色으로 분류하는 전통 때문이었다. 봄의 색깔과 여름의 색깔에 해당하는 푸른색과 붉은 색의 혼합을 문文이라고 하고 적색赤色과 백색白色의 섞임을 장章이라고 했다.

"왜 그럴까?"

만물이 소생하는 봄철이면 그것의 상징물은 당연히 대지 위로 얼굴을 내미는 산천초목의 푸른 새싹이었다. 반면 여름의 붉은 색은 그와 같은 산천

초목이 열매를 맺기 위한 광합성 작용, 즉 왕성한 양기陽氣의 상징이었다.

"만물을 낳고 길러 주는 하늘과 땅의 후덕함, 그것에 주목하려는 옛사람들의 안목인 게지."

문장文章의 의미를 이해하는 일이 노인에게는 세상의 이치를 반영하고 있는 음양陰陽의 역할이었다. 그러면서 다시 덧붙이는 말이 그게 잘못되면 터무니없는 미신으로 왜곡될 수도 있다는 한마디였다. 예컨대 간방艮方에 자리 잡은 우리나라가 세상의 정신문명을 주도하게 될 것이라는 따위의 맹목적인 확신도 그 가운데 하나였다. 그보다는 그와 같은 견해가 생겨나게 된 논리적인 근거, 그것에 주목해야 한다는 노인의 당부였다.

노인에게는 그게 다름 아닌 봄철에 마주 대할 수 있는 양기陽氣의 덕스러운 작용이었다. 지구상의 방위 가운데 우리나라가 위치한 간방艮方을 중요하게 여기는 이유가 바로 거기에 있었다. 세상에 활기를 불어넣어 주는 양기는 간방인 동북東北에서 시작하고 손방巽方에 해당하는 동남東南에서 성해지는 특징이 있었다.

반면 천지가 혹독하게 엉기는 기운은 해가 중천을 지나는 서남西南, 즉 곤방坤方에서 시작된 뒤 서북西北인 건방乾方에서 극에 달한다고 보았기 때문이었다. 하늘의 양기가 일어나는 간방이 중요했고, 그런 이유 때문에 간방에 자리 잡은 우리나라를 향후 인류의 정신문명을 주도할 수 있는 유력한 주체로서 받아들였을 뿐이었던 셈이다.

"그렇다면 결론은!"

세상을 바라보는 마음의 눈이 따뜻해야만 했다. 냉소적이거나 지나친 이기주의에 바탕을 둔 대립적인 세계관이라면 곤란했다. 사업을 펼치더라도 하늘이 땅을 통해서 보여 주는 지성스러움에 포커스가 맞춰져야 했다.

"너무 거시기한가?"

그러나 조금도 거북하게 받아들여선 안 된다는 게 노인의 충고였다. 이와 같은 강조에도 불구하고 거부감이 가시지 않는다면 그 같은 거부감이 생겨날 수밖에 없는 자기 마음의 틀, 그것으로 자기 마음의 눈을 돌릴 필요가 있다는 게 노인의 마지막 당부였다.

・・・

'올바른 세계관을 닦지 않기 때문에 남에게 성을 내고, 성을 내기 때문에 나쁜 말을 하여 남들을 괴롭히게 된다.' 『잡아함경』의 내용이다. '분노를 터뜨려 남을 공격한다면 결국 그 해로움이 자기 자신을 때린다.' W. 펜 「고독의 열매」에 나오는 말이다. 반면 사람이 아닌 미생물이라도 그 삶을 측은하게 여길 줄 아는 행위는 결국 자신에게 돌아오는 복이 된다. 『잡보장경』에서 만날 수 있는 어떤 사미에 관한 줄거리다. 그 사미는 병이 들어 7일을 넘기지 못할 것이라는 진단을 받았다. 스승은 그 사미에게 말미를 주어 집으로 돌려보내면서 7일이 지나고 난 뒤에 돌아오라고 분부하였다. 사미는 집으로 돌아가는 도중에 개미들이 큰물로 떠내려가는 것을 보고서 떼죽음을 당하게 된 일을 목격했다.
이에 사미는 개미를 측은하게 여기는 마음이 들어 가사를 벗고 흙을 담아 뚝을 쌓고는 개미들을 마른 땅 위에 옮겨 주었다. 그로 인해 개미들은 모조리 생명을 건질 수가 있었다.
사미는 다시 가던 길을 가게 되었는데 7일이 되어도 죽지 않고 스승에게 돌아갈 수 있었다. 스승은 사미의 건강이 개미를 구한 인연으로 인해 회복한 것을 알고는 크게 기뻐하였다. 『법화경』에서도 누군가가 세상을 자비로운 눈으로 바라보면서 살아간다면 그 복은 드넓은 바다와 같이 한량없을 것이라고 하였다.

28. 세상과 호응하는 삶의 덕목

"마명의 『기신론』에 '자체상훈습自體相熏習'이라는 용어가 있지."

노인에 의하면 자체상훈습自體相熏習의 개념은 우리 자신의 본질에 대한 묘사라고 했다. 다시 말하면 세상 사람들 모두에게 본래 갖추어진 불가사의한 덕성의 표현, 그것이었다.

(自體相熏習者 從無始世來 具無漏法 備有不思議業 作境界之性 恒常熏習 以有力故)

"본래 그는 불교에 대해 배타적이었지."

그럼에도 불교의 교리를 이해하는 데 빼놓을 수 없는 논서 한 권을 기술했는데 동기는 오로지 협존자의 영향력 때문이었다.

"지금은 『대승기신론』 이야기가 아니야."

노인으로서는 인상 깊었던 협존자와의 토론 이야기였다. 시작은 협존자가 객승으로 떠돌던 중천축 석가성에서의 일이었다. 하룻밤을 묵어가려고 찾아든 사찰의 분위기가 협존자에게는 몹시 침울하게 느껴졌다. 협존자는 궁금한 마음에 그 까닭을 물었다. 이유는 담장을 이웃하고 있는 외도들과의 토론 때문이었다. 이교도의 우두머리였던 마명에게 패배한 사찰 쪽에서는 자신들의 종교를 세상에 알리는 어떤 행위조차 불가능했기 때문이었다. 그 말을 들은 협존자는 모든 책임을 자신에게 미루고 예전과 다름없이 행동하도록 종용했다.

"상대방 교단에서 따지고 들 것은 확인하지 않아도 비디오였겠지."

노인의 계속되는 설명이었다. 그래서 마명은 협존자의 부당함을 따지면서 나라의 왕이 입회하는 교리 논쟁을 다시 치룰 것을 제안했다. 협존자도 마다할 이유가 없었다.

마침내 법력을 겨루는 날이 되었다. 협존자가 지는 사람은 어떤 벌을 받아야 할 것인가를 물었다. 마명이 혀를 끊기로 하자고 제안했다. 협존자는 너무 가혹하다고 하면서 지는 사람은 제자가 되기로 하자는 뜻을 전했다.

마명도 흔쾌히 동의했다. 먼저 토론을 시작하기로 정해진 사람은 협존자였다. 마명은 협존자가 어떤 주제로 겨루더라도 굴복시킬 자신이 있었다. 마침내 협존자가 입을 열었다.

"오늘 왕을 모시고 대중 앞에서 이렇게 토론을 벌이게 된 것은 목적이 결코 다른 데 있지 않다. 언제나 천하가 태평하고 나라를 다스리는 왕이 장수하여 백성들이 보호를 받으며 국토가 풍요롭고 아무런 재앙이 없기를 바라는 마음 때문이다."

이 말을 들은 마명은 말문이 막혔다는 노인의 설명이었다.

"그는 결국 약속한 대로 협존자의 제자가 되어야 했지."

노인은 그게 「마명보살전」에 전해 오는 기록 내용이라고 했다. 그러면서 우리가 주목할 바는 그 토론에서 승리한 협존자의 발언 내용에 있다는 주장이었다.

"천하가 태평하고 나라와 백성이 풍요롭기를 바라는 마음!"

어디선가 들어보지 않았느냐고 했다.

'아름다운 이로움으로서 만물을 이롭게 하되 자신의 이로운 바를 떠벌리지 않는 하늘의 삼리三利 사상'이었다. 곧 그 같은 이로움으로 인해 만물이 힘입어 생겨날 수 있고, 만물이 힘입어 뻗어나갈 수 있으며, 만물이 결실을 맺게 되는 중천건重天乾 하늘의 덕! 그게 바로 토론의 귀재였던 마명조차 이의 제기가 불가능했던 토론 주제 가운데 하나였던 것이다.

"달리 무슨 말이 필요했겠어."

그것은 본래 실체가 없으면서도 세상의 모든 상황에 신비롭게 호응하는 우리 삶의 으뜸가는 덕목일 수밖에 없다는 새삼스러운 노인의 한마디였다.

● ● ●

『주역』에서 하늘 괘 건(乾☰)과 땅 괘 곤(坤☷)은 세상의 근본을 상징하는 개념이다. 『주역』 계사상전 12장을 참고해 보자.

건乾과 곤坤 은 역의 쌓임일 진저! 건·곤이 열을 이룸에 역이 그로부터 일어나게 되니, 건·곤이 허물어지면 역의 들어섬을 보지 못할 것이고, 역을 볼 수 없게 되면 건·곤의 작용이 멈추는 것과 같다.
(乾坤, 其易之縕耶. 乾坤成列, 而易立乎其中矣, 乾坤毀, 則无以見易, 易不可見, 則乾坤或幾乎息矣.)

『주역』에 있어서 하늘 괘와 땅 괘의 중요성에 대한 구체적인내용이다. 따라서 주역 참동계에서도 '건·곤은 역의 문호로서 모든 괘의 부모에 해당한다'고 말하고 있다. 한편 이들 건·곤이 서로 사귀면서 기운이 통하게 하는 작용은 물 괘 감(坎☵)과 불 이(離☲)로서 상징을 삼는다. 그 결과 이들 건(乾☰)과 곤(坤☷), 감(坎☵)과 이(離☲) 네 괘는 대장간에서 쇠붙이를 달구는 데 사용하는 풀무와 같다는 게 『주역』 참동계의 시각이다. 마명이 주목하고 있는 토론의 핵심 이치는 곧 역에서 강조하는 하늘과 땅의 덕스러운 작용, 바로 그것이다.

29. 마음을 어디에 붙일까?

"선생의 생각은 어때?"

맹자를 위시한 무리 수백 명이 저마다 자기 수레로 움직이면서 제후에게 의탁하며 지냈던 삶에 대한 질문이었다. 그게 너무 사치스럽게 여겨지지 않느냐고 했다.

노인에 의하면 누구나 문제 삼을 만한 팽경의 시각이었다. 사내로서는 저 유명한 백장의 청규가 떠올랐다. 일일부작一日不作이면 일일불식一日不食. 하루 일하지 않으면 하루 밥을 먹지 않아야 하는 백장의 수행 청규. 그런데 노동이 아닌 입으로 천하의 제후들을 찾아다니면서 행렬은 오히려 거창했다. 움직이는 수단으로는 수레가 있었고 인원도 맹자를 포함해서 그를 따르는 무리까지 한둘이 아닌 여러 명의 무리였다.

"거사님의 생각은요?"

노인에 대한 사내의 처음 호칭이었다. 사실 그동안 사내로서는 노인을 상대하는 호칭 문제가 다소 애매했다. 글을 배우지는 않았으나 '선생님'이라고 부를 수도 있었고, 자신보다 나이가 많기 때문에 '어르신'으로 대하더라도 상관없는 일이었다. 그러나 그 모든 게 자기 안에서 허용되지가 않았다. 그러다 문득 떠오른 생각이 '거사'라는 특이한 호칭이었다. 사실 자신으로서도 그 호칭은 특이했다. 그게 주로 불가에서 사용된다는 이유 때문이기도 했지만 현대식 교육을 받고 살아온 계층 사이의 이질감 때문이었다. 그런데 자신의 생각이 달라진 것은 순간이었다. 알고 보니 그것은 불가 고유의 용어도 아니었을 뿐더러 삶의 본질을 추구하며 살아가는 사람에게 붙여지는 매우 고상한 의미를 지닌 호칭이었기 때문이다.

"확신의 문제 아닐까?"

"확신이요?"

사내는 반문했다. 갈피를 잡지 못하는 사내를 위해 순간 돌아오는 노인의 대답이 음식을 구걸하며 살아가는 석가의 일화였다.

언젠가 끼니를 해결하기 위해 거리에서 걸식을 하고 있을 때의 일이었다. 왜 당신은 손수 농사를 지어 자신의 배고픔을 해결하지 않느냐고 힐난하는 사람이 있었다. 그러자 석가의 대답은 너무나 엉뚱했다.

마음은 나의 밭이요
믿음은 나의 씨앗이며
지혜는 밭을 가는 나의 쟁기다.
그로 인해 나는 잘못된 생각을 항상 다스리고자 애쓰니
이는 내가 밭에서 김을 매는 것이고
내가 모는 소는 정진이니 가서는 돌아섬이 없고
세상을 살아감에 슬퍼함이 없다.
그로서 나는 평안한 경지로 나를 실어 나른다.
이렇듯 나는 항상 밭을 갈고 씨를 뿌려
감로의 결실을 거두어 나간다.

노인에 의하면 이는 불교의 『잡아함경』에 실린 내용이었다.
"너무 막연한 대답일까?"
그러나 막연한 듯해도 맹자 역시 다르지 않았다는 노인의 주장이었다.
그래서 다시 덧붙여지는 노인의 한마디.
"자기 삶의 동기와 관련된 문제겠지."
'자기 삶의 동기?'
사내는 자신도 모르게 혼자서 그 말을 되씹었고 노인은 다시 말을 계속했다.
"마땅한 도道를 위한 게 아니면 주먹밥 하나라도 남에게 받아먹어선 안 되지만 뜻이 도道에 맞춰져 있다면 순임금처럼 천하를 물려받더라도 사치스럽다고 말하지 않게 되지."
노인이 들려주는 맹자의 대답이었다.
사내로서도 이는 공감이 가는 한마디였다. 세상을 살면서 자기 자신의 개인적인 이해관계 때문이라면 남에게 쌀 한 톨 신세지는 것조차 태산보다 더 무겁기만 했다. 그러나 개인적인 이해관계가 아닐 때는 맹자만큼은 아니라도 최소한 짐으로는 느껴지지 않던 자신이었다.

• • •

마음의 올바른 움직임에 관한 단서를 고전에서 찾는다면 『주역』의 건(乾☰)과 곤(坤☷), 『서경書經』의 요전堯典과 순전舜典, 『시경』의 주남周南과 소남召南을 중심으로 살피면 어렵지 않다. 그런 까닭에 공자의 『논어論語』 태백편에는 이런 문구가 있다.

거룩하구나! 요가 임금 노릇하심이여. 세상에서 무엇보다 높아 우뚝한 것은 오직 하늘이거늘, 그 같은 하늘의 덕을 법칙으로 삼아 세상을 다스렸으니 넓고도 큰 요 임금의 덕을 이떻게 말로서 모두 칭송할 수가 있겠는가.

이 구절의 핵심은 분명 자연스러운 천체의 운행에 토대를 둔 하늘의 덕스러움이다. 따라서 옛사람들이 도처에서 세상살이의 올바른 세계관으로 하늘의 덕스러움을 강조하더라도 그것은 단순히 추상적인 형태의 형이상학적 개념이 아니다.
불교에서 공空이나 무無에 대해 말할 때 연기緣起에 바탕을 둔 마음의 신비로움을 강조하는 것처럼 너무나 구체적이고 현실적인 삶의 이치다.

30. 변덕일까, 신비일까?

"대체 무슨 뜻이죠? 자기 마음에 집중하고 자기 마음을 의지한다는 게……."

평소의 사내에게 있어선 믿을 수 없는 게 자기 마음이었다. 그만큼 자기의 마음은 변덕이 심했다.

"무슨 뜻, 말 그대로지."

그렇게 내뱉는 노인의 표정은 무심했다.

"저번 그 운전사에게 무시를 당했을 때 기분이 어땠어? 물론 그 반대일 때도 있었겠지."

"……."

새삼스럽게 반문할 까닭이 없었다. 운전사에게 조차 무시를 당하고 나니 기분이 나빠서 견딜 수가 없었다. 당연히 손님으로서 왕 대접을 받았다면 기분이 달라졌을 것이다.

"그래, 대답하기 뭐할 만큼 뻔하겠지. 바로 그거야."

"……."

"무시를 당하면 불쾌하게 여길 줄도 아는 마음의 움직임. 남이 자기 자신을 존중해 주면 덩달아서 좋아할 줄도 아는 마음의 작용, 정말 신비롭잖아?"

"……."

"자넨 분명 못 볼걸, 그 신비로움을. 나도 아직껏 늘 그 모양이니까. 감정이 생겨나면 오직 그뿐인 거야. 감정에 빠져 있는데 어떻게 볼 수가 있겠어. 감정을 만들어 내는 마음의 신비로움을."

"마음의 신비요?"

사내에게는 분명 감정이 일어나면 그것은 감정일 뿐 마음의 신비는 아니었다.

"그렇지, 감정 자체로 일어나는 마음의 신비!"

"예를 들면요?"

사내는 자신도 모르게 노인에게 빠져들고 있었다.

"깃발과 바람. 뭐 그런 정도겠지."

"……."

"바람이 깃발을 움직이게 한다고 보기도 하는 마음의 눈, 아니지 깃발이 흔들리는 것이라고 보고도 싶은 마음의 작용."

이미 사내도 알고 있는 혜능의 『육조단경』 이야기였다. 그러나 아는 체 말을 거들지는 않았다. 왠지 경전 이야기로 빠져들면 항상 느낌이 막연해지는 사내였다. 마찬가지로 알쏭달쏭할 뿐이지만 옛날 선사들의 일화에 집착하는 자신의 심리도 그 점에서는 다르지 않았다. 앙상한 뼈다귀처럼 느껴지는 논리 혹은 관념을 벗어나 있다고 여겨지기 때문이었다. 붙들려고 하면 붙들 수 있을 것 같은 기대감이라고나 할까. 그리고 그 점에서 오늘의 대화는 뭔가 잡히는 게 있는 사내였다.

"자네는 어때? 시비의 초점이 뻔하겠지. 마음의 신비로운 작용을 놓치곤 하던 지난날 어느 순간의 나처럼."

"……."

그래서였을까. 노인을 응시한 채 아무런 대꾸는 없었으면서 사내의 입안에서는 생겨나는 웅얼거림이 있었다.

'변덕이 아닌 신비?'

그것은 혼잣말이면서도 고개마저 갸웃거려지는 자기만의 묘한 한마디였다.

● ● ●

실체가 없는 한 마음. 즉 일심一心에 철저해진다면 어떠한 경계境界에 있더라도 그대로 해탈解脫이다. 내가 이렇게 설하는 목적이 어디에 있다고 생각하는가. 자네들이 여기저기 구해 돌아다니는 마음을 멈출 수 없어서 고인古人의 시시한 말장난에 속박되어 있기 때문이다.

교리상의 법계法界로서 구분한다면 세상의 모든 게 모조리 법계法界다. 만약 진여眞如로서 대신하면 세상의 모든 게 그대로 진여眞如이고, 이치로서 표현하면 세상의 일체법이 모두 다 참된 이치다. 그뿐이겠는가. 사상事象으로 설명하면 일체법이 사상事象 아닌 게 없다.

이처럼 인간의 일상 그대로가 바로 묘용妙用이며, 또 모두가 일심一心에 의한 것이다. 갖가지 개념의 법상을 건립하여도 좋고 소탕하여도 역시 좋으니 모두가 바로 묘한 작용이며, 모두가 바로 자기의 것이다. 참을 떠나서 서 있는 것이 아니다. 서 있는 곳이 곧 진(立處皆眞)으로서 모두가 바로 자가自家 당체當體이다. 만약 그렇지 않으면 다시 어떤 사람이 있겠는가.

—『마조어록』

31. 죽음을 넘어선 인간의 길

"맹자가 말했지. 죽음을 넘어선 인간의 길도 있음을."

춘추 전국시대 위나라 선공의 자녀들에 관한 이야기였다. 위나라 선공의 이름은 진晉이었다.

그에게는 배다른 아들 형제 셋이 있었다. 그 중 공자 수와 급자는 이복형제이면서도 우애가 지극히 두터웠다. 반면 공자 삭은 달랐다. 천성이 교활해서 어미의 사랑만 믿고 일찍부터 자객을 수하에 기르면서 급자를 없애려는 생각만 키우고 있었다. 거기에 공자 삭의 생모 선강마저 삭에게 동조하면서 급자를 죽이도록 위선공을 충동질했다.

이런 사실을 안 공자 급의 생모 이강은 한밤중에 목을 매어 자결하고 말았다. 어머니의 죽음 앞에 급자 또한 마음의 슬픔을 견디기 어려웠을 것이라며 뒷말을 이어가는 노인이었다.

"그런데도 공자 삭과 선강은 계속 급자를 죽일 기회만 노렸지. 마침 기나라 침공을 계획하고 있던 제희공이 군사 지원을 요청해 왔어. 삭은 그 기회를 활용하기로 마음을 정하지."

삭과 선강의 꾀임에 빠진 위선공은 그 일을 급자에게 맡겨 제나라로 향하게 했다. 그때 공자 수는 급자를 죽이려는 자객이 이미 가 있음을 알고 몸을 피해 도망하기를 배다른 형 급자에게 적극 권했다. 그러나 급자는 개의치 않고 표정이 태연했다.

"자식이라면 아비의 명을 쫓는 게 효도다. 아비 명을 어기고서 어찌 자식이라 하겠느냐?"

노인에 의하면 급자는 결국 죽음의 길로 떠나게 되었다. 이를 지켜보는 공자 수의 마음은 결코 편할 수가 없었다. 결국 공자 수는 형님을 살리고자 자신이 대신 죽기로 마음을 굳혔다. 그래서 형님을 따라 배 위로 함께 올라탄 뒤, 술을 가득 부어 형님에게 권했다. 주고받는 술잔은 눈물로 채워졌고 그 광경은 한편의 시가 되어 뒷사람들 사이에 회자되었다. 제목은 '이자승주二子乘舟'!

노인에 의하면 『시경詩經』 패풍편에 실려 있다고 했다. 어쨌든 술잔이 오고 가면서 마침내 급자는 크게 취해 잠에 빠져들었고 공자 수는 한 통의 서찰을 이복형에게 남긴 채 대신 죽음의 길을 떠나갔다.

결국 공자 수는 신야 땅에서 자객들의 급습을 받아 죽음을 맞는데, 그 사실을 뒤늦게 알게 된 급자는 동생의 머리를 품에 안은 채 통곡을 터트리며 울부짖었다.

"하늘이 원망스럽구나."

그리고 급자는 당혹감에 빠져 있는 자객들에게 눈물을 거두며 말하기를, "너희들이 죽이려던 급자는 바로 나다. 부친께 죄를 진 나야 죽어 마땅하지만 죄 없는 내 동생 수야 무슨 변이란 말이냐? 너희들은 다시 내 목을 베어 사람 잘못 죽인 죄를 씻도록 해라."

자신들의 삶을 출렁이는 배에 맡긴 채 뜨거운 정을 나눴던 그들 형제의 감동 어린 고사. 그것을 묘사하고 있는 '이자승주二子乘舟'를 음미하면 그때의 눈물 어린 정경이 눈앞에 당장 환해질 것이라는 노인의 설명이었다. 그래서였을까? 그 시를 읊조리는 노인의 음성은 축축하게 젖어 있다고 느껴지는 사내였다.

　二子乘舟 汎汎其景(이자승주 범범기경)
　願言思子 中心養養(원언사자 중심양양)
　二子乘舟 汎汎其逝(이자승주 범범기서)
　願言思子 不瑕有害(원언사자 불하유해)
　두 아들은 배를 탔다네 파도에 몸을 싣고 떠나갔다네
　내 그대들을 생각하면 뜨거운 슬픔에 가슴 울렁거려
　두 아들은 배를 탔다네 두둥실 못 올 길로 떠나갔다네
　목이 메어 기릴 수도 없구나 앞 다퉈 죽어간 그대들의 순결을

"꼭 정 때문만은 아니었겠지. 그렇다면 죽음을 뛰어넘는 사람의 도리, 그게 대체 뭘까?"
　죽음의 잔임을 알면서도 그것을 마다하지 않았던 예수나 소크라테스의 행적을 떠올리면 답이 나올 것이라는 노인의 결론 아닌 결론이었다.

● ● ●

　맹자는 말한다. 물고기도 자신이 원하는 것이고, 곰 발바닥도 또한 원하는 것으로서 둘 모두 구해 가질 수 있다면 다행이겠지만 두 가지 가운데 하나를 선택해야 한다면 물고기를 버리고 곰 발바닥을 취할 것이다. 이는 세상을 살아가는 사람의 도리도 마찬가지다.
　삶 또한 자신이 원하는 바이고 사람으로서의 도리 또한 자신이 원하는 바로서 둘 중에 하나를 선택해야 한다면 삶을 버리고 마땅한 의리를 취할 것이다. 왜냐하면 사람으로 태어나서 삶 또한 자신이 분명히 원하

는 것이지만 세상에는 살아서 목숨을 유지하는 것보다 더욱 절실한 것이 있기 때문이다.

마찬가지로 죽음도 마찬가지다. 무엇보다도 죽음은 피하고 싶지만 세상에는 싫어서 피해야 하는 게 죽음보다 심한 것도 있기 마련이다.

— 『맹자』 권 11 고자告子장

32. 뜻으로 꽃 피워야하는 인간의 마음

"그래도 좀 그래요."

사내로서는 당연한 반응이었다. 본래 비어서 실체가 없다면 무엇을 다시 기대하겠는가. 착한 일을 고집하는 것도, 내일을 위한 삶의 어떤 노력도 모두가 부질없는 노릇이었다.

"좀 그렇긴 하지만 분명한 짝을 놓쳤겠지. 눈앞의 현상 그것!"

오히려 답답해하는 쪽은 노인이었다. 눈앞에 펼쳐지는 세상의 모든 것들, 큰 것도 있고 작은 것도 있으며 아름다운 것도 있고, 추한 것도 있었다. 그런데 그게 어떻게 허망하다고만 여겨지는지? 한 번쯤 생각해 본 적은 있느냐고 외려 묻고 있는 노인이었다.

보이는 현상이 실체가 없다면 보여지는 그대로가 지니는 의미를 돌아보라는 충고와 함께. 그렇게 되면 큰 것은 큰 모양 그대로, 또 작은 것은 작은 모양 그대로 실체가 없는 무無의 신비로운 작용, 그것으로 느낄 수 있고 또 느껴지게 된다고도 했다.

"얼마나 가슴 벅찬 자각이야?"

그리고 그런 이치의 여운 때문에 누구나 결국 고전의 가르침에 마음을 붙이게 된다는 게 노인의 거듭되는 이야기였다. 그러면서 들려주는 노인의 이야기는 엉뚱하게도 소동파였다.

소동파가 처음 관료로서의 삶을 시작했을 때였다. 빌려준 돈을 돌려받기 위한 채권자의 소송이 관으로 들어왔다. 소동파는 해당 피고인을 불러 빚을 갚지 못하는 사정 이야기를 확인해 보았다. 상복 차림의 젊은 채무자는 빌린 돈을 갚기 어려운 나름대로의 사정이 있었다.

"저희 집안은 대대로 부채를 만드는데, 며칠 전 부친께서 돌아가셔서 장례를 치르느라 정신이 없었습니다. 게다가 금년 봄에는 비가 많이 와서 부채를 하나도 팔지 못해, 먹고 입는 것도 유지하기 어려운 판인데 빚을 갚을 돈이 어디에 있겠습니까?"

소동파는 이 딱한 사정을 전해 듣고 그 젊은이에게 집 안에 있는 부채를 몽땅 가져오게 하였다. 그리고 가져온 것들 가운데 20개를 골라 즉석에서 먹을 갈아 시도 쓰고, 소나무와 대나무, 바위 등을 그려 가지고 나가 부채를 팔게 하였다. 그 소문을 들은 사람들은 그 부채를 개당 천 냥의 높은 가격으로 구입하였다. 노인의 이야기는 또 있었다.

역시 소동파가 남방의 유배지에서 돌아와 거처를 마련하고자 할 때의 일화였다. 그는 양선에 사는 친구의 도움으로 자신이 살아갈 새로운 집을 한 채 마련하고 이사할 날을 잡아 놓고 있었다.

그런데 이사하기 전날 저녁이었다. 새로 이사할 집을 돌아보고자 나선 산책길에 집 안에서 들려오는 늙은 노인의 울음소리와 마주치게 되었다. 그리고 까닭을 알아보니 원인은 분명했다. 노파 아들의 일방적인 행위로 인해 그 노파는 하루아침에 살 수 있는 터전도 없이 당장 거리로 내쫓기는 신세가 되고 말았다.

자초지종을 들어 알게 된 소동파는 집을 매매한 계약서를 가져와 즉석에서 불태우고, 아들을 불러 어머니를 모시고 집으로 돌아가라고 했다. 그리고 자신이 지불한 집값에 대해서는 그 후 한마디도 언급하는 일이 없었다.

"들어 보니 어때? 가슴이 뜨겁지."

노인의 새삼스러운 반문이었다. 그리고 결론처럼 덧붙이는 말이 어김없이 실체가 없는 무無, 즉 마음의 신비로운 작용에 대한 내용이었다. 오직 그게 보여지는 현실에서 보이지 않는 삶의 본질을 자각했을 때의 결론이 될 수 있을 것임을 강조하면서.

"보여지는 것에서요?"

그것은 노인의 장광설 끝에 튀어나오는 사내의 반사적인 한마디였다.

33. 보이게 하고 들리게 하는 그 무엇

건강식품을 복용하고 나타나는 효과는 즉각적이었다. 한 컵의 음료수와 다름이 없었음에도 볼과 양손의 등껍질이 벌겋게 달아올랐다.
"거 참 신기하네. 거 참 신기해."
볼과 목 주변에 이어 손등을 겹쳐 부비면서 노인은 여전히 믿지 못하겠다는 말투였다.
"한 세트 사드릴까요?"
"……."
"단가가 세긴 해도 효과는 있을 것 같아요?"
좋다는 약, 효과가 신기하다고 말하는 건강식품 등을 수없이 접해 온 사내였지만 지금 경험하고 있는 식품 만큼은 믿을 수 있을 것 같았다. 실제 사내는 자신이 지금 마주 앉아 시간을 보내는 짧은 만남이 다단계 상품에 대한 자신의 부정적인 이미지를 충분히 씻어 내고도 남을 만큼 인상적이었다.
"내게?"
마치 자기 자신의 귀를 의심하는 말투였다.
"당연하죠."
"응, 내가 참 거시기 하지."
무슨 말씀을 하시려는 걸까? 사내는 기다릴 수밖에 없었다.

"툭 하면 걸려들고 툭 하면 걸려들고. 뻔히 알면서도 피하질 못하거든."

수천 년 세월에도 변할 수 없는 인류의 보편적인 세계관을 주목할 줄 알아야 한다고 했다. 눈앞의 현상, 즉 몸에 대해 집착하는 노인의 버릇은 자기의 삶을 고통스럽게 만드는 단말마적인 세계관이었다. 또 그게 아니라도 몸이란 허깨비임을 자주 잊게 되는 노인이었다. 몸은 물론 마음까지도 그 어떤 실체가 없음을 확신하면서도 상황에 부딪치면 전혀 달라진다고 했다. 마치 허깨비가 자신의 전부인 것처럼 반응했다.

그런 사실을 확인하게 될 때가 바로 이런 건강식품을 만났을 때였다. 몸에 좋다는 말을 듣고 나면 노인은 무심코 빠져들어갔다. 돈이 몇 십 몇 백이 들더라도 사서 복용하고 싶은 마음. 그럴 때면 결과가 뻔했다. 눈의 초점은 보이는 것뿐이고 실체가 없는 삶의 진실이나 보이지 않는 죽음 따위에 대해서는 까맣게 잊을 때가 더욱 많았다.

"참 거시기 하잖아. 백 년이 아닌 천만 년이라도 살 수 있을 것처럼. 나 자신의 무지. 그렇게 생각하면 아직 먼 거지. 철이 안 든 거야. 삶에 대한 나 자신의 지나친 집착이……"

"……"

"세상을 살면서도 이렇게 헛사는 거지. 왜 『시경』에도 있잖아. 상천上天의 일은 소리도 없으며, 신의 강림하심은 사람으로서도 감지조차 하지 못한다고. 그런데 살아갈 때 보면 어디 그래? 보이고 들리는 것만이 전부일 뿐, 보이게 하고 들리게 하는 것에는 관심조차 없으니, 참!"

● ● ●

우리 마음에서 나타나는 중천건重天乾 하늘의 작용

바깥 사물을 상대하여 쉴 새가 없는 매사의 움직임만으로도 쉽게 확인할 수가 있다. 물과 같이 솟구치는 생각의 움직임. 사물을 대할 때 즉각 반응하면서 생겨나는 분별심을 바라보라.

한없이 흘러넘치면서 모든 사물의 뿌리를 적시는 작용 그대로다. 색깔을 보면 색깔을 분별할 줄 알고 소리를 들으면 소리에 대해 반응한다. 냄새와 맛, 몸의 감촉도 마찬가지다. 보이지 않는 곳에서 마르지 않고 쉴 새 없이 솟구치는 그 신비로운 움직임을 자신의 삶에서 항상 먼저 기억해야 하는 것은 무엇보다도 가장 중요한 일의 하나다.

생각이 솟구치고 났을 때 감정에 자기를 가두지 말고 순간순간 변화하는 작용의 신비로움에 집중해 보라. 때로는 분노하고 때로는 희열에 가득 차 있으면서 다양하게 변하는 마음 자체의 미묘한 작용. 사물을 따뜻하게 바라볼 때는 표출되는 소리도 따뜻하고 사물을 차갑게 바라볼 때는 표출되는 소리도 차갑다.

그러나 차갑고 따뜻한 소리의 색깔 그 자체가 어찌 마음의 본질일 수 있겠는가. 바깥 사물을 차갑게 느낄 수도 있고 따뜻하게 느낄 수도 있는 신비로운 마음의 작용. 그것이 바로 우리 마음의 본질이고 세상을 살아가면서 눈떠야 하는 삶의 궁극이다.

차가움과 따뜻함의 이질적인 색깔들을 하나의 뿌리인 마음에 두고 있다는 것은 그만큼 우리의 마음이 성스럽고 불가사의하다는 징표 가운데 하나다. 만물을 낳아 기르는 하늘과 땅의 신비로운 덕, 그대로다. 그래서 『주역』 계사상전 5장에서는 이렇게 말한다.

'어진 덕으로 드러나며, 작용에 감추어 만물을 춤추고 살아 있게 하되 그 덕의 성대함과 큰 업의 지극함이겠는가! 낳고 낳는 작용을 역易이라고 말하는 것이니, (만물을 낳아 땅의) 풍부하게 소유한 것은 대업大業이 되고 (하늘의 굳센 움직임이) 날로 새로운 것은 성덕盛德이라고 일컫는다.'

34. 보이지 않는 마음의 토대

"멀리 있을수록, 심신이 고달플수록, 내게는 언제나 떠오르는 곳이 있던데. 자네는 어때?"

계속되는 노인의 뒷말이었다.

"저라고 다르겠어요. 남들은 몰라도 대체로 제게는 집이 그렇던데요."

사내로서는 느낌이 새삼스러웠다. 노인에 의해서 굳이 확인하지 않더라도 떠올리기만 하면 마음이 아늑해지는 공간, 하루해가 지고 사방에 어둠이 깔릴 때도, 밤새 마신 술로 심신을 가누지 못해 정신이 혼몽할 때도 신기하게도 거짓말처럼 더듬어 찾아가는 곳은 언제나 자신의 집이었다.

"맞아! 바로 그거야. 언제 찾아가도 마음이 편안해지는 곳! 자신의 집. 마음이 산란할 때면 더욱 생각이 나게 되어 있지."

그런 이유 때문일까?『주역』괘상의 배치도 지화명이地火明夷의 다음이 풍화가인이라고 했다.

"명이明夷? 가인家人? 밝을 '명明', 상할 '이夷', 집 '가家' 사람 '인人', 글자 뜻만으로도 느껴지는 게 있지 않아? 밖에서 상한 자는 반드시 집으로 돌아오는 거야. 그래 명이明夷의

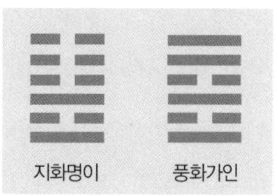

지화명이 　　풍화가인

다음은 가인家人이 되지."

"……."

"그렇지만 그게 몸만의 이치겠어. 보이지 않는 세계의 마음도 예외가 아닌 게야."

노인의 결론이었다. 몸이 아닌 마음이 돌아가게 되어 있는 집에 대한 설명이었다.

세상의 풍진 저잣거리에서 불어오는 바람을 막아 주는 벽이 있고, 하늘에서 내리는 눈비와 찬 공기를 막아 주는 지붕이 있는 공간, 그곳은 텅 비어 있지만 반드시 비어 있는 세계는 아니라고 했다. 그러나 노인에 의하면 그곳은 돈이나 명예 따위의 조건으로 가득 채워져 있는 공간이 아니었다.

"왜 노자가 말하잖아. 그릇의 용도는 안쪽의 비어 있는 공간에 있는 거라고."

약해져 가는 사내의 시력을 의식했던 것일까? 노인에 의해서 덧붙여지는 한마디는 엉뚱했다.

"세상의 진실이 보이는 것에만 있다고 기대할 것은 없어."

사내는 의아했다. 사람의 일이란 돈이나 신체적인 조건 등과 같이 보이는 세상의 문제가 아니었던가?

그런데 비어서 텅 빈 공간이라니. 도무지 짐작이 되지 않았다. 또 이해가 되지 않다 보니 노인의 말을 듣고 있는 사내로서는 더욱 알 수 없는 게 자신이 몸담고 살아가는 세상이었고 또 수많은 갈림길에서 마주쳤던 세상살이 그것이라는 생각이 들었다. 또 그렇게 생각하고 보니, 자신의 지난 세월이 그림자만 바라보며 길을 물어야 했던 방랑자의 어리석은 모습, 그것은 아니었을까 하는 엉뚱함마저 솟구쳐 올랐다.

수많은 사람들을 만나며 그 사람들에 의지하여 자기 자신의 삶을 찾으려 앞을 향해 걸음을 내딛었지만, 언제나 그 길은 끝이 보이지 않았고 끝에 이르렀다고 누군가가 말하는데도 의구심은 결코 가시지 않는 그런 방황. 억울한 폭력, 공갈, 협박, 신체적인 상해 등은 그 과정에서 견뎌야 하는 사내의 삶이었고 기억하고 싶지 않은 시간의 구덩이였다. 도대체 어디에 자기의 마음을 붙이며 살아야 하는 것일까?

●●●

내가 아는 나의 모습, 내가 아는 나 자신의 마음, 그것에 대해 많은 사람들은 누구보다도 분명히 알고 있다고 여기겠지만 그렇게 믿는 것은 착각일 때가 많다. 또 그뿐 아니다. 목숨조차 돌아보지 않고 견지해 온 자신의 신념 자체가 너무나 허무해질 때도 있다. 그렇다면 자기를 사랑하는 길은 어디에서 찾아야만 할까?

많은 사람들이 그 질문에 대해 많은 답을 내놓고 있다. 그러나 이런 답들은 그것이 설혹 고전이라고 하더라도 별로 의미가 없다. 자기 자신이 자기 자신에 대해 낯설다고 느끼거나 견딜 수 없는 외로움 등으로 인해 그 답을 스스로 찾고자 할 때 그 답은 비로소 보이기 시작한다. 그에 대한 답을 찾을 수 있어야만 자신이 마음을 붙이며 살아갈 수 있는 지혜로운 삶이 가능해진다.

35. 삶이 행복한가요?

"경전을 읽는 게 수행에 정말 장애가 되나요?"

참선參禪 하면 떠오르는 문구가 있었다. 교리 밖에 따로 전해오는 가르침이 있다는 교외별전教外別傳! 그러나 왠지 그 문구가 석연치 않은 사내 자신이었다. 경전을 부정하는 마음의 수행? 뭔가 잘못 가고 있는 수행 풍토라고 여겨졌고, 방석 위의 참선만이 아닌, 경전을 통한 수행의 성과 역시 부정해선 안 된다고 믿기 때문이었다.

"기질에 따라 다르지 않을까?"

노인의 대답은 우선 유보적이었다.

"그러나 어떤 경우라도……."

동기가 분명해야 함을 강조하고 있었다. 왜 새삼스레 수행이며, 그것도 참선을 통한 수행인가? 노인의 지론에 의하면 죽고 사는 인간의 존재 자체가 고통스럽고 허망하기 때문이었다. 실제 태어나서 늙고 병들어 마침내 죽음을 맞이하는 자신의 인생행로가 아무렇지도 않다면 굳이 수행이나 참선 따위에 관심을 가질 필요조차 없는 일이었다.

노인에 의하면 선禪에서 문자를 부정하는 이유도 사실은 이유가 거기에 있었다. 효과적이고도 직접적인 고통의 극복! 교리教理만을 위한 교리가 아닌 생사의 속박 자체가 절실하기 때문이었다. 그렇지 않은 사람에게는 '교리 밖에 달리 전해 오는 무엇이 있다'는 교외별전敎外別傳은 의미 자체마저 때로는 즐거운 입담거리가 되기도 한다는 것이었다.

사내는 노인에게 그 이유를 물었다.

"이유? 뻔하지 않겠어."

노인에 의하면 그 이유는 자기 허상虛相에 있었다. 만약 자기 허상이라는 말이 거북하거나 애매하다면, '자기 잘난 맛' 혹은 '허세虛勢'라고 표현하더라도 틀리지 않을 것이라고 했다.

"자기 허세虛勢."

사내는 그 말이 너무나 솔깃했다. 글을 쓰고자 애쓰던 자신, 무엇을 위한 열정이었을까? 자기 자신의 가치를 높이고 싶은 고통스러운 열망이었다. 쓰지 않으면 안 되는 간절한 무엇이 자신에게 들어 있기 때문이 아니었다. 자기 자신의 이름 석 자, 그것을 세상에 요란하게 드러내고 싶었을 뿐이었다. 세상을 너무 부정적으로 접근하고 있다는 회의도 있었지만 아무튼 그랬다.

"동기가 분명하다면 답도 분명해지지."

고통스런 삶이 아닌 평온함을 불러오는 방편의 문제였다. 고통스런 격랑에 휩쓸려 있는 강물을 건널 수 있게 하는 뗏목으로서의 방편. 이는 참선과 경전에 대한 선택의 문제가 아니었다. 마음의 허상에서 깨어나야 하는 절실함의 문제였다.

"선생은 삶이 어때?"

행복하다면 다행이지만 행복하지 않다면 행복해지는 길을 찾아야 하지 않느냐는 충고였다. 그리고 그게 절실해지고 나면 교외별전敎外別傳 따위와 관련된 궁금증은 절로 해결이 가능해진다는 노인이었다. 거기에 참고가 되기를 바라면서 덧붙이던 노인의 한마디.

마음공부에서 선禪과 교教를 구분하는 것은 음양陰陽이라는『주역』의 이치를 거기에 적용하면 좋았다. 즉 번잡한 문자가 필요한 교리는 여름인 양陽이 될 것이고, 문자의 번잡함을 부정하는 선禪은 음陰인 겨울이 될 수 있었다.

이런 가정이 옳다면 선禪이 교리教理의 별전別傳인 것만 보지 말고 그 반대, 즉 교리가 문자를 부정하는 선禪의 별전別傳인 줄도 볼 수 있어야 했다. 이와 같은 상호 보완적인 눈으로 세상을 보아야만 비로소 균형 잡힌 안목으로 세상을 살게 될 것이라고 주장하는 노인이었다.

● ● ●

임제는 이렇게 말한다.

마음이라고 하는 것은 형체가 없고, 그럼에도 시방세계十方世界를 꿰뚫고 있다. 눈에 작용하면 보고, 귀에 작용하면 듣고, 코에 작용하면 냄새 맡고, 입에 작용하면 말하고, 손에 작용하면 쥐고, 발에 작용하면 걷는다든지 달린다든지 한다.

그러나 애당초 이것도 실체가 없는 일심一心이 여섯 가지 감각기관을 통해서 작용하는 것이다. 그러므로 그와 같이 실체가 없는 일심一心에 누구나 철저해진다면 어떠한 경계境界에 있어도 그대로 해탈이다.

―『임제록』

36. 반야부 경전은 왜 21년이었을까?

"반야부 경전에 대해 들어 보았나?"

"마음의 지혜와 관련된 불교 경전으로서 노인에 의하면 구조는 아주 단순했다. 눈도 없다, 코도 없다, 귀도 없다, 내지 늙고 죽는 일도 없다는 얼핏 허황되게 느껴지는 문장의 반복일 뿐이었다. 이를 누구나 생활 속에서 접할 수 있는 경전은 『반야심경』이나 『금강경』이 있다고 했다.

"무안이비설신의無眼耳鼻舌身意, 무색성향미촉법無色聲香味觸法 내지 늙고 죽음조차도 없다는 무노사無老死까지."

이런 의미체계가 『금강경』에 이르서는 모든 형상은 실체가 없다는 사구게四句偈로서 압축되어 표현되는 특징을 보여 준다고 했다. 그와 같이 단순한 내용의 교리를 가지고 대중들을 상대해 온 세월이 자그마치 21년이었다. 그리고 불쑥 내뱉는 질문이 있었다.

"21년? 왜였을까?"

아함경이 12년, 방등경 계통이 8년, 그리고 법화경과 열반경 등이 다시 8년, 그리고 나머지가 21년이었다. 이는 전체 석가모니의 49년 활동 기간 중 절반에 가까운 세월이었다.

"질문하시는 취지가……."

사내로서는 막연했다. 21년이면 어떻고 또 2년이면 어떨까? 그게 자신의 현재 심정과…….

"견딜 수 없이 초라하다며? 몸도 없고 생사조차 없다는데."

초라함이란 초라함에 빠져드는 주체가 있을 때의 일임을 상기하는 말이었다. 내가 없다면, 나와 너, 남자와 여자, 부자와 가난뱅이, 큰 것과 작은 것, 동과 서, 그뿐일까? 모든 것은 실체가 없는 연기緣起의 세계였다. 서로가 서로를 의지해 있는 연기緣起의 세계. 그렇다면 우울해질 까닭이 있을까? 자기 자신은 자기 자신만의 독특한 색깔로서 당당하면 되는 일이었다. 비교를 통한 우월함에의 집착도 필요 이상의 기대치를 앞세운 마음의 실망감도 따지고 보면 세존에게는 결국 삶의 무지였다.

"강조하고 또 강조하고 싶었던 거지."

세상을 살아가는 과정의 부정적인 에너지, 삶을 고통스럽게 하는 일상적인 마음의 우울이나 분노, 오만함이나 열등감 등의 뿌리를 세존은 보여 주고 싶었을 것이라는 노인이었다.

"세상의 일체 만법에 어떤 실체도 없는 것이 '아뇩다라삼먁삼보리'다. 그러므로 나·사람·중생·수명 따위에 집착해서는 안 될 것이니 성스러운 여래를 보고자 한다면 일체의 형상이 형상 아님을 보아야 할 것이니… 실체가 없이 평등한 모든 법은 범부나 성인의 구별조차도 없으며… 실체가 없으므로 번뇌에 물드는 일도 없으며… 실체가 없는 까닭에 더러움과 깨끗함, 태어남과 죽음, 번뇌와 번뇌 없음, 세간과 출세간 따위의 분별에도 물드는 법이 없으며…

그러므로 가장 지극한 삶의 지혜, 즉 반야바라밀을 닦을 때에는 모든 법에 대해서 있는 것이라고 여겨 집착하지 말고, 있는 것이 아니라는 집착도 하지 말며… 반야의 이치를 알므로 집착이 없고, 집착이 없으므로 고통이 없으며… 이처럼 무엇엔가 집착하지 않으므로 세상 사람들을 위하여 큰 뜻을 키워 나가되 나는 물론 세상의 모든 사람들도 마음의 고통에서 벗어나는 반야바라밀을 닦도록 힘쓸 것이니……."

이렇게 똑같은 말이지만 그것을 알아듣고 수긍할 수 있게 하려면 소요되는 세월이 얼마였겠냐는 반문이었다. 노인의 판단으로는 21년의 세월도 오히려 짧았다.

"그런데 자네의 초라함이라면?"

노인은 결론이 뻔하지 않느냐고 했다. 생각해 보면 해답이 분명해야 한다고 하면서.

37. 마음의 불안은 어디에서 오는가?

"불안한 마음, 이유가 있지 않을까?"

노인의 결론은 하나였다. 세상을 바라보는 자기 마음에 대한 미혹! 그 것이었다. 그러면서 끌어오는 노인의 뒷이야기가 불교『능엄경』이었다.

"오직 안타까웠으면 칠처징심七處徵心이었을까?"

일곱 칠七, 곳 처處, 추구할 징徵, 마음 심心, 몸 안이나 몸 밖 등의, 어느 곳에도 아난이 아는 그 자신 마음의 실체는 찾을 수 없었다.

"세상의 어디에서도 실체를 찾을 수 없는 자기 자신의 마음."

노인에 의하면 그것이 칠처징심 장에서 들려주려는 법문의 핵심이었고 아난어 눈떠야 한다고 믿고 있는 수행의 요체였다. 실제 세존의 질문이 아니라도 이는 아난이 평소 무척이나 알고 싶던 주제 가운데 하나였다. 자기가 믿고 살아가는 마음, 즉 영혼의 소재는 도대체 어느 곳에 어떤 모습으로 자리 잡고 있는 것일까? 머리나 심장과 같은 몸의 안일까? 바깥일까? 아니면 사물을 상대하는 순간에 생겨나는 순간의 어디일까?

이런 궁금증은 아난만의 인생 문제는 아니다. 아난이 아닌 그 누구라도 한 번쯤 해 보는 생각이었고, 또 해 보아야 하는 생각이었다. 이 같은 아난의 절실함에도 세존을 상대하는 아난 역시 자신의 이런 질문에 처음부터 만족스런 답을 내릴 수는 없었다. 몸의 안이나 바깥, 혹은 몸과 세상이 부딪치는 어딘가에도 아난 자신이 아는 마음의 실체는 그 어디에서도 찾을 수 없기 때문이었다.

이런 이치에 눈뜨지 못했기 때문에 세상을 살아가는 아난은 수행자이면서도 수행자답지 않은 번민의 연속이었다. 그래서 아리따운 여인 마등가의 유혹에 쉽게 빠져들었고, 수행자로서의 본분마저 까맣게 잊고 있었다.

"반드시 수행자로서의 신분에 국한되는 것은 아니겠지."

노인에 의하면 『능엄경』의 칠처징심은 단순히 수행을 삶의 기쁨으로 여기며 살아가는 사람에게만 필요한 개념이 아니었다. 언제 어느 상황에서나 흔들림 없는 삶의 행복을 지향하는 사람이면 누구나 눈떠야 하는 세상의 절대적인 진리였다. 그리고 그 같은 자기 마음의 특징에 눈을 뜰 수 있어야만 무엇을 위해 어떻게 살아야 할 것인가가 분명해진다고 믿고 있는 노인이었다. 남녀가 가정을 이루면서도, 사업을 하면서도, 공부나 취직은 물론 죽음을 눈앞에 둔 순간의 상황에서도.

"너무 비현실적인 것은 아닐까?"

실제 그 같은 의구심은 노인 자신의 판단에도 너무나 비현실적이었다. 그러나 그럼에도 불구하고 노인은 그 문제에 대한 질문으로부터 한순간도 놓여날 수가 없었다. 결국 그런 의구심 끝에 마주친 게 『능엄경』의 칠처징심 장이었다. 『능엄경』을 통해서 생겨난 노인의 결론, 그것은 세상살이 자체에 관여하는 자기 마음에의 구체적인 자각과 관련된 문제였다.

세상을 바라보는 자기 자신의 마음, 세상으로부터 들려오는 사물의 목소리에 귀를 기울일 줄도 아는 노인 자신의 마음, 그러나 그 같은 사실을 깨닫는 순간, 중요한 게 있었다. 세상을 받아들이는 자기 자신 어디에도 변하지 않는 마음으로서의 실체가 없음을 자각하는 일이었다. 자기 자신의 어디에도 나라는 실체가 존재하지 않기 때문에 세상살이에 임하는 자기 자신의 모습이 그만큼 묘하고 신비로웠다. 하물며 소리나 향기만이 아닌 아리따운 여인인 마등가이겠는가. 실체가 없음에도 아난은 분명히 그녀에게서 여성으로서의 실체를 느끼고 있었고 그것이 곧 노인이 아는 우리 마음의 실체가 없는 작용의 신비였다.

• • •

『능엄경』의 본래 명칭은 '대불정여래밀인수증요의제보살만행수능엄경'이다. 이를 줄여서 '대불정수능엄경', '대불정경', '수능엄경', '능엄경' 등으로 불러 왔다. 경전 내용의 요지는 마음을 올바른 쪽으로 집중하여 보리심을 깨우쳐 알고 진정한 마음의 신비로움을 이해할 수 있도록 도움이 되게 하려는 것이다.

주인공은 불타의 제자 아난이다. 아난은 미모의 마등가에게 마음이 흔들리면서 그녀의 주술에 사로잡혀 수행자로서의 위기를 맞이하게 된다. 이를 알게 된 불타는 자신의 신통력으로 그를 마등가의 주술로부터 구해 내어 백산개다라니의 공덕과 선정의 힘에 의지하여 다시 본래의 길을 갈 수 있도록 돕는다. 다시 수행자로서 선정에 전념하여 여래의 진실한 견해를 얻어 태어나고 죽는 삶의 고뇌로부터 벗어나 번민이 없는 열반의 삶을 추구할 수 있게 된다.

『능엄경』은 선정이라는 선가의 요지에 밀교적인 요소가 가미된 독특한 경전의 구조를 지녔다고 할 수 있다. 그러나 묘한 마음의 체득을 강조하는 경전의 특징으로 인해 선을 중시하는 우리나라 불교계에서 매우 주목하는 경전 가운데 한 권이었다. 불교의 승려들을 가르치는 승가대학에서는 『금강경』, 『원각경』, 『대승기신론』과 함께 사교과의 하나로 취급하여 학습해 오던 의미 있는 경전 가운데 한 권이다.

38. 고유성을 고집하지 않는 마음의 신비

"『화엄경』현담에 보면 이런 구절이 있지."

노인의 이런 구절이란 움직임과 고요함은 하나에 근원을 두지만 오고 가는 것은 끝이 없다는 동정일원動靜一源 왕복무제往復無際였다. 그런데 노인은 이 문구와 결부시켜 항상 떠오르는 구절이 있었다. 『주역』의 지천태地天泰 세 번째 효사爻辭인 구삼九三에 관한 말이었다.

지천태

'평평하면 기울지 않는 게 없고 지나가면 돌아오지 않음이 없다(無平不陂 無往不復).' 그 이유가 어디에 있을까? 노인은 자신의 이해할 수 없는 이런 연상 작용에 대해 잠시 생각해 본 적이 있었다.

'세상의 이치가 항상 뒤바뀌면서 반복적으로 순환하는 왕복往復이라는 문구 때문에?'

그러나 그것만으로는 만족스러운 대답이 되지 않았다.

"현담에 인용되고 있는『주역』관련 문구들 때문이 아닐까?"

노인은 스스로 그럴 것이라고 결론을 내리고 싶어했다. 실제 현담 이외에도 불교의 여러 논서들에는『주역』의 본문과 계사전 등의 공자 십익十翼을 어렵지 않게 마주할 수가 있었다.

"그뿐만은 아니지."

노인에 의하면 이통현李通玄『장자』의 화엄론華嚴論은 아예 주역周易의 시각에서 불교 화엄경을 해설하고 있는 논서論書였다. 그것을 한국의 전통 승가에서는 화엄경을 학습할 때 종종 교재의 하나로 활용하기도 한다는 설명이었다.

"바이로차나,『주역』의 만卍방진, '화엄華嚴'이라는 명칭으로 반영하고 있는 경전의 제목까지!"

뭔가 번득이는 게 있지 않느냐고 했다. 노인이 하고 싶은 말은 분명했다. 우리들 자신은 자신이 평소 부정적으로 이해하고 살아가는 보잘 것 없는 개체가 결코 아님을 강조하기 위해서였다. 빛의 움직임을 뜻하는 바이로차나의 개념도 그렇지만 만卍방진과 화엄華嚴이라는 용어들 역시 예외가 아니었다. 막연한 세상의 어떤 형이상학적인 개념이 아니라 우리 자신의 본질을 설명하는 용어로서 우리 자신의 실질적인 가치로 받아들여야 하는 여러 개념들이었다.

"그렇다면……."

그와 같은 이치와 개념에 어울리는 세계관을 상기시키려는 노인의 침묵이었다.

眞性甚深極微妙(진성심심극미묘)
不守自性隨然成(불수자성수연성)

깨달음을 통해 알 수 있는 깊고도 오묘한 우리들의 성품은 나(我)라는 고유의 성질을 고집하지 않으면서, 보고 듣는 그대로 우리가 대면하는 경계를 따라 화엄華嚴의 이치를 꽃피우고 있다는 의상조사 법성게의 한 구절이었다.

그런데 이와 같은 불교의 화엄華嚴이란 『금강경金剛經』의 공공 도리와 조금도 다르지 않다는 주장을 서슴없이 펼치는 노인이었다. 왜냐하면 우리의 본래 모습은 물론 우리 자신이 평소 대면하고 살아가는 눈앞의 일체 사물들이 본래 텅 비어 실체가 없는 빛의 작용으로서 『화엄경』의 표현대로라면 중중무진重重無盡 화엄華嚴이라는 또 하나의 신비한 공공의 상태 그것이기 때문이었다.

덧붙이는 노인의 한마디. 불교는 인도에서 일어났고, 『주역』은 동북아시아가 배경인데 불교나 『주역』이 모두 의미의 핵심을 빛에 포커스를 맞추는 데 대해 어떻게 받아들여야 하느냐고 묻는 노인이었다. 결국 이런 사실들에 주목하게 되면 노인으로서는 여기서도 다시 의상조사 법성게였다.

法性圓融無二相(법성원융무이상) 諸法不動本來寂(제법부동본래적)
無名無想絕一切(무명무상절일체) 證智所知非餘境(증지소지비여경)
원융한 법의 성품 두 모습이 아니로다.
모든 법은 변함없이 본래가 고요한데
이름 없고 모습 없어 일체가 끊어지니
깨닫는 지혜일 뿐 지식으론 알 수 없네.

39. 마음의 불편함은 어디서 오는가?

　육체적으로 자주 피곤함을 느끼는 요즘의 사내였다. 틈이 날 때마다 잠을 자지만 밀려드는 피곤함은 끝이 없었다. 늘어가기만 하는 식탁 위의 온갖 영양제들과 건강 보조 식품들, 사내는 새삼스럽게 살아 있다는 것의 의미에 대해 진지한 생각을 해 보았다.
　도대체 살아 있다는 것은 무엇이며 또 무엇을 위한 삶일까. 그런 생각 끝에 밀려드는 인생살이의 허망함. 지난 삶이 문득 꿈 같고, 먹어 가는 나이에도 손에 잡히는 게 아무 것도 없다는 현실이 도무지 이해가 되지 않았다. 그리고 거기에 덧붙여지는 자기 삶의 실망스러운 패턴. 사랑하는 부부와 부모 자식 사이도 피를 나눈 가족 같지가 않았다.
　마음 깊은 곳은 사랑이면서도 드러난 행위는 뾰족한 가시였고, 안은 따뜻하면서도 겉은 차가운 지난날이었다. 삶이 왜 이런 식이 되는 것일까. 그래서 찾아간 게 이번에도 노인이었다.
　오랜만에 얼굴을 맞대고 주고받은 수많은 가슴속의 이야기들. 사내의 말에 한동안 귀를 기울이던 노인이 불쑥 이렇게 물었다.
　"혜가라는 인물의 수행담을 들어 보았나?"
　사내로서는 처음 듣는 이름이었다. 중국 선종 초기의 주요한 인물 가운데 한 사람이라고 했다. 그런 혜가를 달마가 자신의 문하생으로 받아들이고 난 뒤의 일이었다.

어느 날 혜가에게 달마가 물었다.

"그래 자네는 내게서 무엇을 구하는가?"

"제 마음이 편하지를 못합니다."

혜가의 대답이었다.

"그래 편치 않은 그대의 마음을 가져와 보도록 하라."

"찾을래야 찾을 길이 없습니다."

"그렇다면 그대의 마음은 이미 편안하게 되었다."

혜가는 그 한마디의 가르침에 커다란 깨달음을 얻었다. 혜가로서는 찾을 수 없는 마음! 그것이라야 했나? 자신이 진실이라고 믿었던 지나온 시절의 모든 추억들. 전부라고 믿었던 어느 한때의 자기 감정들. 그렇다면 그것들도 결국 찾을래야 찾을 길 없는 혜가의 마음, 그것은 아닐까.

색깔이 같다고 여기지는 않았지만 전혀 다르게 여겨지지도 않는 사내였다. 그래서 생겨나는 하나의 추정, 마음의 눈에 포착되는 세상의 모든 것은 반드시 그렇게 보일 수밖에 없는 어느 한 때의 신기루일 수도 있을까? 그렇지 않기를 바라지만 자신할 수는 없는 사내였다.

...

세상의 이치는 정말로 묘하다. 세상에 드러나는 우리 눈앞의 모든 사물은 언제 어느 상황에서나 진실하기를 바라는 그 자리로부터 한 걸음도 벗어나 있지 않다. 다시 말해 우리 눈에 보이는 세상의 모든 사물은 드러나는 그대로가 참인 것이다. 그렇다면 어찌 성인의 경지가 멀리 있다고 말할 수 있겠는가. 이것을 터득해 알게 되면 그대로가 신명인 것이다.

— 『방광반야경放光般若經』

40. 인생의 마지막 가는 길

"인생이 마지막을 맞는다는 게 이런 거구나!"

노인이 아직은 혈기가 있던 무렵의 이야기였다. 평소 알던 어떤 스님이 애석하게도 담도암 선고를 받게 되었다. 찾을 때마다 목과 얼굴색이 여위어 가는 게 눈에 분명히 보였다. 왜 그렇지 않겠는가. 음식을 전혀 입에 대지도 못했으니까. 그래도 매일처럼 노인이 찾는 게 위안이 되었는지 떠먹는 요거트라도 먹어 보겠다고 사다 달라고 하고 이것저것 심부름도 시켜 대었다. 노인으로서는 오히려 그게 고마웠다. 그래서 결국 해야 할 말을 참지 않았다.

"본래 생사가 없는 이치. 너무 고생하지 마."

생사가 본래 없음을 노인이나 그도 믿고 있기에 연연하지 말고 삶을 정리하자는 말도 천연스럽게 내뱉었다. 스님도 웃고 노인도 웃었다. 스님은 웃으면서 노인에게 말했다.

"나 죽으면 천도재나 지내 줘."

"속인인 내가?"

노인은 그렇게 대꾸하면서도 속으로는 다짐했다. 그러겠다고. 본래 삶과 죽음이 없는 그 이치로 그가 가는 마지막을 축원해 주겠다고 다짐했다. 왠지 마음이 씁쓸해졌다. 노인에게는 아직도 말은 그렇게 하면서도 삶과 죽음에 대한 분별이 남아 있다는 뜻이었다.

"죽는 거야 두렵지 않지만……."

스님은 말끝을 맺지 않았다. 그의 마음을 알 듯했다. 수행자로서 자기 삶을 채우면서 살려고 했는데, 출가를 해서 삶의 본질에 눈을 뜰 수 있어서 기쁘다고 노인에게 말했었는데 왜 이런 종말이? 설마 이런 마음은 아니었길 노인은 바랐다. 누구나 자신의 가족이라도 마찬가지이지만 긴 시간 함께해 줄 수도 없고 또 스님 역시 그렇게 말하는 게 쓸쓸할 수밖에 없는 삶의 표현인 것이다.

사람은 도를 닦으면서 살았어도 그렇지 않았어도 결국 죽음 앞에서 많은 생각을 해 보게 된다는 뜻이다. 먼저 삶을 정리하는 그에게 노인이 무슨 말을 할 수 있을까. 무슨 말인가를 하더라도 서당의 훈장 노릇 그 이상은 아닐 것이다. 살아 있으면서 끊임없이 뭔가를 추구하게 되는 우리들 일상의 삶! 그래도 살아 있기에 포기해서도 포기할 수도 없지만 다만 건강할 때 우리는 자신의 삶이 본질이나 세상을 위한 뜻에 기초한 원력이 될 수 있도록 노력해야 함을 생각해 보는 계기였다.

결국 자기의 길은 자기 자신 혼자가 되어 다독이며 걷되 세상과 본질을 위한 그 뜻으로 위안을 받아야 한다고 노인은 말한다. 그러나 이런 생각도 건강하기 때문에 생겨나는 자기만의 결론일 뿐이다. 건강하지 못한 당사자의 마음에는 이런 이야기조차 하나의 희론일 테니까. 아무도 자신의 삶을 대신 살아 주지도 못하고 살아 줄 수도 없다는 점에서 분명 의심할 수 없는 희론이다. 그래서 노인은 대화의 내용을 바꿨다.

"우화 스님의 시봉 정진 스님이라고 있었잖아."

노인은 꽤나 희망적인 이야기를 하려고 정진 스님 이야기를 꺼냈다. 콩팥으로 한 달밖에 살지 못한다고 대구 동산병원에서 진단을 받았던 스님이다. 그러나 범어사 광덕 스님의 권유로 제주도 관음사에서 49일 기도를 하고 기적처럼 몸이 회복되었다.

"만사 내려놓고 기도라도 해 보자고 했어."

삶에 대한 애착이나 죽음을 의식해서가 아님은 그도 노인도 너무나 잘 알 것이다. 자기가 딛고 서 있는 마음의 땅을 돌아보고 다지려는 행위, 오직 그것뿐임을.

41. 인간의 꿈과 삶의 의미

"세상을 살아가면서 가장 필요한 인간의 덕목이 뭘까?"
노인에 의하면 그것은 의미 있는 삶을 살아가려는 장인 정신이었다.
"장인 정신이요?"
"그렇지, 장인 정신!"
다시 묻더라도 그렇게 대답할 수밖에 없다는 투였다. 『연려실기술』의 저자 이긍익의 행적을 염두에 둔 말이었다. 이긍익이 『연려실기술』을 엮기 전까지는 대부분의 역사서가 편년체의 형식에 가까웠다. 편년체란 어떤 역사의 내용을 시간의 순서에 맞춰 차례로 기록한 것이었다. 반면 이긍익은 사건 중심의 기사본말체로서 역사를 기록하면서 자기 자신이 아닌 남들이 거기에 빠진 내용을 보태서 완전한 글을 만들 수 있도록 배려하는 특징이 있었다.
"그래서 완성된 정본이 없었지. 이긍익의 『연려실기술』은."
그 이유는 단순했다. 이긍익의 의도대로 이긍익 자신이 미처 다루지 못한 사료를 후대 사람들이 계속 본문에 추가하면서 새로운 서책으로 엮어 나갔기 때문이었다. 그렇기에 이긍익은 자신이 하는 일에 대한 자부심과 열정이 매우 각별했다. 벼슬을 못하면서 감수해야 하는 생활인으로서의 지독한 배고픔과 가난조차도 전혀 대수롭지 않게 여기던 그의 열정이었다.

"장인 정신이라고 못 박기는 어려울 수도 있겠지."

'초야잠필草野簪筆'이라는 글귀로 요약해 볼 수 있는 이긍익의 꿈에 관한 이야기였다. 이긍익이 열세 살 때의 일이었다. 부친을 모시고 잠을 자는데 꿈에 임금이 거동을 했다. 마침 이긍익은 여러 아이들과 길가에서 그 행차를 구경하던 중이었다.

그런데 임금이 갑자기 타고 있던 연을 멈춰 세우고 이긍익을 불렀다. 그리고 묻는 말이 "시를 지을 줄 아느냐?"였다. 이긍익은 지을 줄 안다고 대답을 했다. 그러자 임금이 지어 올리라고 했다. 긍익이 운을 달라고 했다. 임금은 친히 '사斜', '과過', '화花' 석 자를 넣어 지으라 하였다. 잠깐 시를 생각하는데 임금이 다시 시가 되었느냐고 물었다.

긍익은 대답하기를, "시를 겨우 얽기는 했지만 그중에 두 자가 마무리되지 않아서 감히 아뢰지 못하겠다"고 답했다. 임금이 상관하지 말고 읊어 보라고 했다. 이에 긍익은 자신의 시를 임금에게 읊어 보였다.

雨泊淸塵輦路斜(우박청진연로사) 都人傳說六龍過(도인전설육용과)
微臣草野猶簪筆(미신초야유잠필) 不羨ㅇㅇ學士花(불선ㅇㅇ학사화)
비 내려 맑은 길에 늘어선 손수레 행렬
도성 사람들이 육룡이 지난다 하네.
미천한 신하가 초야에 오히려 붓을 지녔으니
잠필簪筆 학사의 꽃을 부러워하지 아니하네.

이를 듣고 난 임금은 네가 놓지 못한 두 글자는 배陪·란鑾 두 글자를 넣으면 좋겠다고 하였다. 꿈이었다. 긍익은 놀라 깨어 부친에게 그 사실을 고했다. 부친은 이를 길몽이라고 했고, 긍익의 생각도 마찬가지여서 훗날 어전에서 붓을 쥐고 살아갈 징조로 해석했다. 그러나 긍익의 삶은 벼슬길과 거리가 멀었고 그 꿈 역시 벼슬길과 거리가 먼 궁한 살림으로 인해 까맣게 잊어 버렸다.

훗날 『연려실기술』을 편집해 마치면서 긍익은 그 꿈을 새삼스럽게 다시 떠올렸고 그 꿈에서의 '초야잠필草野簪筆'이란 글귀가 다름 아닌 자기 자신이 늙어 초야에 묻혀 궁색한 삶을 살면서 야사를 편집하게 될 것이라는 예언이 아니었을까 회상하게 된다.

"자네라면 어떻겠어?"

『연려실기술』의 역사적인 가치에 주목해 보면 답이 나온다는 노인이었다. 왜냐하면 인간의 삶 자체가 인간 본연의 역할에 기여한다고 여겨질 때 무한한 자긍심을 느끼게 되어 있는 세상살이의 이치를 이긍익의『연려실기술』에서는 보여 주고 있기 때문이라는 노인의 주장이었다.

42. 갈림길 앞에서 한 걸음

"염소 한 마리의 행방이 묘연했다고 해. 집안 식구들이 모두 염소를 찾아 나서는 건 당연했겠지. 또 이웃에게도 부탁했고. 동원되는 사람들의 수도 무척 많았어."

노인 특유의 동문서답이었다.

"왜 여기서 열자列子 이야기가 나와요?"

열자列子 설부說符 편이 아니라 종교와 종교인의 이야기여야 했다. 부를 대물림하지 않는 종교인, 이용하는 자동차로 자기를 과시하려고 하지 않는 종교인, 교세의 규모 따위가 아닌 살아 있는 정신으로 본보기가 되어 주면서 세상에 휘둘리지 않는 종교인, 세상을 이끌어 가는 종교인. 그런 이야기를 해 주기를 바라는 젊은이였다.

"고통스런 삶이 좋아? 나는 싫거든!"

이젠 점점 더 가관이다. 종교 이야기, 종교인의 이야기를 하는데 무슨 고통? 사실 젊은이에게는 요즘 들어 불만이 많다. 기업은 물론이고 정치인도 교단도 심지어는 종교인까지도 모조리 썩었다. 그리고 그렇게 생각하니 세상이 한심해지면서 자꾸 튀어나오는 게 언짢은 푸념뿐이다.

"이것이냐, 저것이냐가 아니야. 누구에게는 이것인데 누구에게는 저것이 되는 그 신비에 눈 떠야 해. 자네 말이 맞을 수도 있지만 내가 알기로는 적어도 그래."

 노인의 생각은 단순했다. 이것이 되기도 하고, 저것도 되는 마음의 신비였다. 이것과 저것의 흑백 논리라면 염소가 집을 나갔을 때처럼 복잡했다. 염소를 잃어버렸다면 갈림길에서 헤매야 하는 흑백 논리에 빠져 괴롭지만, 흑백 논리가 생겨나는 마음의 신비, 즉 하나의 작용에 눈뜨면 달랐다. 사람이 세상을 살면서 복잡하지 않게 되는 것은 하나를 아는 일이고, 하나를 알아야 마음이 언제나 평온해지는 원리를 터득하고 있는 노인이었다.

 "…"

 "우리가 원하는 건 언제나 행복인데, 사는 것을 보면 그렇지 않거든. 제 딴에는 모두 똑똑하다고 설쳐도 결과론적으로 무식해. 우선 나 자신부터도."

● ● ●

 세존께서 사바티의 기원정사에 머물고 계실 때의 일이었다.
 말랑카 비구는 홀로 조용한 곳에 앉아 이런 생각을 했다.
 '세계는 영원한 것인가 아니면 유한한 것인가? 생명의 본질이 육체에 있는가 아닌가, 깨달음을 통해 터득되는 성스러움의 경지는 도대체 어떻게 지속되는가? 내 오늘은 스승에게 이런 문제에 대해 여쭤보리라. 그리고 여기에 분명한 답을 해 주지 못한다면 그를 비난해 주고 멀리 떠나가리라.'
 말랑카는 해질 무렵이 되어 자신의 궁금증을 스승에게 여쭤 보았다.
 말랑카의 이런 질문을 당해 세존께서는 어떻게 대답하셨을까? 그 유명한 독화살의 비유가 여기서 생겨났다.

"어떤 사람이 독화살에 맞아 견디기 어려운 고통을 받을 때, 그 친구들이 의사를 부르고자 했다. 그런데 그가 말하기를, 아직 이 화살을 뽑아서는 안 되오. 나는 먼저 독화살을 쏜 사람이 누구인지 알아야만 하겠소. 성은 무엇이고 이름은 무엇이며, 어떤 신분인지를 알아야겠소. 그리고 이 화살이 무슨 나무로 되어 있는지, 화살 깃은 닭털인지 아니면 매털인지도. 이와 같이 따지려 든다면 그는 그것을 채 알기도 전에 독이 번져 죽을 것이다. 나는 세계가 무한하다거나 유한한 것이라고 단정해서 말하지 않는다. 왜냐하면 그것은 내가 추구하는 이치와 법에 맞지도 않고, 수행도 아니기 때문이다. 내가 말하려는 것은 인생의 괴로움과 괴로움이 생겨나는 원인, 그리고 그것의 소멸과 소멸하는 방법에 관한 길, 고집멸도苦集滅道의 문제일 뿐이다."

이는 불교의 특징을 이해하는 데 매우 중요한 단서가 되는 법문이다. 불교뿐만이 아니다. 고전 자체가 그렇다. 자기 마음의 평온함을 실현하는 도구로서의 가르침이다. 그 가운데서 불교는 연기의 이치가 중요한 열쇠다. 세상은 서로가 의지해서 성립하고 있을 뿐 실체가 없음을 자각함으로써 삶의 평온함을 실현할 수 있도록 돕는다. 반면 주역이나 유가 쪽은 다르다. 세상을 바라보는 마음의 눈을 출발점으로 삼는 점에 있어서는 불교와 동일할 수 있으나, 현상을 꿰뚫고 있는 본질, 즉 가상의 하늘이 보여주는 덕스러움에 포커스를 맞춰야 하는 차이점이 있다. 물론 이렇게 말하면 매우 추상적인 개념으로 받아들일 여지가 많다. 그러나 결코 그렇지가 않다. 지구를 중심으로 전개되는 해와 달 그리고 주요 별들의 움직임이 보여 주는 갖가지 세상의 질서에서 우리 마음의 평온함과 연결되는 하늘의 덕을 떠올리면 매우 명료해지기 때문이다.

43. 현대 사회의 절망감

"한가하고 싶지 않은 사람 있겠어요."

사내는 불만이 많다. 그 점에서는 노인의 주장에 공감대가 없는 건 아니다. 실체가 없다는 말을 두고 '모든 게 의미 없다'는 쪽으로 이해하면 되기 때문이다. 그리고 그 말 끝에 떠오르는 게 '말라죽은 나무와 불이 꺼진 재'라는 뜻의 '고목사회枯木死灰'의 개념이었다. 세상을 살아가는 욕심이나 의욕조차 찾아보기 어렵게 만드는 세상의 현실. 길을 찾아야 하는 수많은 젊은이들은 답답하다. 자신들의 실체를 현실 속에서 찾고 싶어도 찾을 수가 없다. 실체를 찾을 수 없으니 한가하지 말래도 한가해진다. 그래도 세상의 비난은 오히려 드세다.

중소기업은 일 년 내내 구인난인데 사람들은 눈이 높아서 그런다고 비웃는다. 힘든 일 하기 싫고, 더러운 일 하기 싫고, 급료가 낮아서 하기 싫은 거 아니냐고. 이 세상에 고된 일하며 살고 싶은 사람이 누가 있겠냐고. 그러나 그뿐 아니다. 그래도 뭔가 일을 해 가며 버텨야겠기에 용돈이라도 벌기 위해 시간제 알바라도 하게 되면 그게 오히려 핀잔거리가 되기도 한다. 그 나이에 지금 뭘 하는 거냐고. 결혼은 언제 할 거며 실업자 내일 배움 카드와 같이 널려 있는 게 사회복지제도인데 왜 그렇게 지혜가 없느냐고.

대체 활로를 찾을 수 없는 세상의 절벽 앞에서 자신의 활로는? 최소한의 생존을 위한 돈벌이 자체로의 접근 방법이 없다. 자신의 그런 현실을 돌이키다 보면 사내로서는 거친 반감이 치솟는다.

'실체가 없다니 쥐뿔을!'

실체가 없는 게 아니다. 오히려 부정을 하고 싶어도 부정하기 어려워지는 게 현실의 좌절감만 키우는 실체 투성이다.

2년마다 다시 취득해야 하는 어학 점수. 1000번도 넘게 썼을 것으로 여겨지는 이력서와 자기 소개서. 결혼이라도 하라고 주변에서는 성화인데 노인 말로는 세상 어떤 것에도 실체가 없단다. 그것이 어떻게 세상을 아는 사람의 소리가 되겠는가?

"내게서 무슨 답이 나오기를 바라는데? 백척간두에 진일보. 그것 말고 더 할 말이 있을까?" 자기 자신의 처지가 절망적일수록 믿어야 하는 건 자기 자신이고 자기 안의 찬란한 경전이야."

"…"

"생각해 봐. 자기를 살리는 길이 꼭 돈이나 세상살이의 조건에만 있겠냐."

바꾸어진 패턴, 발상을 뒤집어 보는 젊은이의 기개, 그런 것도 한번쯤 시도해 볼만 하지 않겠냐는 충고였다.

"…"

"물론 알아. 공감을 하기 어렵다는 것도. 그렇지만 일단 받아들여 봐."

노인은 거기서 잠시 숨을 골랐다.

"실체가 없는 이치가 단순한 의미의 허망함만이 아니라면 그것이 끌어주는 힘도 있을 거 아냐."

"실체가 없는데, 끌어주는 힘?"

주름이 깊게 패인 노인과의 거리감은 아무래도 좁혀질 것 같지가 않았다. 지금의 사내로서는.

∙ ∙ ∙

'본질에 힘입는다'는 뜻은 무엇이며 어떤 의미를 지니는 것일까? 잠깐 불교『대승기신론』의 다음 구절에 주목해 보자. 참고로 아래 문장에서 중요한 단어는 훈습薰習이다.

어떻게 훈습해야 비어서 실체가 없는 본질의 덕스러움이 끊어지지 않을 수 있겠는가? 말하자면 마음이 작용하는 근본 이치의 신령스러움을 항상 망각하지 않는데 있다. 이른바 비어서 실체가 없는 진여眞如의 법, 즉 본질이 있는 까닭에 능히 이치에 밝지 못한 안목을 돌이킬 수가 있으며, 이치에 밝지 못한 안목이 본질에 힘입는 까닭에 망령된 마음으로 인한 삶과 죽음의 고통을 떠나 열반을 구할 수가 있게 된다. 또 이처럼 망령된 마음으로 인한 삶과 죽음의 문제와 고통 없는 삶을 회피하고자 하면서 다시 본질에 힘입는 결과가 생겨나게 된다.
이는 스스로 자기의 성품을 믿어서 눈앞의 모든 경계에 대해 마음이 망령되게 실체를 구하지 않기 때문이니, 앞의 경계가 비어서 실체가 없는 줄 알아야만 일체의 고통으로부터 멀리 벗어나는 법을 진실로 닦을 수가 있게 된다. 눈앞의 모든 경계가 본래 비어서 실체가 없음을 알게 되는 까닭에 갖가지 방편으로 이치에 맞게 움직이면서 마음 본래의 온전한 도리로 부응할 수 있게 된다. 그래서 눈앞의 사물을 취하지도 않고 시비 분별하지도 않으며 비어서 실체가 없는 도리에서 어긋난 안목까지도 소멸되는 까닭에 이것이 열반을 얻게 되는 정법훈습의 본질이다."

44. 억압된 의식으로부터의 해방

"왜 하필 공空이거나 무無 따위에요?"

실체가 없는 공空! 사내로서는 그 의미가 허망한 쪽으로만 이해되어 싫었다. 특히 불교 반야심경般若心經 등과 같은 반야般若부 계통의 경전 분위기가 그랬다. 그래 무상한 게 뭐 어떻단 말인가. 그것을 모르는 사람도 있을까? 누구나 언젠가는 죽기 마련이고 병으로 고생할 때도 있을 것이다.

그러나 그게 세상의 진실이라고 하더라도 마음의 포커스는 항상 긍정적일 필요가 있었다. 세상을 따뜻하고 밝게 바라보면서 주어진 생명의 아름다움에 감사하는 삶, 그래서 뜨거운 피가 용솟음치는 활달한 삶! 얼마나 기분 좋은 일이 되겠는가.

"그게 왜 부정적이야? 부정적으로 바라보는 눈이 문제지."

약이 쓰다는 것은 병을 다스려야 하기 때문이라고 했다. 노인에게 있어서 쓴 약은 실체가 없는 공空 도리의 자각이었고 그것으로 고치려는 마음의 병은 삶이 고통스러울 수밖에 없는 사람들의 잘못된 세계관이었다.

"그렇지만 사용하는 언어의 분위기가…"

언어의 분위기가 너무 부정적인 쪽이었다. 아니다, 없다와 같이 부정하거나 덮어 가리려고 하는 차전遮詮적인 표현보다는 좋다, 아름답다와 같이 현실을 긍정할 수 있으면 더욱 좋지 않을까? 실제 아름다운 문장이 사람들의 사회생활에 미친 영향은 역사적으로도 분명한 사례가 있었다. 그 가운데 사내가 알고 있기로는 송나라 갈립방葛立方의 운어양추고금시화韻語陽秋古今詩話에 실린 다음과 같은 두자미의 시였다. 갈립방은 그 시를 소개하면서 학질과 귀신을 내쫓는 힘을 보여주었다는 기록도 있었다.

子章髑髏血模糊(자장촉루혈모호)
手提擲還崔大夫(수제척환최대부)
단자장의 해골과 뼈에는 피가 흥건하여
손으로 끌어 던져 버리고 최대부에게 돌아왔었네.

두보가 학질을 앓는 사람에게 위의 시를 던져 주었을 때였다. 예의 학질을 앓던 환자는 얼마 지나지 않아 병에서 완치되었다. 그런데 이는 한퇴지의 시도 마찬가지였다. 그가 조주자사로 재직할 때의 기록이었다. 사나운 악어 한마리가 지역의 사람들과 가축을 해치므로 그 악어의 행위를 나무라는 글을 써서 다른 곳으로 물러가기를 명했다. 그 후 악어는 거짓말 같이 거기서 자취를 감추었다는 기록이 당서唐書 한유전韓愈傳에 나타난다고 했다.

그 밖에 우리나라 문헌에서도 이와 유사한 기록을 접한 적이 있던 사내였다. 당사자는 벼슬이 우의정에 이르렀던 미수 허목이었다. 그는 척주동해비를 지었는데 내용은 동해의 거룩함을 칭송하는 시였다. 허목은 그 시를 손수 자필로 써서 귀신에게 빙의된 사람에게 가져다가 곁에 놓아두자 귀신이 감히 접근하지 못했으며 출입문과 병풍 사이에 두었을 때는 귀신이 문을 넘어 안으로 오지 못했다는 내용이었다.

"물론 쓴 약보다는 달콤한 맛이면 더욱 좋겠지. 그러나…"

단맛이 아닌 쓴맛이라야 치료가 되는 병이 있기 때문이라는 게 노인의 주장이었다. 세상을 살아가는 사람의 마음도 마찬가지였다. 고통으로 내몰리는 세계관으로부터 벗어나려면 먼저 더럽혀진 그릇 안의 오물을 비울 수 있어야 하고 억압된 의식으로부터 먼저 놓여나는 게 중요했다. 그러자면 필요해지는 게 공空 도리와 무無 이외에 달리 어떤 게 있겠느냐는 노인의 반문이었다. 사내를 응시하며 건네오는 목소리는 낮고 조용했지만 힘이 실려 있었다.

● ● ●

세상의 이치는 정말로 묘하다. 세상에 드러나는 우리 눈앞의 모든 사물은 언제 어느 상황에서나 진실하기를 바라는 그 자리로부터 한 걸음도 벗어나 있지 않다. 다시 말해 우리 눈에 보이는 세상의 모든 사물은 드러나는 그대로가 참인 것이다. 그렇다면 어찌 성인의 경지가 멀리 있다고 말할 수 있겠는가. 이것을 터득해 알게 되면 그대로가 신명인 것이다.

―방광반야경放光般若經

45. 나이 들고서야 눈을 뜨는 마음의 신비

"안 되는 게 있을까?"

노인에 의하면 세상살이에 임하는 관점의 문제였다. 어떤 문제고 부정적인 쪽만 받아들이면 부정적인 쪽만 더욱 눈에 들어 왔다. 그러나 할 수 있다고 생각하면 달랐다. 그것이 이루어지는 방법과 길이 어느 순간 거짓말처럼 환해지기도 했다. 이를테면 소극적인 의미의 일체유심조一切唯心造. 일체가 마음먹은 대로 이루어질 수밖에 없고, 이루어지게 되어 있는 일체유심조一切唯心造였다. 물론 일체가 마음에서 일어난다는 경전상의 의미하고는 거리가 멀었다. 그렇지만 그게 무슨 상관일까? 노인으로서는 그 자각이 중요했다.

"그 점에서 보면 매사가 부정적인 사람은…"

무슨 일이건 안 되게 되어 있다는 생각 자체가 이미 자기의 앞길을 가로막는 셈이었다. 그러나 현실 자체가 실제 그렇더라도 자기의 생각까지 거기에 맡기는 것은 전혀 옳지 못했다. 왜냐하면 그게 곧 자기 안의 신령스러운 하늘을 결국 배신하게 되어 있으니까.

"자기 식의 색깔이나 루트는 아닐 수도 있겠지."

당연한 결론이었다. 또 자기 기대가 아닌 마음 자체의 신비스러운 작용이어야 했다. 눈에 붙이면 볼 줄 알고 귀에 붙이면 들을 줄 아는 자기 마음의 신비! 자기 몸과 하나 되어 움직이면서 자기를 끌고 다니고 자기 고유의 정체성을 지켜 나가게 하는 마음의 신비.

"왜 진부하게 들려."

언제 들어도 하품이 날만큼 시시할 수는 있었다. 그러나 듣기에 시시하고 진부하더라도 노인에 의하면 그것은 누구나 집중해야 하는 삶의 이치였다.

"보여 지는 것, 들리는 것, 만져지는 것을 강조하는 게 아니야."

노인에 의하면 그것만큼 어리석은 일은 없었다. 보면서 볼 줄 아는 놈, 들으면서 들을 줄 아는 놈에 집중해야 했다. 그러나 노인의 주문은 쉽지 않았다. 또 노인으로서도 그것은 쉬운 문제가 아니었다. 차를 보았을 때는 차가 지닌 가치만 생각하고, 집을 상대할 때는 집이 지닌 가치만을 고려하려고 들었다. 그러나 나이 들면서 달라지는 게 있었다. 이제껏 잊고 살았던 절실함? 들으면서 들을 줄 아는 놈의 가치, 보면서 볼 줄 아는 것의 가치, 그것이 좀 더 소중하게 느껴지는 순간이었다.

"그래서 하는 말인데. 삶이란 묘하거든."

예전에는 아무런 필요성조차 못 느꼈는데 언젠가부터 달라져 있는 자기 자신이었다. 보이지 않고 만질 수 없음에도 오히려 그것의 가치에 더욱 집중하고 싶고 집중하고 있는 자기 자신! 젊어서는 미처 짐작조차 못하던 색다른 경험이었다. 마치 공기나 물을 의식할 때와 같다고나 할까?

생각해보지 않을 때는 몰랐는데, 생각해 보니 전혀 다른 가치로 다가오는 물과 공기들. 사실 볼 줄 알고 들을 줄 아는 놈의 소중함도 그와 다르지 않았다. 자기 삶을 지탱하고, 남들과 자신을 구분하면서 어떤 일을 끊임없이 도모하게 하면서 자신을 끌고 다니는 그놈의 가치. 밥을 먹을 때도, 사람을 만날 때도, 길을 오갈 때도 당연히 예외가 아닌 그놈이었다.

"그런데 더욱 묘한 것은 …"

노인은 거기서 잠시 숨을 골랐다. 마음의 눈을 거기에 붙이다 보니 노인으로 하여금 더욱 신비한 느낌에 빠져들게 하는 그것의 묘한 힘이었다. 자기 삶의 세세한 컨디션까지 좌우하면서 마치 몸을 종처럼 부리고 있음을 깨닫게 하는 마음의 신비! 그렇다면 맹자는 이런 이유 때문에 호연지기를 강조했었던 게 아닐까? 노인으로서는 부정하고 싶지 않은 의구심이었다.

●●●

임제는 이렇게 말했다.

"성스러움이란 일체의 특별함을 필요로 하지 않는다. 다만 평상平常시의 그대로일 뿐이다. 똥을 눈다든지, 오줌을 눈다든지, 옷을 입는다든지, 밥을 먹는다든지, 피곤하면 누울 뿐. 어리석은 사람은 나를 비웃겠지만 지혜 있는 사람이라면 그것을 안다. 그래서 옛 사람들은 말하기를, '자기 밖에서 특별한 것을 찾으려 하는 놈은 모두 어리석은 놈'이라고 말하고 있다. 자네들이 지금 놓여 있는 그 자리에서 성스러운 주인공임을 분명히 안다면 자신이 속한 일체의 장소場所는 어떤 바깥의 변화가 없이도 그대로가 모두 진실眞實한 도량 그것이다. 설사 과거過去의 번뇌煩惱 찌꺼기나 오역五逆의 커다란 죄를 안고 있다고 하더라도, 그 자리가 바로 해탈解脫의 큰 바다가 되어 버리는 것이다."

46. 해인사 구조가 보여주는 삶의 일상

"우리가 마주 대하는 현실 세계란!"

화엄경에 주목해 보면 진리의 바다에 떠 있는 신비한 영상 그 자체가 된다는 노인이었다. 해인사의 절 이름은 바로 그 점을 상징적으로 보여주고 있다고 생각하면 되었다.

"산속에 자리 잡았으면서도 절 이름부터가 해인사야, 왜 그렇겠어."

'바다 '해海', 도장 '인印', 절 '사寺'

혼자서 읊조려 보았지만 사내로서는 이해하기가 어려웠다.

"절 이름뿐만은 아니지."

사찰이 자리잡고 있는 가람의 구조들은 물론 산세부터도 마찬가지라고 했다. 남산을 앞에 두고 들어서 있는 산골짜기의 구조가 흡사 넓은 바다 위에 떠서 거친 파도를 헤쳐 가고 있는 한 척의 배를 연상시키게 되어 있었다. 그래서 팔만대장경이 모셔져 있는 장경각 뒤쪽의 산 능선 위에는 배의 돛대에 해당하는 탑이 하나 세워져 있었다. 도장을 찍듯 선명한 진리의 세계, 즉 해인海印을 뜻한다는 설명이었다.

"왜 허망한 게 아니고요?"

사내가 알기로는 모든 게 물거품과도 같은 허망한 세계였다.

그래서 떠오르는 용어도 '제행무상諸行無常 제법무아諸法無我 일체개

공一切皆空' 등과 같은 부정적인 개념이었다.
"허망하다고 느끼기도 하는 마음의 작용. 얼마나 신비롭고 아름다운 모습이야."

마음을 눈에 붙이면 색깔을 볼 수가 있고, 귀에 붙이면 소리를 들을 수가 있었다. 코에 붙이면 냄새를 맡을 수가 있고, 손이나 몸을 통해서는 감촉을 경험하게 된다. 그게 곧 우리 삶 자체의 신비로운 화엄華嚴이고 해인海印이었다.

"보이는 세상 그대로가 아름다운 꽃처럼 꾸며져 있다는 화엄? 그렇다면 왜?"

사내는 묻지 않을 수 없었다. 끊임없는 고통에 시달리는 까닭은 무엇이며 일상의 현상 모든 게 허망하다고 말하는 이유를.

"고통이 생겨날 수밖에 없는 세계관 때문이지."

고통이 생겨나는 세계관에 서 있을 때는 우리 자신의 일상적인 토대가 본래 진리 위에 노닐고 있다는 사실을 까맣게 망각할 수밖에 없는 게 당연한 세상의 이치였다.

"일종의 무지인 셈이지."

진리 바다 위의 화엄으로서가 아닌 나와 내 것에 눈이 어두워지는 무지. 그래서 선에서는 알음알이를 두지 말라는 충고가 생겨난다고 했다. 소유와 유·불리를 따지는 분별의 대상으로서가 아닌 보여지는 그대로 진리에 통해 있는 의미를 눈뜰 수 있기를 기대하게 되는. 그리고 그것이 해인사의 법당 건물에 반영된 구체적인 의미의 상징이었다.

"보광普光, 대적광大寂光. 건물들의 명칭부터도 그래."

해인사의 가람 배치는 일주문을 지나 도량 안에 올라서면 눈에 띄는 건물이 보광전普光殿이었다. 깨달은 자의 눈으로 바라볼 때 세상이 두루 빛으로 장식되어 있다는 의미의 보광普光. 거기서 다시 계단을 지나 탑이 자리잡고 있는 마당 위를 향해 고개를 들면 정면으로 눈에 들어오는 건물이 바로 해인사의 대적광전大寂光殿이었다.

"우리의 현실세계가 고요하면서도 성스러운 빛으로 가득 채워져 있다는 의미의 대적광전."

물론 해인사뿐만이 아니다. 화엄종의 법맥을 잇는 사찰들은 모두 마찬가지였다.

"고통과 번뇌로 가득찬 우리의 일상 그대로가 청정한 빛의 세계 그것임을 일깨워 주는."

또 그 이치에 눈을 떠야만 이제까지 자기를 시달리게 하던 세상살이의 온갖 마음의 때도 한순간에 모조리 털어낼 수 있게 된다는 노인의 설명이었다. 따라서 석가모니의 어떤 가르침이 있다면 그것은 결코 현실 밖의 어딘가에서 찾을 일이 아니었다. 우리의 일상생활 그 자체가 본래 고요함과 빛으로 충만한 화엄의 세계임을 눈뜨는 것!

47. 연기론에 의지한 세상의 이치

"문제는 신념이야."

자기 자신의 안목이 진실에 기초하고 있다는 신념, 특히 그로 인한 폐단은 종교의 배타성에서 쉽게 찾아볼 수 있다고 말하는 노인이었다.

"이성적으로 유추하더라도 그건 뻔하지 않겠어?"

자신의 존재가 절대화되면서 자신의 신념이 절대화되고, 자신의 신념이 절대화되고 나면 생겨나는 삶의 폐단, 그 점에서 보면 뿌리는 결국 단순했다. 실체가 없는 자기 존재에 대한 맹목적인 집착.

"석가모니의 고뇌도 결국 거기에 있었지."

불타의 12연기설에 관한 노인의 설명이었다. 삶이 고통스러울 수밖에 없는 뿌리를 유추하면서 생겨나는 석가모니의 고민이었다. 태어나서 늙고 병들어 죽어가는 인간의 고뇌, 도대체 해결하는 방법은 어디에 있을까? 그는 몸을 극단적으로 괴롭히는 고행에도 매달려 보았고, 세간에 널리 알려진 스승들을 찾아 가르침도 구해 보았다.

그러나 어디에서도 만족스러운 해답을 찾지 못한 자신이었다. 그는 결국 보리수나무 아래에 자리를 잡고 앉아 깊은 사유에 몰입하였다. 태어나서 죽는다는 것은 뭘까? 내가 나라는 변하지 않는 존재로서 살아가고 있다는 유有에 대한 집착의 결과였다.

그렇다면 그때의 유有는? 당연히 자기 자신의 의식 속에 자리잡고 있는 명칭, 즉 명색名色이었다. 다시 말해 이는 어떤 형태의 이름이 생기면서 식識이 생겨나고, 식識이 있는 까닭에 명색名色으로 존재화 되는 삶의 악순환이었다. 자기 자신이 느끼는 인생의 고통은 출발점이 바로 이와 같은 존재론의 어쩔 수 없는 결과임을 자각하게 되는 순간의 묘사였다. 그러나 그와 같은 삶의 고통으로부터 벗어나려는 석가모니의 구도는 여기에서 한 걸음도 앞으로 나아갈 수가 없었다. 경전의 표현을 빌리면 제식이환齊識而還의 난관이었다. 명칭으로 인해 의식이 드러나고, 의식이 있기 때문에 명칭이 다시 분명해지는 자각의 악순환. 한참을 고뇌하던 석가모니는 하늘의 샛별을 바라보며 비로소 크게 깨우쳐지는 게 있었다.

"아하! 원인은 단순했던 거야."

명색名色과 식識이 당연시되면서 생겨나는 존재론적인 세계관! 이는 연기론에 의지한 세상의 이치에 눈을 떠야만 해결되는 자연스러운 현상이었다. 즉 실체가 없는 마음의 실상에 관한 문제였다.

하긴 이런 식의 단순한 세상 이치는 석가모니만의 화두가 아니라고 했다. 조선시대를 살았던 연암 박지원도 마찬가지였다며 노인은 '이름이란 내가 아니다'는 연암의 문장을 다음과 같이 소개해 주었다.

"네가 처음 태어났을 때 포대기 속에서 응애응애 울 때까지도 이런 이름은 없었다. 네 부모가 너를 사랑하고 귀여워하여 길하고 상서로운 글자를 골라 이름을 지어주고 정작 부를 때는 장수하라고 일부러 더럽고 천한 이름을 지어 불렀으니 모든 게 너를 축복하기 위한 것이었다. (중략) 무릇 네 몸이 네 것이 되고부터는 얽매이고 붙들리는 것은 결국 여러 몸이 한 몸에 겹친 것 때문이니 네 이름 역시 그처럼 겹치게 된다. 어려서는 어려서의 이름이 있고, 자라서는 관명이 있으며, 덕을 나타내고자 해서 자를 짓고, 거처하는 방에는 당호가 있다. 만약 어진 덕을 가졌다면 선생이라는 호칭을 덧붙일 것이고, 살아서 벼슬에 맞는 이름이 있겠고, 죽은 뒤에는 아름다운 시호도 따라오기 마련이다. 이름이 이렇게 많아지니 자연히 인생이 무거워질 수밖에 없다. 모르겠거니와 그 이름들을 이겨낼 수 있겠는지."

48. 범부인가, 성인인가

"세상살이가 고통스럽지 않으려면…"

막힘이 없이 툭 트여 있어야 한다고 말하는 노인이었다. 왜냐하면 그게 자기 마음의 실제 본성이니까. 그와 같은 자기 본성에 자기 삶을 맡길 수 있을 때 자기 억압이 이루어지지 않는다는 게 노인이 말하는 고전의 이치였다.

"대표적인 사례가 달마와 양무제의 대화 내용이지."

달마와 양무제의 문답 내용은 전등록에 실려 있는 고사라고 했다.

노인에 의하면 보리달마菩提達磨는 중국 선종의 초조初祖였다. 그는 남인도 향지국 왕의 셋째 아들로 태어나 출가하여 반야다라 존자의 법을 이었다. 인도 선의 제28조. 그가 중국에 건너온 시기는 6세기경이었다. 반면 양나라 무제(464~549)는 불심천자佛心天子, 혹은 황제보살이라 불릴 정도로 불교를 신봉하고 보호하는 왕이었다. 무제는 불교를 위하여 수많은 사원과 불상을 조성하고 불서佛書를 찬술하는 등 대단한 불사와 보시를 행하였다. 또한 불교 교리에 통달했으며 직접 경전을 강의도 하던 양무제였다.

그런 그가 인도에서 유명한 선지식이 당도했다는 소식에 당장 달마대사를 궁궐로 초청할 것은 너무나 당연했다. 이에 달마대사가 궁에 도착하자 그에게 불교를 믿고 따르는 천자로서의 삶에 관해 질문했다.

"짐은 헤아릴 수 없이 많은 절을 짓고 수많은 승려를 양성했습니다. 무슨 공덕이 있습니까?"

양무제의 질문이었다.

"달마대사가 뭐라고 답했겠어. 엉뚱했지. 공덕이 없습니다[무공덕無功德]. 동문서답처럼 느끼지 않았을까?"

필경 그랬을 것이라는 노인의 단정이었다. 이는 양무제의 다음 질문에서 나타난다고 했다.

"무엇이 불법의 근본이 되는 성스러운 진리입니까?"

"만법은 텅 빈 것. 성스럽다고 할 것이 없습니다.[확연무성廓然無聖] 자네는 알 수 있겠나?"

양무제도 이를 이해하지 못하고 다시 물었던 모양이다.

"지금 나와 마주하고 있는 그대는 누구입니까?"

"불식不識."

달마대사의 답이었다.

이렇게 달마대사가 양무제와 주고받은 대화 내용을 소개하고 난 노인은 여기에는 우리가 평소에 주목하지 않고 살아가는 말의 낙처落處가 있다고 했다. 그것은 두말할 것도 없이 실체를 찾을 수 없는 우리들 마음의 신비로운 작용, 바로 그것이 된다고 했다. 어떤 실체에 매달려 있는 양무제에게 이 같은 달마의 대답이 알 수 없는 동문서답으로 여겨질 것은 너무나 당연하지 않겠느냐는 노인의 반문이었다.

세상의 이치가 상식적으로 그렇지 않겠는가. 범부와 성인 따위의 명확한 경계를 가지고 살아가는 자에게는 범부와 성인으로 실체화시킬 수 없는 마음의 신비로운 이치가 받아들여지기 어렵다는 설명이었다.

그러나 그와 같은 마음의 움직임도 세상살이에서는 분명히 허용되는 게 명확한 하나의 현상이었다. 본래 실체가 없으면서도 분명한 실체가 있는 것처럼 느껴지는 마음의 신비로운 작용, 그것을 어떻게 논리로서 설명이 가능하겠는가.

"우리가 주목해야 하는 것은 바로 그 부분인 거야."

노인이 말하는 그 부분이란 본래 실체가 없음에도 분명한 실체가 있는 것처럼 느껴지는 마음의 신비로운 힘을 가리키는 말이었다.

49. 뜻과 지혜가 없다면?

    정치인의 지위와 사람들의 인기가 지금이라고 옛과 다를 수 없다. 누군가가 권력의 핵심에 가깝거나 지위가 높아지면 그 사람의 문턱을 드나드는 사람들의 발걸음도 항상 그칠 줄 모르는 것이다.
    그러나 뜻이 자리를 감당할 수 없다면 자리가 높은 게 때로는 화근이 될 뿐이다. 조선 중기의 인물 지정止亭 남곤南袞도 그 가운데 한 사람이다. 소재는 백악 기슭에 자리 잡은 지정 남곤의 집 주변 분위기와 관련되어 있다. 그의 집 북쪽 동산은 경관이 매우 빼어났다. 그의 조정 내 지위 때문에도 수시로 집 주변으로는 많은 사람들이 몰릴 것은 너무나 당연했다. 그러나 정작 집 주인은 매양 새벽에 궐로 들어갔다가 밤에야 돌아왔으므로 취헌翠軒 박은朴誾이 이를 시로서 희롱했다.

    主人官高勢薰灼(주인관고세훈자)
    問前車馬多伺候(문전차마다사후)
    三年一日不窺園(삼년일일불규원)
    倘有山靈應受詬(상유산령응수구)
    주인의 벼슬은 높고 세력이 불같으니
    수레를 탄 벼슬아치 문 앞에 가득하네

삼년을 하루같이 동산을 돌보지 않으니
응당 산신령이 있다면 꾸짖음을 못 면하리.

『용재총화』의 기록에 의하면 조운흘趙云仡에게도 유사한 기록이 남아 있다. 그는 장차 어지러워질 것을 미리 알고 미친 사람 흉내를 내며 지내기도 했던 모양이다. 그런 그가 서해도의 관찰사가 되었을 때였다.

틈나는 대로 언제나 '아미타불'을 즐겨 외었는데 그와 친한 수령 한 사람은 공이 자신의 창밖에 와서 아미타불을 부르면, 수령은 받아서 "조운흘, 조운흘"을 크게 외었다. 그러자 그는 친구에게 "너는 어찌 내 이름을 염불하듯 외우느냐?"고 물었다.

수령은 태연히 대답하기를 "공은 부처가 되려고 염불을 하니, 내가 공을 부르는 것도 또한 공과 같이 되려고 하는 것이오."하면서 두 사람은 마주 보며 크게 웃었다.

조운흘은 또 거짓으로 "청맹(눈은 멀쩡하나 보지 못하는 병)이 되었다."며 관직에서 물러나 집에 머물렀다. 그러자 그의 첩이 자신의 아들과 서로 놀아나며 늘 눈앞에서 수작을 하였다.

그럼에도 조운흘은 수년 동안 모르는 척하다가 난리가 진정되고서야 눈을 부비고 자신의 눈병이 나았다며 아들과 사통한 첩을 강에 던져 죄를 물었다. 원래 그가 살던 시골집은 지금의 광진구에 위치했었다. 공은 시골집에 머물며 자은사慈恩寺의 승려 종림宗林과 가깝게 지냈는데 판교원板橋院, 사평원沙平院을 중건하여 스스로 원주院主 노릇을 도맡았다. 그러던 어느 날이었다. 마을 사람들과 모여 앉아 술을 마시며 잡담을 즐기는데 조정에서 쫓겨나 귀양 가는 사람들이 여럿 강을 건너가고 있었다.

공은 그 장면을 바라보며 시를 지었다.

柴門日午喚人開(자문일오환인개)
步出林亭坐石苔(보출임정좌석태)
昨夜山中風雨惡(작야산중풍우악)
滿溪流水泛花來(만계류수범화래)
낮이 되니 사람 불러 사릿문 열게 하고
임정으로 걸어 나가 석태 위에 앉는다.
지난 밤 산중에 비바람 거세더니
가득한 시냇물에 둥둥 낙화가 흘러 오네.

지난 밤 산중의 비바람은 조정에 불어 닥친 회오리바람이다. 바람에 날려서 둥둥 시냇물에 떠가는 꽃송이들은 귀양길에 오른 사람들의 모습이다. '화무십일홍花無十日紅 권불십년權不十年'이라고 했던가? 뜻과 지혜가 받쳐주지 못하면 결국 맞이할 수밖에 없는 인간의 쓸쓸함이다.

이에 달관한 조운흘의 안목 앞에서는 어쩌면 그게 한 떨기 스쳐 지나가는 낙화는 아니었을까? 뒷날의 후학으로서는 새삼 그렇다고 느껴지게 만드는 조운흘의 시 한편이다.

천년만년 살 수 있을 것 같은 몸이 본래 실체가 없는 것이고,

 오늘은 아무렇지 않아도 내일을 장담할 수 없는

사람의 건강이 본래 그와 같으며,

어제는 분명히 그게 옳았는데 시간이 지나고 나니

오히려 그런 생각 자체가 어색하기만 한 우리들의 세상살이였다.

고통을 불러오는 생각을 돌아보면 본래 실체가 없는 이치,

그건 하택 신회만의 지론이 아니라는 이야기였다.

하편

下篇

1. 하늘의 이치를 바탕으로 삼다

"하늘의 이치, 정말 막연하지 않나요?"

사내로서는 너무나 막연했다. 마치 봄날의 아지랑이를 쫓는 것만큼 막연했다.

"그게 어떻게 막연할 수가 있지?"

노인은 오히려 사내의 이런 상태가 더 납득이 되지 않는 모양이었다. 세상의 아픔을 헤아려 보고 그 아픔을 보듬어 안는 일이라고 했다. 세상의 지위나 돈 등의 이해관계 만큼이나 구체적인 게 하늘의 이치였다. 노인은 그 이유를 『서경』의 본문 구절에서 활용했다.

넓고 큰 하늘을 공경하게 받들며 따르게 하고 해와 달과 별들의 운행하는 모습을 수시로 관찰하여 삼가 사람들에게 농사철을 알려 주도록 하셨다.

(欽若昊天하고 曆象日月星辰하여 敬授人時하시니라.)

"어때, 구체적이지 않아?"

인간의 삶에 보탬이 될 수 있게 하려는 해와 달 그리고 별들의 움직임에 대한 관심, 노인에 의하면 그것뿐이었다. 그래서 나라를 다스리는 사람은 정치의 출발점을 언제나 하늘에서 일어나는 변화에 초점을 맞추었고 그것을 기록하여 농사를 짓는데 필요한 달력을 만드는 것으로부터 시작했음을 강조하고 있는 노인이었다.

"그건 농경사회의 일 아닌가요?"

사내는 당연히 반발했다. 그러나 노인은 수긍하지 않았다. 시대가 다르고 사회의 생활 패턴이 변하더라도 결코 달라질 수 없는 게 있다는 주장이었다. 세상을 살아가는 인간으로서의 뜻에 관한 문제, 다만 그뿐이었다. 그 뜻을 위해 자기 신념을 돌아보고, 그 뜻을 위해 사업을 하며, 그 뜻을 위해 사회적인 자신의 지위와 명예가 활용될 수 있어야 했다. 그리고 거기에서 필요해지는 게 천체의 변화에 맞춘 장인 정신으로의 승화 바로 그것이었다.

희중에게는 우이嵎夷에 머물러 해가 뜨고 지는 시간을 관찰하게 하셨으니 이른바 해가 돋는 골짜기라는 뜻을 지닌 양곡暘谷이었다. 봄부터 시작되는 농사의 때를 어기지 않도록 떠오르는 해를 정성껏 맞이하게 하시니 절기로는 춘분이었다. 해가 질 무렵의 별은 주작이었다. 이에 따라 춘분의 날을 양기의 중심으로 삼았다. 이 계절이 되면 백성들은 겨우내 방안 생활에서 나와 제각기 흩어지게 되며 새나 짐승들은 교접하여 새끼를 쳤다.

(分命羲仲하사 宅嵎夷하시니 曰暘谷이니 寅賓出日하여 平秩東作이니 日中이요 星鳥라 以殷仲春이면 厥民은 析이요 鳥獸는 孳尾니라.)

거듭 희숙에게 명하시어 남쪽 대교산에 살게 하니 지명이 명도였다. 그에게는 여름 농사를 고르게 다스리게 하시고 경건하게 해에게 제사를 지내게 하셨다. 낮이 길어지고 정남쪽에 대화성이 나타나면 여름철을 바로잡아 일러 주시니, 백성들은 옷을 벗고 일터로 나가고 새와 짐승들은 성글게 털갈이를 했다.

(申命羲叔하사 宅南交하시니 曰明都니 平秩南訛하여 敬致니 日永이요 星火라 以正仲夏면 厥民은 因이요 鳥獸는 希革이니라.)

화중에게 따로 명하시어 서쪽 땅에 살게 하시니 지명이 곧 매곡이었다. 그에게는 해가 지는 것을 공경히 전송하듯 가을의 수확을 고르게 다스리도록 하셨다. 밤낮의 길이가 같아지고 성허가 나타나면 가을철을 바로잡아 일러 주시니, 백성들은 더위가 물러간 것을 기뻐하고 새와 짐승들은 깃털이 다시 나기 시작했다.

(分命和仲하사 宅西하시니 曰昧谷이니 寅餞納日하여 平秩西成이니 宵中이요 星虛라 以殷仲秋면 厥民은 夷요 鳥獸는 毛毨이니라.)

그리고 이와 같은 천체의 움직임이 오늘날의 우리에게 전해 내려오는 하늘의 28수와 12차 12진의 변화 내용이었다.

"느낌이 어때?"

노인에 의하면 장인 정신이 느껴져야 하고 또 느껴지게 되어 있다고 했다. 관심의 초점이 그저 자기만의 감각적인 이익이나 역할이 아닌 살아 있는 동안의 보람을 느끼게 하는 인간으로서의 열정, 그것이었다.

● ● ●

『서경』은 공자께서 우서虞書, 하서夏書, 상서商書, 주서周書를 모아서 서술한 책이다. 문헌에서 다뤄지고 있는 시기는 요순堯舜으로부터 춘추시대가 시작되기 전의 1500여 년이다. 형식은 이치의 본보기라고 할 수 있는 전典, 정치인으로서의 아름다운 계책이라고 할 수 있는 모謨, 글자 그대로 이끌고 가르쳐 경계하는 마음을 갖게 하려는 훈訓과 고誥 등이 있으며 세상을 살아가는 구성원으로서의 자세를 엿보게 하는 서誓와 명命 외에도 정征, 공貢, 가歌, 범範 등으로 나누어져 있다.
공자는 우선 『서경』에서 하늘의 움직임에 바탕을 둔 인간의 덕을 밝히고 올바른 정치를 위한 세상살이의 기본 강령에 주목하였다.
그래서 넓은 하늘을 공경하게 받들었던 요임금의 덕을 말하고 있고, 순전에서는 요임금의 시각보다 더욱 구체적인 하늘의 개념을 아래와 같이 직접 언급하는 부분도 있다.

선기옥형으로 하늘의 움직임을 살피시어 일곱 가지 정사를 가지런하게 행하시었다.

여기서 중요한 것은 선기옥형의 기능이다. 순임금 무렵에는 이미 당시의 천체관이 매우 구체적이었다. 지구는 북극성과 남극성을 수직축으로 바라볼 때 그것은 마치 계란의 노른자위와 같은 천구로 이루어져 있다고 보았다.
그래서 전체적인 공간의 구조는 360도이고 꼭지점에 해당하는 북극성과 남극성의 위와 아래 덮개는 약 182.5도씩으로 약간 볼록한 모양으로 이해하였다.
바로 선기옥형은 이와 같은 옛사람들의 천체관을 반영한 기구로서 해와 달의 운행 그리고 별의 움직임에 따라 지구의 동서남북 및 사시사

철의 일정한 변화가 생겨나는 것을 알 수 있게 하는 천체 관측기구의 하나였다.

이와 같은 천문 관측기구의 발달로 지구상의 모든 변화를 보다 더 구체적으로 파악할 수가 있었으며 그로 인한 세계관이 곧 『주역』의 천지인天地人·삼재三才 사상 및 사방 28수와 수水 화火 목木 금金 토土 등의 오행설 등과 같이 하늘의 움직임을 근본으로 삼아 높이고 땅의 작용을 호응하는 쪽에서 바라보는 천존지비天尊地卑의 세계관이었다. 따라서 나라를 다스리는 위정자가 지구 위의 모든 백성들을 보호하고 직접 현실 생활에 도움이 되는 덕치德治 정책을 펼치고자 하면 우선 먼저 분명히 알아야 하는 게 바로 선기옥형을 통해 확인되는 하늘의 이치 그것이었다.

2. 해 그림자를 따르는 마음의 움직임

"태극기의 태극 표시?"

노인에 의하면 그것은 절기의 변화에 따라 생겨나는 해 그림자의 무늬를 의미했다. 전한시대의 수학책인 『주비산경周髀算經』을 참고하면 그 의미는 매우 구체적으로 확인이 된다고 했다. 노인이 말하는 『주비산경』은 개천설蓋天說을 근거로 복희가 고안하고 주공이 주周나라 이전의 은殷나라로부터 전해 내려왔다고 알려져 있는 일종의 천문학 책이었다. 주비周髀의 비髀는 넓적다리를 뜻하는 말이었고, 기능은 해가 움직이면서 생겨나는 땅 위의 그림자를 측정하는 고대의 해시계로서 길이는 여덟 자에 해당하는 나무막대였다.

옛사람들은 이것의 명칭을 규표圭表라고 불렀는데 규표와 해 그림자의 길이는 직각삼각형의 모양에서 밑변과 높이의 관계에 해당했다. 그때 밑변의 그림자 길이가 길어질수록 음陰의 활동이 왕성해지고, 밑변의 그림자 길이가 짧아질수록 양陽의 기운이 왕성해지는 특징이 있었다. 그리고 그 수치를 붉은색과 파란색의 색깔로 처리하여 그림을 그려 보면 역易의 원시태극도인 태극 모양의 표시가 생겨난다고 했다.

"그때 사용된 규표의 길이가 지상에서 8자였다는 것은 어떤 의미가 있을까?"

천체의 움직임을 수로서 나타낼 때 십진법의 체계로 구체화시킬 수 있다는 뜻이라고 했다. 즉 지구와 달, 태양의 일 년 운행주기가 태양은 365일, 그리고 달은 354일이었다. 그런데 이는 원의 주기율 360도를 근거로 서로 모자라고 남는 차이가 생겨나므로 그것을 조정하는 게 윤달이 되고, 『주역』의 효로써 나타내면 384효에 해당하는 숫자의 조합이었다. 그런데 신기하게도 이와 같은 역易과 간지干支의 체계는 지구를 둘러싸고 있는 해와 달이 보여 주는 공전 및 자전 주기의 천체 운행도수와 기본적으로 완벽하게 일치하는 숫자였다.

"그렇다면 역의 기본 괘상이 왜 8괘가 되는 거죠?"

역이 십진법의 체계라면 당연히 여덟이 아닌 10이라야 했다. 노인에 의하면 세상의 변화를 음양陰陽으로 구체화시켰을 때 생겨나는 이진법의 당연한 결과였다. 즉 하늘과 땅, 사람의 변화를 단순히 양陽과 음陰으로 대체시켜 놓고 보면 쉽게 이해가 된다고 했다. 하늘에는 하늘의 양陽과 음陰, 땅에는 땅의 양陽과 음陰, 만물은 만물의 양陽과 음陰으로 세상의 변화를 규정할 수가 있으므로 양陽을 a로 가정하고 음陰을 b로 대치시키면, $(a+b)^3 = a^3 + 3a^2b + 3ab^2 + b^3$의 부호가 생겨나게 되어 역의 기본 괘상은 당연히 여덟 종류인 건(乾☰), 태(兌☱), 이(離☲), 진(震☳), 손(巽☴), 감(坎☵), 간(艮☶), 곤(坤☷)의 기본 8괘가 생겨난다는 노인의 설명이었다.

지구를 중심으로 한 해와 달 그리고 별들의 움직임을 원의 도수 360에 적용하게 되면 처음 하늘에서 해와 달이 만났던 자리로 다시 돌아오는 주기가 7바퀴를 돌고 난 뒤의 49(7×7) 대연수로서 이것이 곧 『주역』이 십진법의 체계임을 증명하는 칠일七日 래복來復의 수로서 여기에 태극의 수 하나를 덧붙이면 50 대연수가 생겨난다는 노인의 주장이었다.

"49 대연수? 뭔가 짚히는 게 있지 않아?"

절에서 치러지는 49재를 상기시키는 말이었다. 해와 달 별들의 천체 움직임을 십진법에 의존해 표기했을 때 생겨나는 하나의 순환 주기. 이처럼 지구에서 바라보는 천체의 움직임은 매우 무질서해 보여도 일정한 패턴이 있었다.

그래서 옛사람들은 북극성을 이용하여 방위의 기준을 삼고 그 기준에 맞춰 생겨나는 그림자의 길이와 위치를 이용한 24절기를 중시하는 습관이 있었다. 그리고 그때 가장 기준점이 되는 절기가 곧 동지冬至와 하지夏至였다. 해시계에 의한 규표圭表의 그림자가 가장 길게 나타나는 때를 동지로 삼고, 규표의 길이가 가장 짧은 날을 하지로 삼았다.

그래서 동지를 기준으로 태양력의 주기가 365.25일이라는 사실을 알아냈으며 정월 초하루를 결정했으며, 자연 현상의 음양이 어떤 패턴으로 반복되는지를 알게 하는 역의 객관적인 법칙을 만들어 냈다. 계사전에서는 이를 두고 위로는 천문을 살피고 아래로는 지리를 굽어보아 천지의 도를 얽어 짜되, 역易은 천지와 더불어 기준을 함께한다고 기술하고 있으니, 그 패턴이 곧 음陰과 양陽의 상대적인 의미체계라는 점에서 하나의 음陰과 하나의 양陽을 도道라고 일컫는다는 노인의 설명이었다.

● ● ●

옛사람들은 일 년의 주기를 기朞로 표시하였다.

『서경』에 의하면 일 년은 366일이니 윤달로 이를 조절하여 봄·여름·가을·겨울의 네 철을 정해서 한 해를 정한 뒤에야 세상의 여러 가지 업적이 두루 빛나게 된다고 하였다.

이는 동지를 기점으로 삼아 다음 동지까지의 천체 움직임을 구체화시킨 것으로서 좀 더 자세하게 밝히면 365.25일로서 달의 일 년 주기인 354일 여와 결부시키면 원의 도수인 360도에 바탕을 둔 『주역』의 칠일七日 래복來復. 즉 십진법 체계로의 반영이다.

우리가 현재 사용하는 달력이 3년과 5년에 한 번씩 윤달로서 보완해야 하는 19세 7윤의 태음태양력이다. 한편 이와 같은 태음태양력의 동양적인 특징은 음양陰陽이라는 서로 다른 두 개의 형식이 하나의 기본 단위로 이루어져 있는 삶의 의미체계라는 점이다.

그것을 땅 위의 해 그림자에서 보여 주는 변화의 법칙을 십진법으로 구체화시키고 있는 게 바로 『주역』의 괘상이다. 따라서 『주역』 계사전에서는 그 의미를 다음과 같이 설명한다.

역은 천지와 더불어 일치한다(기준을 함께함). 능히 천지의 도를 얽어 짰나니. 우러러보아 천문을 관찰하고 굽어보아 지리를 살핀다. 유명幽明의 원인을 알며 시작을 근원하여 마침에 미친다.

그러므로 사생의 설을 안다. 정精과 기氣가 만물이 되고 혼魂이 돌아다녀 변變이 된다. 이 때문에 귀鬼 · 신神의 정상情狀을 아는 것이요. 천天 · 지地와 더불어 서로 같은 까닭에 어기지 않는 것이다. 지혜가 만물에 두루하고 도는 천하를 이룬다(관통해 있음을 뜻한다).

그러므로 (이에서) 지나침이 있지 않으며 사방으로 행하되 흐르지 아니해서 하늘의 이치를 즐거워하고 천명을 아는 까닭에 근심하지 않으며 자리(土)에 편안하여 어짊(仁)을 돈독히 하는 까닭에 능히 사랑할 수가 있다. 천지의 조화(化)를 법칙으로 두루 틀을 짓되 (어느 것도) 이를 벗어나지 않으며 주야의 도에 통하여 안다. 그러므로 신神은 일정한 방소가 없고 역易은 일정한 틀(體)이 없는 것이다.

3. 무엇이 소중한 재산일까?

"땅 위에 나타나는 태극무늬를 바라보며 옛사람들이 주목했던 대상은 뭐였을까?"

노인에 의하면 개인의 길흉 문제가 아닌 해 그림자의 변화와 그것과 맞물린 별자리들의 위치였다. 특히 해와 달이 만나는 위치와 겹쳐지는 북두칠성의 손잡이, 즉 두병斗柄의 방향은 그대로 『주역』음양陰陽을 반영하는 특징이 있었다.

봄에는 두병斗柄이 동쪽을 가리키고 여름에는 남쪽, 가을에는 서쪽, 겨울에는 북쪽을 가리켰다. 이는 음양陰陽의 기운이 전개되는 지구의 방위와 그대로 일치하는 결과였다.

그런데 묘하게도 이와 같은 북두칠성의 손잡이는 하늘에서 해와 달이 지구를 돌며 만나는 자리와도 일정하게 연결되어 있었다. 즉 해와 달이 하늘에서 만나는 지점이 인방寅方이 되면 북두칠성의 손잡이가 가리키는 자리는 해방亥方이 되고 북두칠성의 손잡이가 인방寅方을 가리키면 해와 달이 만나는 자리는 해방亥方이었다. 그래서 사주四柱에서 이를 월건月建의 합合이 되는 지지地支로서 간주하는데 이도 결국 근거는 천체의 움직임이었다.

미未	오午	일월日月의 정精
신申	사巳	수성水星의 영향
유酉	진辰	금성金星의 영향
술戌	묘卯	화성火星의 영향
해亥	인寅	목성木星의 영향
자子	축丑	토성土星의 영향

"그뿐이겠어. 12달로 일 년을 삼고, 음력 한 달의 주기를 29일 여로 삼는 것까지."

『시경』 빈풍豳風 7월장의 기록이라고 했다. 그곳에 보면, 해는 1년에 하늘을 한 번 돌고 달은 29일 여에 하늘을 한 번 돌아 해와 달은 일 년에 12번 만나는데 그날이 곧 음력 초하루의 개념이 된다는 게 노인의 설명이었다.

이런 천체 운행의 변화가 보여 주는 특징을 『주역』에서는 삼오이변參伍以變 및 사영四營의 십진법으로 구체화시킨 게 우리 생활 속의 달력, 즉 역법曆法이자 『주역』의 핵심 원리라는 게 노인의 설명이었다.

"그렇다면 뭐겠어? 지혜를 추구한다는 게?"

다시 돌아가는 노인의 결론은 분명했다. 앞에서도 강조했듯이 눈앞의 이해관계에 너무 집착하지 않는 데 있었다. 그렇지 않다면 자기 자신의 삶은 미혹으로 빠져들게 되어 있다고 했다. 마치 이는 음양陰陽 오행五行에 대한 맹목적인 믿음이 우리들의 건전한 상식을 왜곡시키는 이유와 크게 다를 게 없었다.

"눈앞의 이해관계에 대한 맹목적인 집착!"

사실 그것은 자신의 세상살이에서 가장 극복하기 어려웠던 노인의 고충이었다. 그래서 문득 주목해 보았던 게 옛사람들의 사례였고, 천체의 변화에 대한 관심은 이와 같은 자기모순을 극복해 내려는 하나의 대안일 뿐이었다는 게 노인의 결론이었다.

"서장의 편지글이 도움이 되었지."

노인이 도움을 받았다는 『서장』의 편지글은 다음과 같았다.

이해관계를 따지는 세상의 일은 배우지 않아도 익숙하지만, 삶의 근본 지혜를 추구하는 마음은 올바른 선지식을 만나더라도 쉽게 납득하지를 못한다. 모름지기 뜻을 단호하게 가져 생소한 것은 익숙하게 하고, 익숙한 것은 생소하게 하려는 노력이 있어야 문득 깨달음에 있어서 힘을 얻을 수 있을 것이다.

・・・

옛사람들은 천체 운행의 규율을 살펴 관찰하고 1년의 절기와 윤달이 생겨나는 등의 내용에 관한 연월일시의 주기율을 구체화시켜 역수로서 표시하였다. 이를 『성력고원星曆考原』은 다음과 같이 말한다.

홍범에 말하기를 5기紀라고 했으니 첫째는 세歲요, 둘째는 월月이요, 셋째는 일日이요, 넷째는 성신星辰이요, 다섯째는 역수曆數다.

세歲라는 것은 해가 하늘에서 움직이는 일 년의 주기다. 해는 하루에 1도를 가고 365일과 남는 도수(측)가 생겨나면서 하늘을 한 바퀴 돌아 처음 자리로 다시 돌아온다. 그래서 그 주기 안에 봄 여름 가을 겨울이 생겨난다.

월月은 해가 달과 더불어 만나는 주기다. 달이 하루에 13도를 운행하고 나머지가 생기는데 전체적으로 한 번 도는데 27일과 여분의 날짜가 걸린다.

이는 지구에서 보아 한 달이 되는데 그 사이에 그믐과 초하루(弦) 보름 등이 갖춰지게 된다. 해가 땅에 나오면 낮이 되고 땅으로 들어가면 밤이 된다.

오른쪽으로 움직이는 입장에서 말하면 동쪽으로 움직여 1도가 된다. 만약 왼쪽으로 도는 움직임에 주목하면 하늘의 1도에 미치지 못한다. 그러나 이도 또한 한 번 도는 주기다.

그 주기를 통해 한 번 춥고 한 번 더우면서 한 해가 된다. 한 번 차고 한 번 이지러지면서 한 달이 된다. 한 번 밝고 한번 어두워지면서 하루가 된다. 하나의 씨줄과 하나의 날줄로서 별(星)이 된다. 한 해와 한 달 해와 별은 하늘의 별자리(辰)로 실마리를 삼는다.

그래서 이들 전체의 관계를 하나의 체계로 엮어서 역수로 삼고 일 년 사시의 기운을 조절하여 그믐과 초하루, 보름 등의 시기에 맞게 하고, 24절기의 변화를 일정하게 조절하였다.

그때의 운행하는 주기를 추산하여 돌아보고 일월성신日月星辰이 운행하는 도수를 살피고 엿보아서 7정을 가지런히 하였으니 이는 사람들이 당면한 문제 가운데 무엇보다도 가장 큰 일이었다.

그러므로 역법의 계산은 옛사람들에게 있어서 가장 최종적인 일이 되었다. (…) 어디에 근거하여 이와 같은 간지설을 두게 되었는지 분명하지 않지만 간지의 설은 기본이 상생 상극의 작용에 있다.

상생 상극의 작용은 오행에서 비롯된다. 오행의 분별은 하도와 낙서에서 시작한다. 모두 (주역의) 괘가 성립된 이후에 이는 분명하게 살필 수가 있다.

하도에서 왼쪽으로 돌아 순응함은 상생의 작용이다. 낙서에서 오른쪽으로 돌아 역행함은 상극의 원리다. 상생과 상극이 이미 정해지면 5행이 갖추어진다.

그래서 6친이 나누어지고 64괘가 펼쳐지는 기본 범주로서의 8괘가 된다. 이 6친의 설은 진실로 상생 상극의 이치를 벗어나지 않으니 오행을 말미암아 결정되는 것이다. 64괘에 있어서 8괘는 오르고 내리고, 순환하여 돌면서 노니는 것도 또한 이를 말미암아 결정된다.

무릇 8괘에 있어서 오행도 각기 상생 상극의 작용이 있다. 8괘에 있어서 6친도 또 각기 음양의 미약하고 성함이 있으며 처음과 끝, 위와 아래의 구별이 있으니 간지의 설은 이를 말미암아 일어난다.

이때 곧 각 괘의 근본으로 정해진 이치는 도서圖書의 방위다. 상생 상극의 이치로 정해진 것은 각 괘의 근본 성질이다. 오행의 형태로 정해진 것은 상생 상극의 범주이고 간지의 차례로 구별하는 것은 오행 상생 상극의 이치다.

－『주역』과 고대의 역법에서

4. 아하! 그런 원리가

"본질, 본질! 그렇게 말씀하시는데 그거 웃기는 소리 아니에요?"

웃긴다고 말할 수는 없었다. 현실을 모르고 있을 뿐이었다.

"이번에 저 높은 곳에서 낙하산을 타고 내려오셨죠. ㅇㅇㅇ교수님을 소개합니다."

학과장의 빈정거림이었다. 낙하산이 아닌 사람을 그렇게 매도하는 것도 견딜 수가 없었지만 설혹 낙하산이었다고 하더라도 그렇게 사람을 모욕해서는 안 되는 일이었다. 그런데 세상살이를 말하면서 실체가 없단다. 노인은 지금 뜬구름 잡는 소리를 하고 있는 셈이었다.

"좀 웃기기는 하지. 감정 관리와 무관하다면."

"감정 관리요?"

"그렇지. 세상을 살아가는 동안의 정서 관리."

노인은 다시 정서 관리로 말을 바꾸어 표현했다.

학과장에 대한 사내의 분노심, 자신의 수모를 어떻게든 되갚아 주리라는 사내 내면의 적개심을 꿰뚫어 보고 있는 것일까? 사내는 노인을 유심히 살피지 않을 수 없었다.

"자네 바둑 둘 줄 아나?"

"글쎄요?"

사내로서는 그야말로 '글쎄요'였다. 바둑을 모른다고 할 수는 없지만 그렇다고 둘 줄 아는 것은 아니었다. 다만 남들과 승패를 겨뤄 볼 만큼 실력은 없었다.

"그럼 윷놀이는?"

"……?"

사내는 그제서야 노인에게 어떤 의도가 있을 것이라는 생각이 일어났다.

"옛사람들은 놀이를 하면서도 마음이 서 있어야 할 곳을 항상 생각했지. 자네는 믿지 않겠지만 그게 팩트야. 그런 점에서 옛 사람들에겐 놀이 자체도 잡기가 아닌 본질이었던 게고."

노인의 설명에 의하면 바둑이나 윷놀이 그것은 천체의 변화를 수로서 반영한 옛사람들의 지혜가 반영된 산물이었다. 지구에 영향을 미치는 하늘의 오대 행성과 해가 지나다니는 길목에 위치한 아득한 하늘 위의 28개 별자리들.

지구에 미치는 그들 오대 행성의 별자리들과 28수의 움직임을 생각해 보면서 지구의 음양 변화를 되새겨 볼 수 있도록 만들어진 게 바로 윷놀이 등의 전통 민속놀이라고 했다. 하물며 인간의 이해관계가 구체적으로 교차하는 생활 현장에서의 처세술이겠느냐는 주장이었다.

"사회의 형태가 달라졌지만 농경사회가 아니라도 마찬가지인 게야. 해를 적게 쪼이면 우울증이 오기 마련인 이치. 그 점만으로도 너무 분명한 일이잖아. 오직 그건 본질과 관련된 문제 아니겠어."

"……"

"생각해 봐, 우리 인간에게 필요한 절대적인 행복감의 문제를. 여기에선 행복할 수 있는데 저기에선 불행해진다면 아무래도 절대적인 세계관일 순 없잖아. 그래서 옛사람들은 놀면서도 그것을 놀이만으로 끝내지 않았던 거야."

"……."

"놀면서도 놀이 이상에 마음을 붙이려던 옛사람들의 지혜, 그 이유가 뭐였을까?"

그 점에서도 본질이란 결코 막연할 수가 없는, 또 막연해서도 안 되는 우리 자신의 구체적인 관심사항이어야 한다는 노인의 분명한 어조였다.

● ● ●

해와 달 지구의 움직임과 『주역』의 팔괘가 생겨나는 수리적 원리

역의 의미를 천체의 운행과 관련시켜 주목해야 하는 내용 가운데 하나가 근점월近點月과 삭망월의 개념이다.

근점월近點月이란 지구와 달 사이의 거리를 기준으로 처음 측정이 시작되던 때로 되돌아오는 주기를 일컫는다. 이를 수식으로 나타내면 약 27.55일이다.

반면 앞의 근점월과 달리 달이 하늘을 한 바퀴 돌아 백도상의 같은 위치로 돌아오는 주기를 항성월이라고 한다. 이는 달이 지구를 도는 공전 주기를 의미하므로 그때 보여 주는 달의 공전 각속도가 날마다 13도 17636임을 감안하면 달의 항성월은 약 27.3216일이 된다.

또 달의 위상변화에 주목하여 초하루 그믐과 보름달로 나타나는 주기를 관찰하면 근점월보다 약간 주기가 길어지는 약 29.53일이다. 그 까닭은 달이 한 바퀴 도는 동안 지구도 해를 중심으로 약 30도의 공전현상이 진행되기 때문이다.

따라서 하늘의 한 주기 마디를 60갑자로 놓고 볼 때 격팔 상생에 따른 60갑자의 위치 변화가 나타나는 마디는 53번째에 항상 놓이게 되므로 달의 근점월 27.55일과 삭망월 29.53일의 최소공배수는 413.32와 413.42천으로 실제 일 년의 운행주기인 365도를 훨씬 벗어난 약 48.0778천이 많은 숫자다.

그런데 천체의 운행주기를 나타내는 60갑자나 역의 64괘상이 근거하는 회귀년의 주천도수는 앞의 근점월과 삭망월에서 구해지는 하늘의 주천도수 413.42천을 바탕으로 이루어지고 있다. 즉 쉽게 설명하기 위해 간지의 변화 단위를 예로 든다면 1년 365일에 해당하는 갑자에서 을축년의 천도 운행이 53점에 해당한다면 갑자년에서 다시 원래의 갑자년으로 돌아오는 하늘의 주천도수는 413.42천이 된다는 뜻이다.

따라서 달의 근점월 27.55일을 53점으로 곱하면 그 수는 1460.15이고, 이를 일 년 365.2422의 운행 도수와 맞추자면 나누기 4를 해야만 가능해진다. 그것은 무엇을 뜻하는 것일까? 바로 지구를 도는 달의 공전현상은 하나의 근점월 속에 4개의 특기할 만한 지점이 생겨난다는 점이다.

그러므로 60년을 하나의 주기로 하는 60갑자 회귀년은 근점월인 27.55일에 413.42천의 공배수 성립에 필요한 15를 곱한 수에 다시 53점을 곱한 21914.53여를 하나의 단위로 하는 수치와 통하게 된다.

이를 단순한 공식으로 정리하면 다음과 같다.

1년=27.55×53/4=365.0375≈365.2422
60년=27.55×15×53=21902.25≈21914.532

이 수는 수의 단위로 파악하면 이진법과 삼진법의 두 계열을 포함하는 수리체계가 된다. 그래서 이것을 두고 『주역』과 역법에서 상병의常秉義는 1.3^n과 2.3^n계열의 공배수 54에 속함을 언급하고 있다.

그게 다음과 같은 도표인 문왕의 후천 팔괘 구궁도다.

4. 손(巽 風 바람)	9. 이(離 日 해)	2. 곤(坤 地 땅)
3. 진(震 雷 우뢰)	5. 寄中宮	7. 태(兌 澤 못)
8. 간(艮 山 산)	1. 감(坎 水 물)	6. 건(乾 天 하늘)

위 그림에서 보면 동서남북의 정방향은 1·3·9·7로 변화해 나가는 삼진법의 체계다. 반면에 네 모서리의 음들은 2·4·8·6으로 전개되는 이진법의 체계다. 또 구궁도에 나타난 수의 집합을 보면 10이 안에 숨어 있는 1에서 9까지의 십진법 체계다.

따라서 세상의 1에서 10까지 수인 십진법의 형태로 나타낼 수 있지만 그 움직임은 이진법과 삼진법 등을 모조리 그 안에 망라하고 있는 변화상이다.

대신 상하 좌우 대각선으로 자리 잡고 있는 수의 조합들을 합하면 구해지는 합은 항상 15다. 그것은 형이상학적인 하늘의 수 1부터 5까지를 합한 수의 몫 15와 자연스럽게 일치한다.

5. 달력이 만들어지는 원리와 삶의 교훈

"어떤 일에나 기준이 있어야겠지."

'기준?' 처음에는 사내도 의아했다. 그래서 자신도 모르게 눈길이 노인에게 향했다.

"인문학의 성격을 어떻게 정의할까? 단순한 형태의 관념! 물론 그럴 수도 있겠지."

"……."

"자연의 이치를 알아야 하고 그 이치에 맞는 삶에 대한 노력, 그거 아닐까?"

"예를 들면요?"

"자네 달력이 어떻게 만들어지는 지 알아?"

기다렸다는 듯한 노인의 말투였다.

"하늘 중심의 사고? 아니면 땅 중심의 사고? 그것도 아니면 인간 중심?"

간지干支로는 정월을 항상 인월寅月로 시작하는 것도 이런 고뇌의 결과물이었다. 하늘 중심으로 세상을 이해한다면 자월子月을 세수歲首로 삼고, 땅 중심이라면 축월丑月이 되어야 하겠지만 인간 중심으로 세상을 이해하기 때문에 한 해가 시작되는 첫머리는 항상 인월寅月이었다. 실제 고대의 하나라에서는 인월寅月이 한 해의 정월이었고, 은나라에서는 축월丑月이, 주나라에서는 자월子月이 정월 첫 달의 간지干支였다. 노인에 의하면 그게 지금처럼 자리 잡힌 것은 오직 공자의 영향력에 기초했다. 역易은 주역周易이겠지만 역曆, 즉 달력은 하나라의 역曆이어야 한다고 공자가 말했기 때문이었다.

"하늘과 땅, 인간, 선후를 따진다면 포커스가 어디에 있어야 할까? 현실을 중요하게 여기는 사람이면 당연히 인간을 강조하게 되겠지. 그렇지만 삶의 본질을 따지는 사람도 있지 않겠어?"

그게 곧 하늘과 땅에 대한 옛사람들의 관심으로 이해하면 된다고 했다. 정말 그 셋의 선후를 구별할 수 있겠는지 분명히 구별해야 한다면 어떻게 구별해야 하는지 좀 더 세밀하게 따져 볼 필요는 있겠지만 그와 같은 논쟁은 접어 두고 보자는 노인이었다.

그러므로 화성火星이 작용하는 해에는 오행상 화火의 기운이 힘을 받을 수 있는 양목陽木 갑甲을 결합해서 정월 첫 달의 간지干支가 갑인甲寅이 되게 했다. 나머지 해의 변화도 마찬가지였다. 갑기토甲己土 토성土星의 기운이 왕성한 해에는 오행상 토土의 기운이 힘을 받을 수 있는 병인丙寅을 배치했다.

"여기서 생겨나는 결론은 뭐겠어? 도대체 우리 자신의 존재를 우리는 어떤 눈으로 어떻게 이해해야 되느냐는 근원적인 고민으로부터 자기 삶이 모색되어져야 한다는 교훈이지."

노인에 의하면 그게 옛사람들이 하늘에서 움직이고 있는 해와 달, 별들에 대해 관심을 보이게 된 이유였고 고전의 이치로 반영하고 있는 삶의 지혜였다.

'하늘 중심으로 세상의 의미를 받아들인다면? 또 땅 중심으로 사고하거나 사람 중심으로 생각했을 때의 차이점은 뭘까?'

노인의 말을 듣고 있으면서 문득 생겨나는 사내의 궁금증이었다. 그러나 그것을 굳이 묻지는 않았다. 그리고 그 순간 해답처럼 노인의 말이 다시 시작되었다.

"우리가 눈을 지구 밖의 먼 천체로까지 맞출 수 있다는 것은……."

노인은 거기서 잠시 말을 멈췄다. 그리고 한동안 허공을 응시하고 난 뒤 다시 입을 열었다.

"눈앞의 이해관계에 집착하지 않는다는 뜻이겠지. 또 삶이란 그래야만 하는 것이고."

"……."

"그리고 그래야만 자기 삶이 가치가 있게 될 것이고. 그렇게 되면 자기에게 주어져 있는 것, 만져지는 것, 보여지는 것, 들리는 것 그 자체에만 자기 인생을 올인하지는 않을 테니까!"

● ● ●

간지干支와 역법曆法

간지干支를 이해하는 데 있어서 중요한 것은 목성木星과 토성土星의 움직임이다. 목성과 토성은 황경상의 동일한 자리로 다시 돌아오는 주기가 60년에 극히 가깝다.

목성의 대행성 주기는 12년 정확하게 말하면 11.86년이다. 반면 토성은 30년이다. 정확하게 말하면 29.46년이다. 그래서 『사기』 천관서에서는 목성을 세성歲星이라고 일컫고 있다.

세성歲星은 세차의 표준이 된다는 뜻이다. 역년曆年, 역월曆月, 역일曆日을 간지干支로 나타낸 것이 세차歲次이고 월건月建은 일진日辰이 된다. 그때 목성과 토성이 같은 황경상에 돌아오는 60년을 하나의 기한으로 삼고 이를 세분하여 표시하는 명칭이 바로 간지다.

간지의 구성은 하늘의 천간十干과 땅의 십이지十二支로 이루어져 있다. 천간十干은 갑甲·을乙·병丙·정丁·무戊·기己·경庚·신辛·임壬·계癸이고 십이지十二支는 자子·축丑·인寅·묘卯·진辰·사巳·오午·미未·신申·유酉·술戌·해亥다.

간干은 줄기(幹)의 뜻이니 양陽에 해당하고 태양의 신을 비유한다.

지支는 가지(枝)를 뜻하니 역의 음陰이고 달의 영靈, 혹은 땅의 변화를 의미하면서 줄기와 가지의 변화가 결합된 움직임이라는 뜻에서 '천간지지天干地支'로 이름 붙이기도 했다.

사람들이 태어난 해를 말할 때, 동물 띠로 그것을 대신하는 경향이 있는 바, 이는 간지로 생년을 대신하는 방법이다. 이처럼 간지는 예로부터 날짜의 변화를 나타내는 수단으로 자연스럽게 활용되어 왔는데 여기에는 일정한 법칙이 있다.

먼저 달을 간지에 적용하는 이치를 월건月建이라고 한다.

월건月建의 적용은 지지는 항상 변하지 않고 해당 년도의 천간에 따라 달의 천간만 변하게 되어 있다. 예컨대 당해 연도의 천간이 갑기甲己년이면 그해 정월은 병인丙寅월이 된다. 지지地支로 보면 어느 해나 정월은 인월寅月로 고정되어 있다. 앞의 천간만 변하게 되어 있기 때문이다.

먼저 그 원리를 설명해 보면 다음과 같다.

갑기甲己는 토土가 되는데 인월세수寅月歲首에 토土의 기운을 살리는 오행은 화火다.

그러므로 정월正月의 천간은 병화丙火다.

을경乙庚은 금金이 되는데 인월세수寅月歲首에 금金의 기운을 살리는 오행은 토土다.

그러므로 정월正月의 천간은 무토戊土다.

병신丙辛은 수水가 되는데 인월세수寅月歲首에 수水의 기운을 살리는 오행은 금金이다.

그러므로 정월正月의 천간은 경금庚金이다.

정임丁壬은 목木이 되는데 인월세수寅月歲首에 목木의 기운을 살리는 오행은 수水다.

그러므로 정월正月의 천간은 임수壬水다.

무계戊癸는 화火가 되는데 인월세수寅月歲首에 화火의 기운을 살리는 오행은 목木이다.

그러므로 정월正月의 천간은 갑목甲木이다.

6. 천간 지지, 그거 미신 아냐?

"무술戊戌! 올해는 날씨가 대단히 무덥겠네."
"그걸 어떻게 알아요?"
사내로서는 당연한 반문이었다. 절기상으로 이제 갓 춘분을 앞두고 있을 뿐이었다.
"고전古典을 왜 고전古典이라고 했겠나?"
많은 사람들에 의해서 무수하게 오래 읽히고 높이 평가되는 부분이 있다면 그만한 까닭이 있다는 노인의 답이었다. 기상 변화를 예측케 하는 『황제내경』도 역시 예외가 아니었다.
'황제내경黃帝內經?' 사내로서는 점점 생소했다. 책 제목조차 처음 듣는 단어였다.
"BC 200년경 써졌을 것으로 짐작되는 책이지. 황제가 묻고 기백이 답하는 일종의 문답서야."
노인에 의하면 그 책은 음양오행설陰陽五行說에 기초한 고대 자연철학의 의학 및 침구 이론서였다. 날씨에 대한 정보 예측은 그 가운데 한 분야에 속했다.
"그런데 놀라운 것은 있잖아. 천체의 규칙적인 움직임에 따른 지구상의 일정한 기상 변화를 10간干 12지支로서 모조리 예측케 한다는 점이지."

노인은 가볍게 고개를 흔들어 보이며 잠시 생각에 잠겨 들었다. 노인의 눈빛에 어려 있는 무한한 경외심! 사내로서는 분명 그렇게 느꼈다.

갑기토甲己土 을경금乙庚金 병신수丙辛水 정임목丁壬木 무계화戊癸火! 노인의 설명에 의하면 거기서 열거하는 앞 두개 단어들은 특정한 해의 천간天干이었고, 뒤의 토土금金수水목木화火는 지구에 영향을 미치는 하늘의 오대五大 행성行星이었다.

"어떻게 알았을까 옛사람들은?"

노인은 정말 궁금하다고 했다. 하늘에서 돌고 있는 그들 행성의 출현으로 인한 지구상의 기온 변화가 보여 주는 특징들의 공통점을.

노인에 의하면 어떤 해의 천간天干이 갑년甲年과 기년己年이면 토성土星이 지구에 영향을 미쳤다. 을년乙年과 경년庚年이면 금성金星, 병년丙年과 신년辛年이면 수성水星, 정년丁年과 임년壬年이면 목성木星, 무년戊年과 계년癸年이면 화성火星이 지구에 영향을 미쳤다. 이것은 지금도 달력을 만드는 데 사용하는 변함없는 원리로서 노인에게는 생각할수록 경이로운 느낌의 천문학적 상식이었다.

"생각해 봐. 십진법으로 나타낼 수 있는 천체의 운행 주기는 윤달을 제외하더라도 자그마치 60년이잖아. 그것의 통계를 잡아 내려면 걸리는 세월이 얼마겠어. 3번의 주기만을 가정하더라도 필요한 세월이 180년이야."

실제 기백의 설명에 의하면 자신이 확보하고 있는 천문학적인 상식은 조상 대대로 전승되어 온 가업의 결과임을 확인할 수 있다는 게 노인의 주장이었다.

"그런 배경이 있었던 거네요."

음양오행설 따위는 황당한 사람들의 이야기로만 알고 있던 평소의 사내었다.

"무계화戊癸火! 화성의 영향력 탓에 올해는 대단히 무더울 것이라는 예측도 그래서 가능한 거지. 신기하잖아. 세월이 뭐 새삼스러울 바도 없는데 천간이 갑甲이면 토성土星이 강하게 작용하고, 병년丙年에는 수성水星, 무년戊年에는 화성火星, 그렇게 돌아가는 이치를 밝히고 있다는 게. 글쎄 천체 망원경이라도 있었겠어? 때가 기원전인데."

그 점에서 비추어 볼 때 현대의 과학 기술을 오히려 어설프게만 느끼고 있는 노인이었다.

"갑기토甲己土 을경금乙庚金 병신수丙辛水 정임목丁壬木 무계화戊癸火!"

자신도 모르게 읊조려 보는 사내로서도 역시 노인의 심정은 충분히 이해할 만했다.

● ● ●

(음양으로 펼쳐지는 성품의 작용에 대해) 어진 자는 이를 보고 어질다 하고 지혜로운 자는 이를 보고 지혜롭다 한다. 백성은 날마다 쓰면서도 알지 못한다.

그러므로 군자의 도가 드문 것이다. 인仁이 드러나며 작용을 감추어서 만물을 고동시켜 북돋되 하늘의 작용은 성인이 그러는 것처럼 똑같이 근심하는 법은 없다.

왕성한 덕과 큰 사업이 지극하다. 부유한 것을 대업大業이라고 하고 날로 새로워짐을 무성한 덕이라 말한다. 낳고 낳음을 역易이라 이르고 형상을 이룬 것을 건乾이라 일컫고 법을 본받는 것을 곤坤이라 일컫는다. 수를 지극히 하여 오는 일에 대해 아는 것을 점이라고 하고 변화에 통함을 일이라고 하며 음과 양의 작용에 대해 헤아릴 수 없는 것은 신神이라고 말한다.

(一陰一陽之謂道. 繼之者善也, 成之者性也. 仁者見之 謂之仁, 知者見之 謂之知, 百姓 日用而不知, 故君子之道 鮮矣. 顯諸仁 藏諸用 鼓萬物而 不與聖人同憂. 盛德大業至矣哉! 富有之謂大業. 日新之謂盛德. 生生之謂易, 成象之謂乾, 爻法之謂坤. 極數知來之謂占. 通變之謂事. 陰陽不測之謂神.)

7. 자동차 번호판에도 반영되는 삶의 원리

"번호판이 무슨?"
노인의 말을 믿기 어려운 사내였다. 어떻게 믿을 수 있겠는가? 자동차 번호판은 그냥 하나의 번호판일 뿐이었다. 차를 구입하고 나면 관공서에서 그냥 주어지는 단순한 숫자의 조합 그 이상도 그 이하도 아니었다. 거기에 그 사람의 기질, 그 사람의 재정 상태, 세상을 살아가는 그 사람의 대응 방식이 반영되어 있다는 것을 어떻게 믿을 수 있겠는가?
"배워 보면 알아."
"『주역』을요?"
"그럼, 『주역』이지 참선일까."
'참선?'
잠시 사내는 말문이 막혔다. 자신의 마음을 엿보이면서 생겨나는 혼란스러움 탓이었다.
'차라리 절로나 갈까?'
마음이 심란해질 때면 종종 해 보게 되는 사내의 평소 생각이었다. 세상으로부터 격리된 산사의 호젓함. 인간에 대한 애증도 자신을 괴롭히는 마음의 분노도, 내일을 걱정해야 하는 불안감 따위도 겪지 않을 것 같았다.

"내가 있으면 내 것이 있게 되고, 내 것이 있으면 내 것에 집착하는 이치. 그거 당연한 일 아닐까?"

"……."

"진보와 보수를 가르고, 남과 북을 나누고, 경상도와 전라도, 흑과 백……. 왜 자네는 그렇지 않나?"

우스운 노릇이지만 노인은 늘 그렇다고 했다. 사서삼경도 배우고 노자 『도덕경』에도 관심을 가져 보고 『금강경』이나 『화엄경』 따위의 불교 경전은 더러 주석서를 쓴 것도 있지만 달라진 것은 없었다. 그리고 덧붙이는 말이 『주역』에 관한 설명이었다.

세상을 살아 보면 노인에게는 보이는 흐름이 있고, 보이지 않는 흐름이 있었다. 그리고 그것을 확인시켜 주는 것이 다름 아닌 『주역』이었다.

"……."

사내는 경험해 보지 못하고 알 수가 없으니 대꾸할 말이 없었다. 그러자 노인은 자기의 말을 들어 보라는 듯이 풀어놓는 이야기가 있었다. 피보나치수열에 관한 이야기였다.

"피보나치는 이탈리아의 수학자였지."

토끼의 번식을 주제로 살핀 문제에서 피보나치는 그 번식 과정에 다음과 같은 수열의 일정한 공식이 성립됨을 알았다고 한다. 즉 1쌍의 토끼는 1, 2, 3, 5, 8, 13, 21, 34, 55, ……의 수열로 퍼져 나간다는 사실이다. 그런데 이는 지구상의 모든 동식물이 마찬가지다.

해바라기 씨가 박혀 있는 모양을 관찰하면 오른쪽과 왼쪽으로 돌아가면서 나선형을 이루는 공통점을 찾아볼 수 있는데 그 역시 어느 쪽의 나선형에서나 21 혹은 34, 아니면 34 혹은 55와 같은 연속된 피보나치수열이다.

해바라기는 이런 나선형 배열을 택해 자리를 잡아야만 좁은 공간에 많은 씨를 보다 더 촘촘하게 배열해서 자연의 조건에 잘 견디면서 자기 자신의 형질을 보존할 수 있기 때문이라고 했다.

● ● ●

일 년 간 생겨나는 해 그림자의 변화를 중심으로 세상의 이치를 구체화시켜 보면 생겨나는 그림이 바로 우리나라의 국기에 등장하는 태극도(☯)가 된다고 했다. 이를 색깔로 구분하면 해의 그림자가 짧아지면서 생겨나는 붉은색의 영역은 양陽이 되고 해의 그림자가 길어지면서 생겨나는 파란색의 영역은 음陰에 해당한다.

그런데 이를 음양陰陽의 상징적인 두 개의 부호로서 십진법의 체계에 적용해 보면 생겨나는 게 다음과 같은 역의 기본 8괘다. 즉 (양을 a, 음을 b라고 할 때 $(a+b)^3=a^3+3a^2b+3ab^2+b^3$의 부호가 생겨나게 되어 역의 기본 괘상은 당연히 여덟 가지 종류인 건(乾☰), 태(兌☱), 이(離☲), 진(震☳), 손(巽☴), 감(坎☵), 간(艮☶), 곤(坤☷)의 기본 8괘가 되는 것이다.

그래서 옛사람들은 천체의 움직임을 살피면서 해 그림자를 재는 막대의 길이를 8자로 고정하고 그 변화를 알고자 했다. 다만 그렇게 해서 하늘에서 움직이고 있는 해의 그림자를 측정하면 15일을 단위로 생겨나는 기운의 변화를 알 수가 있었는데 이것이 바로 하나의 괘에 반영된 6효의 의미다.

실제 이를 십진법에 적용하여 살펴보면 세상에 나타나는 온갖 변화의 수 100은 $6^2 + 8^2 = 10^2$의 당연한 결과다.

그러므로 세상의 만물을 지구에서 생겨나는 해 그림자의 변화로서 표기하고자 하면 그 모든 게 『주역』에서 제시하는 것처럼 1에서 10까지의 숫자를 결코 벗어나기가 어렵다. 그리고 그들 수의 일정한 조합, 즉 3과 4와 5 및 6과 8 그리고 10의 조합으로 세상의 전체적인 변화를 매우 단순하게 표기해 볼 수가 있다.

그 가운데 3과 4와 5에 근거한 $3^2 + 4^2 = 5^2$의 조합은 역의 소성괘인 기본 8괘의 영역이고 6과 8 그리고 10에 바탕을 둔 $6^2 + 8^2 = 10^2$은 대성괘의 조합인 『주역』 64괘에 해당한다.

– 제주연구원 서

8. 피보나치수열에서 배우는 삶의 평온

"맞아, 포인트는 자기중심이 아닌 세상의 이치야. 예를 들면 수긍하겠지만 그것이 바로 꽃잎에서조차 나타나는 피보나치수열이라는 거 아냐."

앞의 설명만으로 아쉬움이 남았던 것일까? 피보나치수열에 대한 노인의 언급은 다시 시작되고 있었다.

"백합과 붓꽃 및 클로버는 대체로 3장, 채송화와 동백, 장미 등은 5장, 모란과 코스모스는 8장, 금잔화는 13장, 치커리는 21장, 질경이와 데이지는 34장, 쑥부쟁이는 55장 아니면 89장의 꽃잎을 가지게 되지. 그렇다면 그게 어떤 의미를 지닌다고 봐야 할까? 반문할 까닭도 없는 거지. 피보나치수열이야! 그럼 그렇게 되는 이유는 어디에 있을까? 꽃잎들이 생존하면서 가장 효율적인 모양으로 암술과 수술을 감싸기 위한 조건 바로 그거 아니겠어."

스스로 묻고 스스로 답해 가면서 이어지는 노인의 관심은 여전히 피보나치수열이었다.

"그렇다면 나뭇가지의 개수는 어떨까?"

노인은 그것도 마찬가지라고 했다. 하나의 줄기로 자라던 가지는 두 개로 갈라지고 두 개는 다시 두 개의 가지로 갈라지면서 전개되는 상황이 곧 1, 2, 3, 5, 8, 13, 21, 34, 55, ……로 뻗어나가게 되는 피보나치수열.

"그렇지만 그게……."

사내는 굳이 뒷말을 덧붙이지는 않았다. 노인이 설명하고 있는 피보나치수열은 다만 생존 조건을 모색해 가는 과정에 생겨나는 하나의 자연적인 원리일 따름이었다. 그게 어떻게 자동차 번호판과 동일할 수 있을 것인가? 그것은 앞뒤의 논리 자체가 맞을 수도 없고 맞아서도 안 되는 노인의 억지 주장일 뿐이었다.

"왜 믿질 못하겠나?"

"당연하죠."

당연했다. 적어도 '괴력난신怪力亂神'이라는 공자의 한마디는 기억하고 있는 사내였다. '감히 자동차 번호판 따위를 어떻게!' 괴력난신까지는 아니라도 그것은 분명 받아들이고 싶지 않은 사내였다. 심하게 표현하면 혹세무민惑世誣民이 될 수도 있었고 옛사람들의 가르침을 왜곡시키는 결정타가 될 수도 있었다.

"그럼 이건……."

노인이 들려준 이야기는 조선시대 규암공의 죽음에 관한 일화와 임진왜란과 관련된 남사고의 예언이었다.

첨지 송응개의 당숙 규암공이 장차 죽음을 당하던 날이었다. 집안사람들은 형이 집행되고서도 그 사실을 전혀 알지 못했다. 그런데 형이 집행되던 날 그 집 신주神主의 방 안에서 느닷없이 각각閣閣거리는 소리가 들려왔다. 그리고 동시에 규암공의 아버지 신주가 스스로 영상靈床에서 내려와 창문 밑에 이르러 머리로 벽을 두드리며 걱정이 아주 절박한 모양을 지어 보였다. 나중에야 그 시간에 금오랑(의금부 도사)이 사약을 가지고 규암공의 귀양지로 떠나간 사실을 뒤늦게 확인할 수 있었다. 여기서 규암은 참판 송인수의 자호였다. 노인은 그 기록이 『후청쇄어』에 전해 오고 있다고 했다.

그리고 계속해서 들려주던 노인의 이야기는 사내에게 더욱 가관처럼 여겨졌다. 남사고가 영천 지방을 지나고 있을 때였다. 흰구름이 소백산 허리에 가로 걸려 있는 것을 바라보고 기뻐하는 빛을 나타내므로 사람들이 그 까닭을 묻자 남사고가 말했다.

"이것은 상서로운 구름이나 오래지 않아서 병화가 있을 터인데 산하에 있는 자는 안전할 것이고 풍기와 영천은 복스런 땅이 될 것이다."

과연 얼마 후 왜구가 침범했는데 풍기와 영천이 조령에서 멀지 않으므로 수일이면 올 수가 있었는데도 적은 결국 들어오지 않았다. 노인은 어떻게 생각하느냐고 물었다.

"좀 과장되지 않았을까요?"

기록이란 얼마든지 과장될 수가 있었다. 또 과장된 기록이 아니라도 상관없었다. 그게 지금 가지고 있는 자신의 궁금증과 어떤 연결고리가 있을 것인가?

"세상의 일이란 신비함 그 자체야. 꼭 오관으로 더듬어지는 것만을 신봉해선 안 된다는 뜻이겠지."

노인은 그게 사내에 대한 대답의 전부일 뿐이라는 어투였다.

●●●

아래는 지구를 중심으로 해와 달의 움직임을 십진법으로 표기했을 때 생겨나는 도표다.

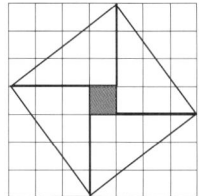 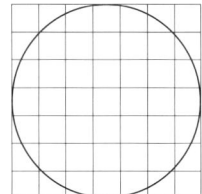

앞의 노표에서 왼쪽 8개의 삼각형은 『주역』의 기본 팔괘다. 또 오른쪽은 그 『주역』의 기본 팔괘가 생겨나는 동안 하늘에서 돌고 있는 해의 움직임이다. 다시 왼쪽 도표에서 보면 전체 49개 모눈 종이 위에 8개의 삼각형이 그려져 있다.

이는 하나의 단위가 3과 4 그리고 5의 조합으로서 작용하는 값을 계산하면 $3^2+4^2=5^2$으로 25가 된다. 그러므로 25의 값이 4개 모이면 십진법의 온수인 100의 수가 된다.

사실 십진법의 단위에서 역의 기본 괘상은 80이지만 소양과 소음, 노양과 노음처럼 둘이 하나가 되어야 온전해지는 일음일양의 이치를 적용하면 팔괘는 결국 사상의 수가 된다.

그러므로 25×4=100에 해당하는 온수다. 왜냐하면 십진법의 온수는 100이 되므로 이를 만족시키는 그림은 밑변 3, 높이 4, 대각선 5에 해당하는 삼각형 8개로서 가능해지기 때문이다. 그래서 계사전에서는 역의 대연수를 위의 도표에서 표시하고 있는 49로서 표시하게 된다. 이는 또 $2^3=80$이라는 소성괘의 값과도 일치하는 결과다. 자세한 설명은 본인의 『주역』 관련 교재를 참고하면 도움이 된다.

9. 인간의 속물근성과 점

"아! 『주역』, 점치는 책이요."

그렇게 말하는 사내의 의도는 뻔해 보였다.

'점은 천박하다.'

'점에 의존하는 자세는 적어도 바람직하지 못하다.'

"맞아 점치는 책이지."

노인은 부정하지 않았다.

"그런데 그걸 왜 배워요?"

누구에게나 수긍할 수 있는 합리적인 이성? 젊은이에게 있어서 점은 이미 그 점이 결여되어 있었다. 뜻이 아닌 행운에 기대는 심리였다.

"왜 배우느냐고? 질문이 묘하네. 점치는 책이니까 배우지."

"예?"

사내는 자신의 귀가 의심스러웠다.

"건강한 정신이 뭔데? 점은 그렇지 않나 봐."

노인의 표정은 여전히 진지했다. 어떻게 보면 사내의 마음을 훤히 꿰뚫고 있는 말투였다.

"또 뭘 믿어? 이성, 아니면 지성?"

"글쎄요? 아무튼 합리적인 사고라면?"

"자네와 이야기를 나누다 보면 늘 궁금한 게 생겨나. 도대체 자네가 추구하는 합리성의 끝은 뭔데? 돈? 사회적인 지위? 그도 아니면……."

노인은 거기서 말끝을 흐렸다. 더 단호하게 꼬집고 싶었지만 노인은 참았다. 그러나 침묵을 고수하면서도 입안에서는 우물거려지는 말이 있었다.

'난 자네와 같이 말하는 사람들의 속성을 잘 알지. 어떻게 하면 남들보다 더 많은 특권을 누리지? 어떻게 하면 남들 위에 군림할 수 있을까? 어떻게 해야 남들이 나를 부러워하고 남들보다 더 풍족한 삶을 살 수 있는 거야?'

어색한 침묵을 깨뜨린 것은 노인이었다.

"적어도 점을 순수하게 믿는 사람은 다른 게 하나 있지. 정말 두려운 것을 두려워할 줄 아는 마음의 눈. 자신의 속물근성."

그래서 들려주는 노인의 이야기는 진시황의 분서갱유였다. 진시황이 즉위하고 34년째 되던 기원전 213년의 일이었다. 천하통일 9년째를 기념하는 축하 잔치를 가지면서 그 자리의 박사 주청신과 순우월 사이에는 진시황의 치적과 덕에 대해 서로 크게 엇갈리는 논쟁이 벌어졌다. 여기에 대해 진시황은 승상 이사에게 의견을 물었다. 이에 승상은 다음과 같은 글을 위로 올렸다.

오제五帝는 되풀이되지 않았고 삼대三代는 이어받지 않았으며 각자대로 다스렸습니다. 그것은 정치의 내용이 반대되기 때문이 아니라 시대가 변했기 때문입니다. (…) 여러 유학자들이 오늘을 스승으로 삼지 않고 옛것만을 이야기하면서 이 시대를 잘못되었다고 말함으로서 백성들의 판단을 어지럽히고 있습니다. (…) 진나라의 역사에 관한 것 이외에는 모두 불사르도록 사관에게 명령을 내리십시오. 시나 서에 대해 말하는 자는 사형에 처하고, 옛것으로 오늘날을 비방하는 자는 삼족을 멸하고, 그러한 사실을 알면서도 적발하지 않는 관리도 같은 죄에 처하십시오. 명령을 내린 지 30일 이후에도 관련 서적을 불태우지 않는 사람은 얼굴에 먹물을 떠 넣어 장성 쌓는 일을 시키십시요. 다만 없애서는 안 될 것은 사람을 치료하는 의약醫藥, 앞일을 점쳐 보는 복서卜筮, 농사에 요긴한 종수種樹 등에 관한 것입니다.

"묘한 역설이었지."

승상 이사의 건의는 그대로 받아들여졌지만 세상의 이치를 설명하는 주역周易은 살아남았기 때문이었다. 시서詩書가 불타고 당시 중국의 선진 백가百家 사상은 심각한 타격을 입었지만 『주역』은 점치는 책, 즉 복서로 분류되어 살아남았던 것이다.

역易의 십익十翼에 나타난 유가 사상과 백성의 사상을 통제하기 위한 진시황의 분서갱유가 정작 불사르고 통제해야 하는 공자 사상의 원천인 역의 경문과 전에 대해서는 터럭 하나 건드리지 않고 살아남게 한 것이다. 곧 역易의 의리義理역은 거부하면서도 역의 상수象數적인 측면, 즉 복서의 기능은 말살시키지 말아야 한다는 분명한 취지 때문이었다. 이는 이리와 상象, 수數 가운데서 상象과 수數를 취하고 의리를 버리려는 취지였지만 결과는 전혀 반대였다.

"점이 아닌 덕. 그게 공자가 강조했던 『주역』의 기능이거든."

『주역』이 살아남을 수 있었던 상수象數적인 기능, 그것은 공자에게 있어서 그다지 의미 있는 요소가 아니었다. 오히려 역의 기본 취지에 충실하자고 하면 역을 매개로 세상일에 대해 점을 쳐 볼 필요도 없다는 게 공자의 주된 관점이었다. 그래서 『주역』에 대한 관심은 점이 중요한 게 아니었다. 그보다는 그 점괘에 걸맞는 덕이 갖춰져 있느냐였다.

점은 쳐 볼 것도 없는 것이니, (덕이 항상해야 한다는 말은) 정말 틀림이 없다. (『논어』 자로)

즉 어떤 일의 점에 대한 관심은 그것 이전에 그 점괘에 맞는 자신의 세계관에서 이미 나타나게 되어 있다는 노인의 설명이었다. 그리고 그게 공자의 시각에서는 세상과 세상 사람을 사랑하는 자기 자신의 덕이었다.

● ● ●

시詩란 물物을 기록하는 것이고 시時란 세월을 기록하는 것이며 춘추春秋란 성패를 기록하는 것이다. 행行이란 백성의 이해를 인도하는 것이요. 역易이란 길흉 성패를 점치는 것이며. 거북의 복卜은 길흉의 이해를 점치는 것이다. (…) 이 여섯은 시기를 보고서 미리 다가오는 일의 어려움을 예방할 수 있는 방도를 알려 줍니다.

그러므로 군주가 역에 의지한다면 시기를 잃지 않고 마땅한 방책을 잃지 않으며, 만물이 풍요롭게 일어나 이익을 잃지 않을 수가 있습니다. 그렇지만 멀리 뜻이 아닌 득실을 점치는 까닭에 그것을 옛사람들은 하나의 지엽적인 이치로 삼았습니다.

이는 우리로 하여금 고전에 대한 의미를 돌아보게 하는 『관자』 본문 중의 일부입니다.

10. 점과 자기 삶의 성찰

"점에 대한 거부감? 아무래도 당연하겠지?"

노인은 거듭 점을 문제 삼았다. 그래서 시작된 이야기가 이번에는 『춘추전』 남괴南蒯의 고사였다.

남괴는 역모를 꾀하면서 『주역』의 괘에 그 전망을 물었다. 뽑아져 나온 괘상은 중지곤(重地坤, 위도 땅, 아래도 땅이다.) 괘로 다섯 번째 효(六五 爻)가 변해 움직이는 수지비(水地比, 위가 물, 아래가 땅)였다.

"남괴는 어떻게 받아들였을까?"

자신의 시도가 성공한다고 보았다. 근거는 다음과 같았.

역의 괘에서 다섯 번째 자리는 나라의 통치자를 상징하므로 중지곤重地坤의 육오六五가 변했다면 결과는 황상원길黃裳元吉이었다. 즉 효사에서 말하는 것처럼 자기 자신이 역모에 성공해서 누런 황색 곤룡포(黃裳)를 입게 되어 크게 길할 것이라고 해석한 것이다. 그러나 노인에 의하면 자복혜백子服惠伯의 해석은 달랐다.

"동기도 옳지 않았지만 그보다도 남괴의 세계관이 어긋나 있었던 거지."

노인에 의하면 인간의 삶은 반드시 짝에 의존해야 하는 특성이 있었다. 부유함과 가난함, 진보와 보수, 높은 것과 낮은 것, 남과 북, 전라도와 경상도 등과 같이 떠올릴 수 있는 사례는 무수히 많았다. 그러므로 점괘의 황상원길黃裳元吉도 예외일 수가 없었다. 하늘에 의존해야 하는 땅의 역할, 남괴는 그것을 놓치고 있었다는 노인의 설명이었다.

"자신의 눈이 짝에 의지해야 하는 까닭에 충직하고 믿음직한 도리라면 옳겠지만 그렇지 못하다면 반드시 어긋난다. 효사의 전제가 되는 개념을 생각할 때 밖으로는 하늘의 이치로 강직하고 안으로는 하늘의 이치에 유순한 것이 충忠이요, 이치에 합당하여 바르게 행함이 신信이다. 그러므로 말하기를, 황상원길黃裳元吉이라고 했으니, 황黃은 세상이 돌아가는 중앙의 색이요, 치마는 아래에서 유순하게 하늘의 이치를 따르는 바다. 또 근원이라는 개념은 착한 것의 으뜸이니, 가운데 마음(中心)에서 충직하지 못하면 그 색을 얻지 못하며, 일이 선하지 않으면 결코 지극할 수가 없다. 또 사특한 것은 역易으로 물어서는 안 되는데 이 세 가지가 이미 어긋났으니 대인의 해석은 옳다고 보기가 어렵습니다."

남괴의 점괘에 대한 자복혜백의 해석이라고 했다. 그리고 이와 같은 자복혜백의 해석처럼 남괴의 역모는 당연히 실패하였다.

"그렇다면 생겨나는 결론이 뭘까?"

노인에 의하면 다음의 두 가지였다.

첫째는 무엇을 위한 시도인가를 되묻는 동기 부분이었다. 즉 어떤 상황의 누구에게나 온전하고도 합리적으로 받아들여지는 행위라야 했다. 그리고 두 번째는 모든 만물이 항상 짝으로 공존하는 생명의 본질적인 속성에 관한 문제였다. 그것이 앞서 언급한 땅(☷)과 짝을 이루는 하늘(☰)의 덕에 대한 자각이고, 불교적인 개념으로는 서로가 서로를 의지하여 성립하는 연기緣起에 대한 자각이었다.

"결국은 세계관의 문제야!"

세상을 바라보는 자신의 세계관! 어떤 눈으로 세상을 바라보고 있고,

어떤 눈으로 세상을 살아가야 하는지 오직 그것뿐이라는 노인의 주장이었다. 이런 관점에서 보면 『주역』의 점은 분명 자기 성찰의 문제일 뿐, 점이 정말 맞느냐 틀리느냐의 문제가 아니었다. 따라서 『주역』의 점이 거북하다면 그것이 거북하게 여겨질 수밖에 없는 자기의 세계관이 자기 안에 자리 잡고 있음을 돌아보아야 한다는 게 노인의 주장이었다.

"그렇게 보면 우린 생각 없이 사는 거야. 길지도 않은 인생을."

• • •

공자에 의하면 역易이란 천하의 뜻에 통하게 하여 자기 자신의 할 일을 돌아보고 그 이치로서 세상을 살아가는 과정의 우환을 해소하는 데 목적이 있었다. 관련 구절은 『주역』 십익十翼의 하나인 다음의 계사전繫辭傳이다.

무릇 역은 무엇을 위한 것인가? 만물을 열어 주고 사무를 이루어 천하의 도를 포괄하니, 이와 같을 뿐이다. 이런 까닭에 성인이 이로써 천하의 뜻에 통하며 천하의 업을 정하며 천하의 의심을 결단하는 것이다.
(夫易何爲者也? 夫易開物成務, 冒天下之道, 如斯而已者也. 是故聖人以通天下之志, 以定天下之業, 以斷天下之疑.)

성인이 이로써 마음을 깨끗이 씻어 은밀함에 물러가 감추며, 길흉 간에 백성과 더불어 근심을 함께 하여 신으로써 미래를 알고 지혜로써 지나간 일을 보관하니, 그 누가 여기에 참여하겠는가.
(聖人以此洗心, 退藏於密, 吉凶與民同患, 神以知來, 如以藏往. 其孰能與此哉?)

11. 삶이 고통스럽거든

"(고통의 원인이 되는) 생각이 일어나면 즉시 그 생각을 돌이켜 보라. 그러면 그 생각의 어디에도 아무런 실체가 없음을 즉시 깨닫게 될 것이다(念起卽覺 覺之卽無)."

노인에 의하면 이는 하택 신회의 명언이었다.

"뻔하지 않겠어. 마음의 고통이 생겨나는 이유란 게."

노인의 포커스는 세상을 살아가는 동안에 유지될 수 있는 마음의 평온함에 관한 문제였다. 결론은 물론 분명했다. 본래 비어서 실체가 없는 자기 마음의 속성을 깨우쳐 아는 일이었다. 그렇지 않으면 누구나 삶 자체가 견딜 수 없는 고뇌와 번민으로 가득 차게 되리라는 노인의 주장이었다. 천년만년 살 수 있을 것 같은 몸이 본래 실체가 없는 것이고, 오늘은 아무렇지 않아도 내일을 장담할 수 없는 사람의 건강이 본래 그와 같으며, 어제는 분명히 그게 옳았는데 시간이 지나고 나니 오히려 그런 생각 자체가 어색하기만 한 우리들의 세상살이였다. 고통을 불러오는 생각을 돌아보면 본래 실체가 없는 이치, 그건 하택 신회만의 지론이 아니라는 이야기였다. 누구나 세상을 살다 보면 그렇게 느끼게 되어 있는 것이고, 그렇게 느끼지 않는 게 오히려 이상했다. 그런 이유 때문에 하택 신회의 그 한 문구가 유달리 큰 감동이 생겨날 수밖에 없다는 노인의 주장이었다.

"그렇지만 신회뿐이겠어? 정자도 마찬가지야."

하늘이 하는 일은 소리도 없고 냄새도 없으니, 대체는 역易이 되고 이치로 말할 때는 도道가 되며 작용은 신神이라고 말하게 된다. 『주역』의 이치를 언급하기 위한 문구이지만 실체가 없는 하늘의 작용과 이치를 주목하고 있다는 점에서는 신회와 조금도 다를 수가 없다고 했다. 실체가 없음에도 열리고 닫히는 음양陰陽의 변화. 그것이 역易이 된다는 점에서 세상의 어느 것에도 집착할 게 없는 공空과 다를 수 없음을 알아야 한다는 노인이었다.

"그 점에서 보면 도道란 용도가 뻔한 거지!"

마음의 평온함을 추구하는 일종의 수단! 대혜 종고의 표현을 빌리면 삶이 고통스러울 수밖에 없는 잘못된 세상살이의 견해와 확신을 벗어나게 하는 방편의 개념이었다.

"방편?"

사내로서는 생소한 용어였다.

"왜 강을 건너자면 필요한 뗏목?"

노인은 여기서 누구나 기억해야 한다는 듯이 덧붙이는 용어가 있었다. 『주역』 단전彖傳의 '내통천乃統天'이라는 문구였다. 그리고 그때의 내통천乃統天을 하택 신회의 무無자와 동전의 앞뒤로 수용할 수 있어야 하는데 그게 곧 다음에 소개하는 안심입명安心立命의 기본 이치를 이루게 되어 있다는 주장이었다.

첫째, 일어나는 감정을 지켜본다. 그 감정은 본래 실체가 없으므로 자신의 감정에서 변하지 않는 어떤 실체를 고집한다면 그것은 자기의 삶이 고통으로 빨려 들어갈 수밖에 없는 원인임을 깨달아야만 했다.

둘째, 본래 실체가 없는 자기 마음의 움직임, 그것 자체가 그대로 하늘에 줄기를 둔 텅 빈 무無로부터 출발하고 있음을 항상 자각하는 일이었다.

셋째, 우리 마음의 작용은 본래 실체가 없는 하늘의 기운, 그 자체에 통해 있다는 점에서 하나의 묘한 작용일 뿐 하늘로부터 분리된 나 자신의 실체가 아님을 자각하는 일이었다.

그런 관점에서 보면 태어나서 늙고 병들어 죽는 이치가 모조리 신기함 그 자체일 뿐 그 이상도 그 이하도 아니었다. 자기 자신의 마음에 어떤 형태로든 고통스러움 따위의 부정적인 에너지가 느껴진다면 그것은 바로 자기 자신이 줄기를 대고 있는 하늘의 이치로부터 마음의 뿌리가 이미 벗어났음을 깨우쳐 알면 그만이었다. 그 같은 깨우침이 자기 안에서 자리 잡게 되면 일체는 곧 하늘에 줄기를 하고 있는 무無로 돌아가게 된다는 것이 노인의 간절한 당부였다.

• • •

단전에 말한다. 거룩하다, 건원乾元이여! 만물이 힘입어 비롯하나니, 이에 하늘을 거느렸도다(하늘에 줄기했도다). 구름이 가고 비가 내려 만물이 형체를 갖춘다.
(彖曰, 大哉乾元! 萬物資始 乃統天. 雲行雨施, 品物流形.)
대명이 끝과 시작을 이룸에(시작과 끝을 크게 밝히면) 6위가 때로 이루어지니 때로 여섯 용을 타고서 하늘을 말 몰 듯 한다. 건乾의 도가 변變하고 화化함에 각기 성명性命을 바르게 하니, 크게 거기에 응함으로 보전해 합하여 이에 바르게 함이 이롭다. 세상의 뭇 만물이 하늘의 이치를 으뜸으로 삼아 드러난다면 온 나라가 모두 평안하다.
(大明終始, 六位時成, 時乘六龍以御天. 乾道變化, 各正性命, 保合太和, 乃利貞. 首出庶物, 萬國咸寧.)

12. 개구리와 제비 울음소리

知之爲知之(지지위지지) 不知爲不知(부지위부지) 爲知也(위지야)
아는 것을 안다고 하고 모르는 것을 모른다고 하는 것이 아는 것이다.

獨樂樂(독락락) 衆樂樂(중락락) 孰樂樂(숙락락)
혼자서 누리는 즐거움과 더불어 누리는 즐거움은
어느 게 더 나은 즐거움인가.

앞의 음독音讀은 제비 울음소리 같고 뒤의 음독은 개구리 울음소리 같지 않느냐는 노인의 질문이었다. 앞은 『논어』 위정편의 문장이었고, 뒤는 『맹자』 본문에 나오는 내용이었다.
"듣고 보니 그럴듯하네요."
소리를 내어 읊조려 보니 실제 흡사했다.
"그런데 소리뿐만이 아냐."
『논어』와 『맹자』의 핵심 의미가 거기에 담겨 있다고 주장하는 노인이었다.
"어떻게요?"
사내는 묻지 않을 수 없었다. '안다는 것과 즐거워한다는 개념이 같아?' 아무래도 애매했다.

"『논어』는 물론『맹자』도 내용이 결국은『주역』이거든."

설명이 쉽지 않다고 하면서도 불쑥 예로 드는 게『주역』의 태(兌☱) 괘였다. 주역의 기본 팔괘 가운데 하나인 태兌는 두 가닥의 양陽 위에 음陰 하나가 올라가 즐거워하는 괘상卦象이었다. 마치 자연의 상징물에서 찾아보면 연못에 고여 있는 물의 출렁거림을 떠올릴 수가 있겠는데, 그게 의미상으로는 하늘의 이치 위에서 노니는 기쁨을 의미했다.

『주역』의 십익十翼을 기술하고 소가죽으로 된 책 표지를 세 번 바꿔가며 읽었다는 고사에서도 알 수 있듯이『논어論語』위정爲政 편의 지지에 관한 개념 역시 포커스는 하늘의 이치에 맞춰져 있을 것임은 너무나 분명하기 때문이었다.

반면 개구리 울음소리에 비유한『맹자』의 즐거움은 뜻 자체부터도『주역』의 여민동환與民同患이었다. 사람들과 더불어 근심을 함께 나누려는『주역』의 여민동환! 그걸 맹자는 제선왕에게 중락락衆樂樂의 개념으로 바꾸어 설명하는 차이만 있었다. 그러므로 앞에서 소개한 중락락衆樂樂 문구도 결국 땅을 통해 만물을 지탱하는『주역』중천건重天乾, 하늘의 덕 그것으로 통할 수밖에 없었다.

"실제로 맹자는『주역』의 전도사야."

노인에 의하면『맹자』의 책 내용 전체가 결국은『주역』이었다. 왜냐하면 인의仁義로 압축되는『맹자』의 핵심 주제부터도 그랬다. 어질어야 한다고 말할 때의 인仁은『주역』에서 만물을 낳아 길러 주는 중천건重天乾 하늘의 덕이었고, 마땅한 이치로서 드러나는『맹자』의 의義는 본래『주역』의 중지곤重地坤 땅 괘의 근본 도리였기 때문이다.

그런데『맹자』와『논어』뿐만이 아니었다. 동양 고전의 모든 사상적인 뼈대는 결국 『주역』이었다. 구체적으로 『논어』 등에서 강조하는 공자의 덕은 그 의미가 『주역』 하늘 괘 중천건重天乾의 작용이었고, 노자의 무위無爲 사상은 『주역』 땅 괘 중지곤重地坤의 덕에 포커스를 맞춘 뜻의 전개였다. 노인에 의하면 성誠과 경敬을 사상의 핵심 뼈대로 삼는 사서삼경의 『중용中庸』도 마찬가지였다.

지성스럽다는 성誠이 촌각도 쉬는 법이 없는 하늘의 작용을 뜻한다면 공경심을 의미하는 경敬은 그 같은 하늘의 덕에 대한 땅의 유순함을 강조하는 말이었다.

"그래서 『주역』을 만학의 제왕이라고 하는 거 아니겠어!"

제비와 개구리 비유가 왜 제비와 개구리의 비유만으로 그칠 수 없는가를 드러내는 노인의 한마디였다. 고민하는 것만큼 보이고 생각하는 것만큼 열리게 되어 있는 오묘한 『주역』의 이치, 그것을 『논어』와 『맹자』의 전체 맥락에서 보아야 하기 때문임을 사내는 비로소 알 수가 있었다.

・・・

『주역』이 만학의 제왕이기 때문이었을까? 공자는 나이 들어서 『주역』을 특히 좋아하였다. 집에 있을 적엔 책상 위에 놓고 보았고, 밖으로 나갈 때는 배낭 속에 넣어 다녔다.

자공이 물었다.

"스승께서는 언젠가 이렇게 말씀하셨습니다. '덕행을 닦지 못하는 자는 신령스러움을 찾기 마련이다. 그리고 미래를 알고자 하는 욕구가 큰 사람은 점을 치기 마련이다.'

저는 선생님의 이런 가르침을 응당 깊이 새기며 살아 왔습니다. 그런데 스승께선 나이가 드시어 『주역』을 좋아하시니 어찌된 일입니까?"

공자가 대답했다.

"군자의 말은 목수의 먹줄처럼 곧다. 내가 좋아하는 것은 점친 뒤에 징조를 알려 주는 『주역』이 아니라 그 이전의 『주역』이다. 그 『주역』의 요점을 살피는 것은 덕을 그르치는 것이 아니다. 『서경』에는 (그 뜻에 있어서) 자주 막히는 곳이 많다. 그러나 『주역』은 아직 손실된 곳이 없다. 거기에 『주역』에는 고대로부터 전해진 이야기가 많다. 내가 『주역』의 점치는 용도를 좋아하는 것이 아니다."

"만약 스승님께서 『주역』의 점치는 용도가 아닌 그 말을 좋아하시는 것이라면, 남의 말에서 즐거움을 찾는 것이 아닙니까? 그래도 되는 것입니까?"

공자가 대답했다.

"너는 잘못 생각하고 있구나. 자공아. 내가 너에게 『주역』의 도를 가르쳐 주도록 하마. 상나라의 주紂왕은 도가 없었다. 그러나 문왕은 도를 행했다. 하지 말아야 할 것을 알았으므로 허물을 피했다. 그리하여 『주역』이 처음 일어나기 시작했다. 나는 그 지혜를 즐기는 것이다."

이런 공자였으므로 공자의 언행을 기록해 놓은 『논어』는 그 내용이 사실은 『주역』이다. 『주역』의 문언전, 『주역』의 단전, 『주역』의 상전 그리고 계사전까지 역의 이치대로 세상을 살았고, 역의 이치를 세상과 공유하며 살려고 노력했을 뿐이었다. 그 가운데 증거가 될 만한 문구 하나만을 예로 든다면 『논어』 앞 구절의 인생 삼락三樂 장이다. 그 가운데 배우는 즐거움과 삶의 본질적인 이치를 함께 주고받을 수 있는 친구가 멀리 와서 만나는 즐거움도 물론이려니와 남이 알아주지 않아도 초조해 하지 않는 즐거움(人不知而不慍 不亦君子乎), 그것은 『수역』 중천건 문언전에서 강조하고 있는 다음의 문구 그대로다.

공자께서 말씀하셨다. 잠용물용潛龍勿用이란 용덕을 가지고 숨어 있는 자니 세상을 따라 변하지 않으며(세상을 바꾸지 않으며), 명성을 이루려 하지 않아 세상에서 물러나 있어도 근심하지 않으며, 남이 옳게 여기지 않아도 고민하지 않아(도에 맞아) 즐거우면 행하고 근심스러우면 떠나가서 뜻이 확고하여 뽑을 수 없는 것이 잠겨 있는 용이다.
(子曰, "龍德而隱者也. 不易乎世, 不成乎名, 遯世无悶, 不見是而无悶, 樂則行之, 憂則違之, 確乎其不可拔, '潛龍也.'")

13. 왜 하필 몽이야?

"율곡의『격몽요결擊蒙要訣』, 퇴계의『계몽전의啓蒙傳疑』, 당나라 이한의『몽구蒙求』! 거기에 주자의『역학계몽易學啓蒙』까지 왜 책의 제목을 붙이면서 하필 몽蒙일까?"
"어리다는 뜻인데, 그럼 어린이를 위한 책 맞나요?"
"그럴 수도 있겠지."

사내의 추측을 부정하지 않았지만 덧붙이는 노인의 설명에 의하면 만족스런 답은 못 되었다.『주역』산수몽山水蒙! 의미체계와 관련이 깊었다. 위가 산, 아래가 물이라면 산에서 처음 흘러내리는 맑은 물이었다. 어느 쪽으로  어떻게 흘러가게 해야 할까? 들을 적시게 하면 농작물에 이로울 것이고, 홍수가 되어 범람하고 만다면 오히려 해로운 존재가 될 것이다. 그렇다면 그로 인해 생겨나는 결론은? 당연히 눈떠야 하는 게 고전의 이치였다. 땅을 통해 만물을 낳아 기르는 하늘의 덕.

"오직 그뿐이야! 고전에서 말하는 세상의 이치가."
"……"
"도서관圖書館, 형이상학形而上學과 형이하학形而下學, 학문學問, 의상衣裳, 광화문光化門 등……. 어때, 깊이 생각해 보진 않았겠지?"

모두가 그런 이치를 염두에 두고 『주역』에서 빌려 오고 있는 단어들이라고 했다. 하늘과 땅, 현상과 본질, 『주역』의 개념으로는 양陽과 음陰이며 구체적인 괘명卦名으로는 건乾과 곤坤이었다. 그것을 천체의 움직임과 연결해서 생각하면 하도河圖 낙서洛書의 도서관圖書館이 되고, 빛의 움직임으로 이해하면 광화光化와 만卍이고, 건곤乾坤의 성격에 초점을 맞추면 우리가 입고 있는 위아래의 옷차림인 의상衣裳이었다.

"그렇다면 결론이 뭘까?"

노인에 의하면 세상을 살아가는 지혜도 거기에 초점을 맞춰보면 너무나 단순했다. 자기 자신의 역할을 어떻게 찾아가야 할까(何以守位)? 세상과 세상 사람들에 대한 사랑! 즉 만물을 낳는 하늘의 어진 덕, 인仁이었다. 사람들이 모이게 하는 일도 다르지 않았다(何以聚人?). 왈 재(財)니 재화의 힘에 의존하는 방법이었다. 이는 모두가 공자의 계사전을 인용한 노인의 말이었다.

"꿈이 있는 삶, 비전을 생각하는 삶! 그것인들 뭐가 다르겠어. 다만……."

그리고 이런 고전의 원리가 자기 삶의 토대가 되게 하는 방법은 어렵지 않았다. 만물자시萬物資始 내통천乃統天! 어떤 상황에서도 자기 자신의 평소 모습 그대로가 하늘을 거느리고 있음을 확신確信으로 간직하고 살면 되었다. 사업을 하면서도 책을 읽으면서도 대화를 주고받거나 밥을 먹으면서도. 심지어 화를 내거나 시비에 휘말려 들었을 때도 그것이 하늘의 작용에 의존한 세상살이의 한 패턴임을 수긍할 수 있으면 그만이었다.

그렇게 되면 그 믿음이 자기 자신을 이끌어 주고 그 믿음이 자기 자신을 당당하게 만들며, 그 믿음이 만들어 내는 삶의 지혜로 인해 언제나 평온해지는 삶의 패턴이 생겨나게 된다고 했다.

"마음이 불편해지는 일은 피해 가고, 마음이 평온해지게 하는 삶의 패턴!"

그런데 어떤 맥락에서였을까? 계속되는 노인의 말끝에 연상되는 사내의 관심은 엉뚱하게도 노자『도덕경』의 다음 구절이었다.

(마음의) 빛을 이용하여 밝음으로 돌아간다면 몸에 닥치는 재앙을 걱정할 게 없을 것이다. 이것을 일컬어 도道를 지키는 것이라 한다.

● ● ●

산수몽山水蒙의 몽蒙에 대한 글자 풀이
나이가 어리고 아는 것이 없는 상태를 가리켜 동몽童蒙이라고 한다.
『설문』에 몽蒙을 청맹과니에 해당하는 몽矇으로 대신해 기술하면서 그 뜻이 눈동자는 있으나 보지 못하여 어두워서 분별하는 바가 없는 것이라고 했다.
『시경』 영대편에 나오는 판수장님 음악을 연주한다는 구절에 대한 모전의 해석 역시 마찬가지다. 사람에게 눈동자는 있으나 보지 못하는 것을 몽矇이라고 한다 하였다.
한편『주역』의 산수몽의 몽도 그 점에서 서로 다른 뜻이 아님을 알 수 있다. 왜냐하면『시경』이나『설문』에서 풀이하듯 몽蒙은 나이가 어려서 아는 것이 없는 상태이니 눈동자를 잃지 않았는데도 눈이 가려져서 사물을 볼 수 없다는 뜻에 속하기 때문이다.
효별로 보면 산수몽에서의 동몽童蒙은 위의 다섯 번째 효인 육오六五에 해당한다. 그리고 이 동몽童蒙을 가르치는 스승은 아래 두 번째의 구이九二 효다. 참고로 하나의 현상에 음양의 이치를 적용해 보면 비록 사물을 명확하게 바라보지 못하는 동몽童蒙이라도 다음과 같은 긍정적인 면이 생겨나기도 한다. 덕을 돈후하게 가진 사람을 천진난만한 젖먹이에 비교하는 노자의 지론이다.

"독벌레도 쏘지 않고 맹수도 할퀴지 않으며 사나운 새도 다치게 하지 않는다."

이와 같은 동몽童蒙은 적자赤子라고도 할 수 있으니 위에 있으면서도 어린아이처럼 천진난만한 덕을 가진 사람이 곧 육오六五 동몽童蒙이다.

14. 출렁이는 기쁨

"이택당麗澤堂? 뜻이 뭐에요?"

노인을 향한 사내의 첫 질문이었다. 방문 출입구 위쪽 편액의 글씨체는 투박하고 뭉툭했다. 노인에 대한 관심이 아니라도 궁금하던 내용이었다. 걸릴 '리麗', 못 '택澤', 집 '당堂'. 못이 걸려 있는 집?

"몰랐나? 여기가 예전 서당의 공부방이었던 걸."

"아, 그랬어요? 공자왈 맹자왈을 읊던 그 서당 말씀하시는 거죠. 그렇지만 그게?"

서당이었다는 정보도 뜻밖이었지만 그게 자신의 질문과 연결되는 이미지도 찾아지지 않았다.

"출렁이는 연못을 상상해 보면 알 수 있을 텐데."

"……"

"삶의 기쁨."

주역의 태 괘(☱)를 의미한다고 했다. 하늘의 이치 위에서 노닐고 있는 기쁨. 돈이나 명예 따위의 오욕락五慾樂을 충족했을 때보다 더욱 깊고 색다른 기쁨이라고 했다.

수천 년 전에도 그렇게 살아야 했고 인류가 존속하는 한 수천 년 뒤에도 그렇게 살 수밖에 없는 삶의 이치, 그것을 터득하는 순간의 기쁨을 생각해 보라고 했다. 노인에 의하면 그것은 막연하거나 추상적이지도 않고 지금 이 자리에서 그것을 체험하는 사람이면 수긍하지 않을 수 없는 매우 구체적인 형태의 기쁨이었다.

"생각해 봐, 우리가 세상을 살면서 가장 애착을 갖는 게 뭐겠어. 그것은 자기 자신의 몸이고 자기 자신의 가족이야. 그렇지만 세월이 지나면 어떨까?"

"……."

"몸을 잃고 나서도 가족과 헤어지고 나서도 누릴 수 있는 기쁨. 그런 게 있을까?"

노인은 거기서 말을 끊었다. 사내의 상상에 맡기겠다는 표정이었다.

"불교 경전까지 포함했던 것은 아니지만 고전과 벗하면서, 『소학』을 읽고 사서를 읽고 또 삼경이나 『춘추』·『예기』·『통감』 등을 손에 쥐고 살면서, 그것도 아니면 노자의 『도덕경』이나 장자의 『남화경』은 물론 『고문진보』나 『황제내경』 따위를 읽으면서 자기 마음과 몸이 서 있어야 할 곳을 찾고 또 터득해 가는 기쁨. 이택당麗澤堂이란 뭐 그런 것이 걸려 있는 집이라는 뜻이 되는 거지."

"네, 의미가 매우 상징적이네요."

"너무 보이는 것에서만 의미를 찾으려 하지 마. 어쩌면 우리에게 더욱 중요한 것은 보이지 않는 것일 수도 있어."

● ● ●

우리 민족의 풍속과 수많은 문화재들은 배경이 『주역周易』이다. 그 가운데 대표적인 게 서울의 사대문四大門이다. 평소 남대문으로 일컬어지는 숭례는 예禮를 숭상한다는 뜻이니 중천건重天乾에서 말하는 형통한(亨) 덕이다. 정북의 숙청문은 후대에 숙정문肅靜門으로도 불렸다. 그 뜻은 겨울이 되면 만물이 감추어져 고요하고 맑은 중천건의 곧은 정덕貞德이다. 정동의 흥인문興仁門은 봄이 되어 생겨나는 만물의 시작이니 중천건重天乾에서 말하는 하늘의 세상을 살리는 어진 원덕元德이다. 정서는 돈의문敦義門이니 가을이 되어 마땅한 이치로 거두어지는 하늘의 이로움으로, 중천건重天乾에서 말하는 이덕利德이다.

이처럼 서울의 사방 출입에 관여하는 사대문은 명칭부터가 동서남북이 그대로 하늘의 원형이정元亨利貞한 덕을 상징하는 의미체계에 해당한다.

궁성도 마찬가지다. 남쪽의 광화는 숭례와 통한다. 방위로는 남쪽에 속하고 남쪽은 역의 후천 팔괘로 보아 이離방이다. 이離는 세상의 이치에 밝은 괘상이고 양의 기운이 왕성한 하지夏至 혹은 오시午時의 때다.

『주례』에서도 천자가 나라를 다스림에 북쪽에 위치하여 남쪽을 바라보고 정치를 행한다고 했으니 이는 나라를 다스리는 위정자가 세상의 근본 이치에 밝은 안목을 갖추고, 세상의 온 백성을 이롭게 하자는데 뜻이 있었다. 북쪽의 신무神武, 동쪽의 건춘建春, 서쪽의 영추迎秋 등도 예외가 아니다. 역易의 원형이정元亨利貞을 방위로 나누어 보면 동서남북東西南北이 되고, 계절로 분류하면 봄 여름 가을 겨울이 되며, 색깔로 구분하면 원元덕은 푸른색의 청룡靑龍, 형亨덕은 붉은 색의 주작朱雀, 이利덕은 서리가 내리는 흰색의 백호白虎, 정貞덕은 물의 기운만이 왕성한 검은 색의 현무玄武가 된다.

15. 음양의 이치를 통한 삶의 이해

"주목할 점은 계절에 따라 달라지는 입맛이야."

계절에 따라 달라지는 입맛, 거기에서도 우리는 세상을 살아가는 삶의 지혜를 찾을 수가 있다는 노인의 주장이었다. 왜냐하면 봄과 여름에는 시고 차가운 매실이나 수박 등을 먹고 싶고, 겨울에는 뜨겁고 매워서 자극적인 음식이 먹고 싶은 이유가 곧 세상이 의존하고 있는 음양陰陽의 이치이기 때문이었다. 남자가 여자와 짝을 이루고 하늘이 땅에 의존하는 것만 성인들이 강조하는 음양陰陽의 이치가 아니었다. 봄과 여름은 양기陽氣가 성한 때이므로 서늘하고 차가운 음식을 필요로 하게 되어 있었다. 반면 서늘하고 추운 겨울에는 음기陰氣가 성한 때이므로 이를 중화시켜 주는 따뜻하고 뜨거운 음식을 우리의 몸은 필요로 했다. 한의에서는 따뜻하고 뜨거운 체질이나 혹 그와 관련된 병에는 약재를 쓸 때 서늘하고 차가운 성질을 주로 활용하고, 서늘하고 차가운 체질이나 질환 역시 그 점은 마찬가지였다. 그래서 서늘하고 차가운 체질이나 질환에 사용하는 약재는 몸을 따뜻하고 뜨겁게 하는 종류가 주종을 이루었다.

"핵심은 세상이 돌아가는 중화의 원리가 되지."

이는 인간의 신체 구조에 나타나는 몸의 음양陰陽에서도 마찬가지라고 했다.

남자는 양陽에 속하지만 양陽이 지극하면 음陰이 생하기 때문에 음낭이 아래로 늘어지게 되고 여자는 음陰에 속하기 때문에 음陰의 지극함으로 인해 양陽이 생하면서 유방이 위로 부풀어 오른다는 노인의 설명이었다. 그뿐 아니었다. 신체가 보여 주는 생리 주기도 예외가 아니었다. 여자는 음陰에 속하는 까닭에 양이 자라나는 소양의 성수(7)로부터 변화를 보이면서 7세에 이를 갈고, 14세(7×2=14)에 생리를 시작하며, 49세(7×7=49)에 폐경 증상이 찾아오는 법이었다. 반면 남자는 양陽에 속하는 까닭에 음陰이 자라나는 소음의 성수(8)로부터 변화가 시작되었다. 그래서 8세에 이를 갈고, 16세(8×2=16)에 정기가 성해지고, 다시 끊기는 때는 64세(8×8=64) 무렵이었다.

"어때, 그럴듯하지 않아?"

　일률적일 수는 없지만 그것은 고전에 의해서 확인된 의심할 수 없는 자연의 원리라고 했다. 양陽에서는 음陰이 작용하고 음陰에서는 양陽이 작용하는 원리가 바로 역의 여섯 자녀가 구분되는 삼음三陰 삼양三陽의 원리였다. 이를 적용하여 일 년 365일의 절기에 적용시켜 보면 어떤 결론이 생겨날까? 동지冬至에 해당하는 자子로부터 양이 자라나면서 하지夏至에 해당하는 오午까지의 봄과 여름이 따뜻하고 뜨거운 양이지만 명칭을 보면 궐음풍목厥陰風木 · 소음군화少陰君火 · 태음습토太陰濕土처럼 명칭부터가 음陰의 영역처럼 이름이 붙여졌다. 그리고 양陽을 나타내는 소양상화少陽相火 · 양명조금陽明燥金 · 태양한수太陽寒水는 하지夏至 오午로부터 동지冬至 자子인 음陰의 영역에 해당되었다.

"이유를 알 수가 없었지."

　『내경』을 배우는 동안에 혼란스러웠던 노인의 경험담이었다. 그러므로 이념이나 지역 감정 및 남녀 간의 성차별 문제에서부터 정치적인 진

엉 논리 등에 이르기까지 자기 자신을 어느 한쪽의 편협한 시각에 가둬두는 삶을 살아서는 곤란하다고 했다.
"서로가 서로에 의지해야만 하는 중화中和의 원리! 바로 그거야."
　노인의 표현에 의하면 그게 곧 일음일양一陰一陽의 이치로서 인간의 의식이 그것을 인정하고 주목할 수 있을 때 비로소 건강한 삶을 살 수 있다는 노인의 주장이었다.

● ● ●

우리나라의 『동국세시기』, 중국의 『형초세시기』 등에 등장하는 쑥의 의미는 포커스가 결국 『주역周易』의 음양陰陽이다. 그 증거로는 민가의 풍속에서 전해져 내려오는 쑥의 용도에서 확인할 수가 있다. 『주역』의 음양陰陽이라면 양陽이 하늘, 음陰은 땅의 기운을 상징한다. 그런데 그게 어떻게 한반도 전역의 들녘에서 자라나는 쑥이 하늘과 땅의 기운을 상징하는 『주역』의 음양과 결부될 수 있을까?
일 년의 절기 가운데 단오端午는 양기陽氣가 가장 왕성한 무렵이다. 하루 중의 시간으로 보면 오시午時에 해당하는 때다. 일 년 중의 양기가 가장 왕성한 단오날 오시에 뜯은 쑥이 집안의 사기를 물리치는 매개체로 이용되었다는 것은 쑥이 지니고 있는 양기운의 효험을 그만큼 신령스럽게 보고 있었음을 잘 알 수가 있다. 실제로 쑥은 한약에서 갖가지 질병을 치료하는 탁월한 한약재로 인식되어 지혈, 온경溫經, 해열, 진통, 거담, 등의 약재로 폭넓게 활용되었다. 그뿐이 아니다. 민간요법의 입장에서는 월경불순, 대하, 토혈, 감기, 복통, 소화불량, 만성간염, 기관지염, 천식 등에 관련된 약재로도 널리 알려져 있어서 그 쑥이 지니고 있는 활용도의 폭은 우리의 생활 구석구석에 거의 미치지 않는 곳이 없을 정도다.

그래서 이와 같은 쑥이 지닌 의미는 우리 민족을 지탱하는 건국신화에서도 곰을 사람으로 변화시킬 수 있는 신령스러운 매개물로 어김없이 다뤄지는 소재로도 등장한다. 우리의 건국이념이 홍익인간에 있고 쑥은 하늘의 양기운陽氣運을 받아 세상의 삿된 기운을 몰아내고 만물을 살리는 데 기여하는 식물이 된다고 보면 이는 조금도 이상하지 않은 우리 조상들이 세계관이다. 거기에 쑥은 빈식력도 왕성하고 우리나라의 토양에도 매우 알맞아서 봄기운이 돌기 시작하면 나라 안의 어디에서나 쉽게 목격되는 식물 가운데 하나다. 그래서 먹을 것이 없는 봄철이면 먹어도 뒤탈이 생기지 않으면서 맛도 좋아 식용으로 아주 적합한 봄철 채소였다. 그런 까닭에 벽사의 주술 기능을 겸하면서 사람들의 구황에도 큰 몫을 담당하는 쑥에 대한 우리 민족의 관심은 초점이 결국 하늘의 양기운과 결부시킨 것은 너무나 당연했다.

쑥의 용도를 들여다보면 이뿐만이 아니다.『주서』월령에 보면 부싯돌로 불을 붙일 때 사용하는 부싯깃에 대한 언급이 나오는데 거기에서도 어김없이 쑥이 등장한다. 물론 쑥 이외에도 봄에는 목木의 기운인 푸른색의 느릅나무와 버드나무도 활용되었다. 여름에는 붉은색 화火의 기운에 해당하는 대추나무와 은행나무, 토土의 기운이 왕성한 늦여름에는 황색의 토기운을 대신하는 뽕나무와 산뽕나무를 사용했다. 반면 떡갈나무와 졸참나무는 하얀 색깔의 서리를 떠오르게 하는 가을의 부싯깃 역할을 했다. 이처럼 계절에 맞는 자연의 색깔을 응용하여 부싯깃으로까지 활용하던 삶의 지혜는 그만두고라도 하늘의 양기운을 상징하는 쑥에 주목했다는 것은 어떤 의미를 지닌다고 할 수 있겠는가. 하늘과 땅의 이치에 바탕을 둔 음양陰陽의 조화, 결국 그것의 문제로 귀결되는 옛사람들의 세계관이었다.

16. 욕심을 딛고 선 마음의 아픔

"필경 어려워, 욕심이 앞선다면."
노인은 덧붙여서 『주역』 수뢰둔水雷屯 육삼六三 효사의
말을 소개했다. 사람의 욕심을 사슴 좇는 일에 비유하는
문구였다.

수뢰둔

사슴을 좇되 길잡이(虞人)가 없으니, 길을 잃고 숲 가운데서 헤매게
될 뿐이다. 이에 군자는 기미를 알고 그치는 것만 같지 못하다. 그러나
이를 받아들이지 않고 나간다면 부끄러운 결과만 불러올 것이다.
(六三, 卽鹿无虞, 惟入于林中, 君子幾, 不如舍, 往吝.)

부끄럽게 되는 까닭에 대해 상전에서는 길잡이가 없이 사슴을 좇는 일
자체가 짐승을 탐내는 욕심 때문(象曰, "卽鹿无虞", 以從禽也.)이라고
하였다. 노인에 의하면 세상살이의 핵심이 어떤 일이건 그 일의 기미幾
微를 아는 일이었다. 그것은 고전을 이해하는 시각의 첫걸음과 관련이
있다고 했다.
"IT 분야의 활동 연령이라는 게……."
삼십 대를 넘기면 이미 황혼이었다. 도덕적으로도 떳떳하지 못하고

욕심인 줄 알지만 포기하고 싶지 않았다. 잡다한 여러 가지 혜택을 고려하지 않더라도 연봉이 비교 불가였다. 문제는 상대 회사가 이쪽과 경쟁 관계에 놓여 있는 외국계라는 점이었다. 물론 노인이 지적하지 않아도 자신의 갈등이 어디에서 오는가는 사내 자신이 누구보다도 잘 알았다. IT 분야의 첨단 기밀이 나라 밖으로 유출되는 문제 때문이 아니었다. 자신이 그쪽에 기밀을 넘기고 난 뒤에도 자신의 시위가 처음 약속했던 것처럼 보장될 수 있느냐의 문제였다.

더 하려고 하지 말라. 혹 공격할 것이니 마음을 세우되 떳떳하지 못해 흉하다.
(莫益之, 或擊之 立心勿恒, 凶.)

풍뢰익風雷益 상구上九 효사의 문구였다. 특별한 케이스가 아니라도 이익에 끝까지 목을 매는 사람은 남들의 공격을 받게 되는 게 세상의 당연한 이치였다. 굳이 『주역』을 들먹일 것조차 없다는 노인의 충고였다.
어떻게 해야 하는가? 그게 기미를 돌아볼 줄 아는 군자다운 처신이었다. 쉽게 말하면 삶의 동기에 관한 성찰이었다. 국부 유출이나 자신의 이익은 그 다음의 문제였다. 그 점에서 노인이 말하는 몰이꾼은 결국 자기 자신이었고, 스스로 딛고 선 마음의 발밑을 돌아볼 줄 아는 삶의 지혜였다.

선을 쌓은 집은 반드시 남은 경사가 있고 선하지 못한 일을 계속하는 집은 반드시 남은 재앙이 있으니, 신하가 군주를 시해하며 자식이 아비를 죽임은 하루아침과 하루저녁의 변고일 수가 없다. 점차 쌓여 이루어진 결과이니, 일찍 분별해 알지 못했기 때문이다.

(積善之家, 必有餘慶, 積不善之家, 必有餘殃. 臣弑其君, 子弑其父, 非一朝一夕之故, 其所由來者漸矣! 由辯之不早辯也.)

내친 김에 덧붙이는 구절이니 머리에 담아 두도록 하라고 했다. 그러나 노인의 충고가 아니라도 사내는 이미 노인의 말에 빠져든 뒤였다. 또 그것은 색다른 자기 확인이기도 했다. 기미라는 낯선 단어에 접할 때부터였다. 사내의 관심은 이익이나 길흉 따위가 아니었다. 기미, 발밑 따위와 같은 단어들이었다. 비록 뜻은 생소했지만.

・・・

역의 기미幾微와 불교의 식심초동識心初動

생명력을 수용하는 입춘첩立春帖에서도 자세하게 알 수 있듯이 역의 양기운陽氣運은 하늘에서 뜨거운 햇볕이 대지를 비추면서 만물이 싹을 틔워 자라나는 태양의 열기를 뜻한다.

태양의 열기가 있음으로 인해 왕성한 생명력을 되찾게 되는 만물은 그 근거가 곧 하늘이고 그것을 역의 부호로 나타내면 하늘괘(☰) 중천건重天乾이 된다. 그래서 일 년의 사계절을 나타내는 봄의 어원 역시 볕(陽)과 뜻이 일치한다.

봄은 어원을 나타냄에 있어 '볼-볼옴-보옴-봄'으로 변천해 왔다는 주장이 그 증거다. 즉 봄의 본뜻은 태양의 볕에 그 연원을 두고 있는 글자다. 한자도 그 점에 있어서는 예외가 아니다. 봄(春)은 햇볕을 받아 풀이 돋아 나오는 모양을 나타낸 글자이다.

우리는 여기서 무엇을 생각할 수 있을까. 여기에는 기본적으로 하늘의 태양이 만물을 생겨나게 하는 양기운의 덕에 대한 숭상을 바닥에 깔고 있는 문장의 구조다. 즉 양기陽氣가 생명을 살리고 음기陰氣가 생명을 죽인다면 하나의 양陽기운이 돌아와 생명의 왕성함을 회복하는 봄의 의미는 땅도 본받고 사람도 본받고 세상의 온갖 만물이 결국은 본받아야 하는 하늘의 덕이고 무위자연의 이치인 도道 그 자체다.

그래서 하나의 양陽이 자라나기 시작하는 지뢰복地雷復(위 삼획괘는 땅 곤坤 ☷ 이고, 아래 삼획괘는 우레 진 震 ☳)의 때에는 나라의 위정자도 정치를 쉬고 양陽 기운이 점차 자라나기를 기다려 주는 미덕을 강조한다.

지뢰복

이것을 우리 마음의 문제로 적용하면 생겨나는 게 유가儒家에서 강조하는 기미幾微의 문제다. 낌새 기(幾) 작을 미(微). 쉽게 말해 기미의 뜻은 우리의 마음이 어떻게 흘러가게 되어 있는가를 파악해 볼 수가 있는 낌새와도 같은 것이다. 다시 말해 그것은 음양陰陽의 측면에서 만물에 힘을 불어넣으면서 차츰 왕성해지는 봄의 양陽기운을 닮아야만 하는 것이다.

그러나 똑같이 처음 움직이는 마음의 낌새를 강조하는 듯싶어도 불교의 선은 유교의 그것과 출발점이 사뭇 다르다. 하늘과 나, 땅과 나와 같이 어떤 형태의 존재론적인 지향성을 갖추고 있다면 이런 세계관은 결국 변하지 않는 실체를 설정하고 있음을 경계하므로 마음의 평안을 추구하는 진리로서 수용하지 않는다. 왜냐하면 실체가 없는 연기론과 달리 하늘과 나, 땅과 나 등과 같이 실체가 인정되는 존재론은 반드시 대립을 불러온다고 여기기 때문이다.

실제로 세상살이 자체를 대립하는 마음의 움직임에서 보면 세상은 모두가 나의 경쟁자이다. 내가 경쟁에서 이긴다면 그것은 자랑스러운 나의 힘이 되고 권위가 된다.

세상은 서로 의지하여 돕고 살아가야 하는 연기의 세계이지 존재론적인 형태의 대립된 세계가 결코 아니다. 그래서 선에서는 실체가 없는 연기의 이치에 토대를 두고 펼쳐지는 마음의 작용을 특히 강조할 뿐이다(識心初動, 照顧脚下).

그러나 유교는 다르다. 만물을 이롭게 하고 만물에게 도움이 되는 이치에서의 존재론적인 시각의 적극적인 활용을 강조한다. 이것이 유교가 강조하는 군자의 기미다.

불교는 이와 같은 시각조차도 존재론적인 입장에 서 있다고 보아 철저히 부정하는 것이다. 그래서 부처를 만나면 부처를 죽이고 조사를 만나면 조사도 죽인다.

따라서 그 점에서 바라보면 우리 민족이 지니고 있는 문화의 전통적인 상징체계, 그것은 아무래도 불교의 선적이라기보다는 유가의 『주역』쪽에 더욱 가깝다.

17. 도서관이 주역?

"도서관圖書館이『주역』?"

노인의 말을 듣고 있다 생겨난 사내의 궁금증이었다. 도서관이란 단순히 그림이나 글을 모아 놓았다는 뜻에서 생겨난 명칭 정도로 알고 있던 그동안의 자신이었다. 그런데 노인의 설명으로는 의외였다.『주역』상수학의 상징인 하도河圖와 낙서洛書에서 유래하는 말이었다.

"하도와 낙서요?"

다시 반문해 보지 않을 수 없는 사내였다.

"맞아, 하도와 낙서."

노인에 의하면 주역의 하도는 일 년 사계절의 변화와 함께 목격되는 하늘의 천체 운행을 반영하는 그림이고, 낙서는 천체의 운행에 따른 지구 위 복사열의 강도에 해당한다고 했다. 그런데 이들 개념은 본래 계사전에 실려 있으면서도 옛날부터 이미 말이 많았다는 게 노인의 설명이었다.

"공자 아닌 누군가가 훗날 계사전에 끼워 넣었을 거라는 이야기지."

그렇게 말하면서 들려주는 노인의 말은 다음과 같은 계사전의 본문 내용이었다.

하늘이 신묘한 물건을 내자 성인이 이를 법으로 삼았으며, 천지가 변화하자 성인이 본을 받았고, 하늘이 상을 드리워 길흉을 나타내자 성인이 이를 형상으로 취하셨다. 하수에서 그림이 나오고 낙수에서 글이 나오자(河出圖 洛出書) 성인이 이를 법으로 받아들이셨다.

그러나 앞의 인용문에서도 짐작해 보게 하듯이 하도와 낙서로 상징되는 옛사람들의 관심에 주목해 보면 결론은 분명해진다고 했다. 공자의 글인가 아닌가의 여부는 문제될 게 별로 없었다. 또 그게 누군가의 의도적인 삽입이라고 하더라도 진실 자체가 달라질 수는 없었다.

11월과 6월의 초저녁이면 수성이 북쪽 하늘에 출현하는 이치, 3월과 8월의 초저녁이면 목성이 동쪽 하늘에 출현하는 이치, 2월과 7월이면 화성이 남쪽 하늘에 출현하는 이치, 4월과 9월이면 금성이 서쪽 하늘에 출현하는 이치, 5월과 10월이면 중천에 토성이 출현하는 천체의 변화는 어김없는 현실이기 때문이었다.

"낙서라고 하도와 다를 게 있겠어?"

하늘에서 생겨나는 별들의 움직임이 중요하다면 땅 위에서 일어난 환경의 변화도 일정한 법칙이 있을 것이라는 노인이었다. 그리고 그게 지구상의 복사열이라는 일정한 형태의 음양陰陽 강도로서 구체화시켜 볼 수 있는 낙서의 그림이라는 설명이었다.

"어째 존경스럽지 않아?"

노인은 존경스럽다고 했다. 내 통장 안의 돈 몇 푼, 타고 다니는 자동차의 브랜드나 패션, 그도 아니면 자기의 신체 스타일이나 사회적인 성공담이 관심의 전부일 때가 많았다. 그런데 하도와 낙서에 주목해 보면 뜻이 아름다운 사람들은 그게 아니었다. 자기 삶의 본질이라고 할 수 있는 하늘과 땅, 별과 달의 움직임이었고 현실적이지 못하다고 하면 결코 현실적일 수 없는 음양 따위의 부호에 의존한 역의 원리였다. 삶의 본질을 추구하려는 장인 정신이 아니면 상상조차도 할 수 없는 옛사람들의 행적이었다.

"눈앞에 보여지는 것만이 아닌, 보다 더 본질적인 것."

그러면서 덧붙이는 노인의 한마디는 다소 진지했다. 마음을 붙이는 대상이 꼭 하도와 낙서처럼 너무나 추상적일 필요는 없겠지만 눈앞의 이해관계에만 연연하는 습관만큼은 제고할 필요가 있을 것이라는 간곡한 당부였다.

• • •

하도河圖와 낙서洛書에 대한 보충 설명

하도河圖와 낙서洛書는 『주역』의 팔괘八卦, 『서경書經』의 홍범洪範 구주九疇와 더불어 상수象數학의 한 갈래를 이룬다. 반면 하도와 낙서는 음양 2기의 변화 법칙과 오행 생성의 법칙을 함께 포함한다.

그래서 『주역』의 팔괘는 우주의 축소판으로 역법曆法·절기·음률 등이 모두 괘상과 서로 결부되며 인간사의 모든 극단적인 문제까지 팔괘의 변화를 가지고 나타낼 수 있다고 보았다.

이와 같은 시각은 특히 한나라 때 『주역』을 연구하는 사람들에 의해서 두드러지게 나타났다. 그래서 후대의 송나라 사람들은 이를 두고 상수象數학, 혹은 상수象數파로 분류해 받아들였다.

기록상으로 그 도식을 처음 『주역』의 괘상과 연결시킨 이는 한나라 시대의 유흠이었다고 『한서漢書』 오행지에서는 전한다. 그뒤 정현이 하수의 용이 도를 내고 낙수의 거북이 서를 이루었다고 주석하고 양웅에 의

해서 거듭 언급이 되면서 후대의 하도와 낙서 도식으로 자리를 잡았다. 그 결과 남송의 주진은 상수학을 역학의 정통으로 간주, 하도와 낙서의 도식을 『한상역전』의 역괘도 첫머리에 올리고 뒤에 주희朱熹가 이를 『주역본의』와 『역학계몽』에서 받아들여 지금에 이르고 있다. 이에 먼저 하도와 낙서의 도상을 먼저 소개하고 다음 이야기를 시작하기로 한다.

하도河圖와 낙서洛書의 도상圖象

하도는 일 년에 생겨나는 천체의 움직임을 십진법으로 구체화시킨 결과로서 땅 위의 변화와 연결시키면 다섯 가지 성격으로 분류할 수 있으므로 이를 옛사람들은 오행생성도라는 이름으로 대신하기도 했다.

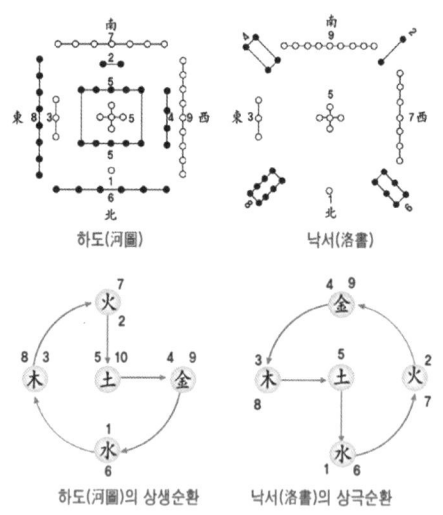

그러므로 그림에 나타나 있는 하도 안의 숫자를 목木화火토土금金수水라는 오행五行으로 연결시킨다면 앞의 그림과 같아지게 된다. 그렇다면 그 의미는 무엇일까? 그림의 왼쪽 하도에서는 사상의 변화를 보여 주고 있다. 토土, 즉 지구를 중심으로 봄 여름 가을 겨울의 변화로 나타나는 기운이 목木화火금金수水의 사상四象이다. 수數로서 이를 대신 표시하면 안쪽의 5까지의 변화가 1·2·3·4를 거치는 동안에 6·7·8·9의 사상이 하늘에서 생겨난다.

이는 하늘에서 출현하는 오대 행성의 움직임으로 구체화시킬 수 있는 천체 움직임으로 구체화시킨 오행의 변화다.

11월과 6월에는 수성이 북쪽에 출현하여 지구에 영향을 미친다. 이때 지구의 계절은 겨울이다.

2월과 7월에는 화성이 남쪽 하늘에 출현하여 지구에 영향을 미친다. 이때는 지구의 계절이 여름이다.

3월과 8월에는 목성이 동쪽 하늘에 출현하여 지구에 영향을 미친다. 이때는 지구의 계절이 봄이다.

4월과 9월에는 금성이 서쪽 하늘에 출현하여 지구에 영향을 미친다. 이때는 지구의 계절이 가을이다.

5월과 10월에는 토성이 중천에 떠 있으면서 지구에 영향을 미친다. 이는 봄 여름 가을 겨울의 변화가 생겨나는 전환기 역할을 한다.

그러므로 봄 여름 가을 겨울이 생겨나는 근거가 되고 작용하는 수는 5로서 십진법(10)의 체계를 펼쳐 보이는 것이다.

따라서 두 수의 합은 15가 되는데 그것이 바로 『주역』 계사전에서 말하는 삼오이변參伍以變의 개념이다. 삼오이변이 수로서 대신하면 15가 되는데 그것의 의미는 곧 십진법의 근본 수인 5로서 천지인天地人 삼재三才의 기운으로 만물의 변화가 지구의 땅 위에 펼쳐지는 이치의 설명이다.

반면 낙서는 하도와 달리 중앙 토인 5가 가운데서 움직이지 않고 10이 자취를 감추면서 9까지의 숫자만 각각 제 자리를 얻어 위 그림의 오른쪽에 있는 도상을 이룬다.

그때 1·3·7·9 홀수는 북·동·서·남의 네 곳 정방위에 자리를 잡고, 짝수인 2·4·6·8의 수는 각 방위의 모서리에 각각 자리를 잡고 앉아 위 그림에서 볼 수 있는 구궁도를 이룬다.

그런데 그 변화를 십진법으로 표기하면 괘의 기본 소성괘는 팔괘(만물 생성의 수 5까지를 피타고라스의 법칙에 적용해서 일 년 사계절의 변화를 구체화시키면 그것이 8개의 삼각형에 해당하므로 『주역』에서는 이를 역의 기본 팔괘로 대신하게 된다.)이고 중앙의 수 5까지 포함한 가로 세로 대각선의 합은 반드시 15가 된다.

거기서 중앙 오행의 수 5와 마주보는 자리끼리 합해서 생겨나는 10 태극의 수를 제외하면 나머지 구궁도의 변화는 80이 되므로 그 사실은 바로 역의 기본 괘상이 8괘여야만 하는 원리와 일치한다.

한편 설시에서는 태양, 즉 노양의 수가 9, 태음인 노음의 수가 6, 양이 젊은 소양의 수가 7, 음이 젊은 소음의 수를 8로 분류하고 있으니 그것 역시 이와 같은 법칙이 구체적으로 반영되는 십진법의 체계이기 때문이다.

태양의 수 9 +태음의 수 6 = 15

소양의 수 7 +소음의 수 8 = 15

그래서 하도와 낙서의 두 개 그림은 중궁의 5와 10의 수를 제외하고 보면 둘은 모두 『주역』의 팔괘 상을 만들어 낸다. 그러나 팔괘의 구체적인 배치 방식에 대해서는 진단의 삼변도와 도서학파의 해석도 명확하지가 못하고 또 일치하지도 않는다. 물론 그 점에 대해서는 여기서 너무 전문적인 영역이 되므로 다루지는 않겠다. 다만 진단의 용도 3변도는 도교의 역 해석에 바탕을 두고 있고, 하도와 낙서의 오행생성도와 구궁도는 정현의 오행설 및 한대 역위 계통의 구궁설을 흡수해 발전해 왔다는 점만을 참고 삼아 기억해 두었으면 한다.

18. 인생, 기다릴 줄도 알아야

"차라리 끝장낼까?"

힘이 들면 더러 해 볼 수도 있는 생각이라고 했다. 이는 누구나 예외일 수가 없었다. 세상을 살아가면서 생겨나는 고비, 이에 대한 옛사람들의 생각은 어땠을까?

"『주역』으로야 뻔하지, 뭐."

시련 자체가 축복일 수는 없지만 자기 삶의 축복으로 돌릴 줄은 알았다. 이는 『주역』 수천수水天需에 바탕을 둔 노인의 지론이었다.

수천수

"안이 하늘, 바깥이 험한 물이잖아."

주역에서 물 괘는 험하다는 뜻이었다. 그러므로 삶 자체가 정황상 어려울 수밖에 없었다. 차라리 끝장을 내고 말자는 생각을 하게도 되어 있었다. 왜냐하면 바깥이 험한 물 괘라면 눈앞에 당면한 고통을 견디기가 쉬울 수 없기 때문이었다. 그러나 그건 자기 자신의 허상에 속는 어리석음의 병이었다. 죽어서도 결코 흐름이 평온할 수가 없는 병.

"고통을 안고 사는 귀신이 되는 거지."

목숨과 바꾸어야 할 만큼의 허상에서 벗어나지 못하는 안타까움. 그리고 거기에 동의한다면 인간의 선택은 균형 잡힌 시각을 필요로 했다.

삶과 죽음, 부정과 긍정, 음과 양, 허와 실 같은 양면에 치우치지 않는 균형, 노인에 의하면 그게 건강한 자기 마음의 눈이고 평온함을 불러오는 삶의 토대였다.

"수천수, 『주역』의 괘상이 그래."

『주역』의 수천수는 괘상의 조합이 아래는 하늘 건(乾☰)이고 위는 물 감(坎☵)이었다. 그러므로 누군가가 바깥의 험한 모습을 보고 그때의 험함이 풀리기를 기다리면서 하늘의 덕을 자기 안에 길러야 하는데 그게 곧 눈앞의 허상에 얽매이지 않는 균형 잡힌 마음의 이치였다. 보이는 것, 들리는 것, 잡히는 것에 치우치지 않는 마음의 균형, 그것은 실체가 없는 하늘의 덕이자 우리 자신의 근본 마음이었다.

그렇게 되면 그 같은 사람의 일은 믿음이 있어 빛나고 형통하며 곧아서 길하게 되어 있음을 그곳 수천수 괘상에서는 분명히 보여 주고 있다고 했다. 그렇다면 역경에 부딪친 자신의 삶이란? 잔치하면서 즐길 수 있는 축복이어야 했다.

"음식연락飮食宴樂."

『주역』 수천수水天需 상전에 등장하는 문구였다. 먹고 마시며 잔치하며 즐길 줄 알아야 하는 음식연락. 왜일까? 상황이 험한 데. 눈앞의 어려움과 고통이 자기 안에 하늘의 덕을 쌓아 갈 수 있게 하기 때문이었다. 실제 세상을 살아가면서 어려움이 없으면 눈앞의 안일만을 쫓게 되어 있는 게 우리들 자신의 일반적인 속성이라는 게 노인의 판단이었다.

"아직껏 많이 보진 못했어. 현실이 만족스러운데도 삶의 본질에 매달리는 사람을……."

자기 삶이 험한 구덩이에 빠져 있는 것 같아야 유순하게 듣고 추종할 수가 있게 되는데, 기다리다 보면 맞이하게 되는 건 청하지도 않은 자기 삶의 귀인이었다.

"믿어도 될까?"

노인은 믿어 보라고 했다. 흔히 고통에 쫓기면 죽음을 생각하거나 산 혹은 탑이 있는 절간 같은 곳을 찾지 않기 위해서도 필요한 자기 삶의 소중한 버팀목이 될 것이라고 했다. 그래서 맹자도 물론이지만 서양의 명사들도 비슷한 이야기를 해 놓지 않았느냐는 노인의 한마디였다.

19. 뜻만 있다면

"중요한 것은 뜻이겠지."

뜻만 있다면 길은 열리게 되어 있다는 노인의 주장이었다. 조선 인조 때의 택당澤堂 이식李植에 관한 일화였다. 『주역』의 이치를 터득하려는 욕심에 이끌려 찾아간 곳이 용문사였다. 세상살이의 번잡함으로부터 벗어나 오로지 『주역』에 집중하기 위해서였다. 그러나 쉽지가 않았다. 밤낮으로 책에 빠져 살아도 행간의 이치는 점점 안개 속이었다.

'아! 이렇게 아둔해서야.'

택당은 탄식하면서도 포기하지 않았다. 물론 포기할 수도 없었고 포기해서도 안 되었다. 그렇기에 언젠가는 그 이치에 통할 수 있으리라는 묘한 기대감도 있었다. 사람들이 사용하는 글자로 되어 있으므로 그 뜻을 결코 파악 못할 리가 없는 자신이었다. 이 같은 간절함 때문이었을까? 불쑥 자신에게 다가오는 노승 한 사람이 있었다.

"그 어려운 것을……, 차라리 과거 공부나 하세요."

무심코 지나치는 듯한 노승의 참견이었다. 그런데 이상하게도 그게 그냥 지나치는 참견이라고만 여겨지지 않는 택당이었다.

"『주역』을 아세요?"

혹시나 하는 마음에 내뱉은 한마디였다. 그만큼 역에 대한 욕구가 간절해 있던 택당이었다.

"빈도는 품팔이나 하는 거지인데, 어찌 지식이 있겠소? 다만 공을 뵈니 너무 무리하는 것 같아 해 본 참견일 뿐이지요. 문자를 알지도 못하는데 하물며 『주역』이겠습니까?"

노승의 대답이었다. 하긴 틀린 말은 아닌 듯했다. 대체로 『주역』을 공부하자민 사서를 읽고 『시경』과 『서경』을 읽은 뒤라야 했다. 그러나 노승은 분위기 자체부터가 그런 학문들하고는 거리가 있어 보였다. 우선 생김새부터 그랬다. 절에 의탁하고 있으면서 허드렛일을 하고 살아가는 몰골 탓이겠지만 너무나 꾀죄죄하고 볼품이 없었다. 그러나 그런 외모가 오히려 노승에 대한 기대를 해 보게 만드는 택당이었다. 왜 있지 않은가. 자신의 날카로운 칼을 어딘가에 깊숙이 숨기고 세상을 살아가는 기인! 그리고 이런 택당의 예상은 빗나간 게 아니었다. 다시 한 번 정중하게 가르침을 구하자 택당을 대하는 노승의 태도는 우선 눈빛부터 달라져 있었다.

"내 거절하지는 못하겠구려. 혹 공께서 『주역』을 보다가 의심스러운 곳이 있으면 표시를 해 두었다가 나를 조용히 찾도록 하십시오."

택당으로 하여금 『주역』에 눈을 뜰 수 있도록 만들어 준 운명적인 만남이었다. 그는 책을 읽다가 의심이 나는 대목이 있으면 표시를 해 놓았다가 한가한 시간에 그 노승에게 가르침을 구했다. 그 승려는 역의 전체적인 이치에 대해 거침이 없었다. 외모는 허술하고 볼품이 없었지만 역에 대한 식견이 의외로 탁월했다. 노승이 알려 주는 역의 요지는 미묘하고 신선했으며 매우 깊이가 있었다. 역에 대한 자신의 남다른 집념이 문득 만나야 될 사람을 만나게 해 준 것 같은 고마움을 떨치기 어려웠다.

"그러나 상식이 무시되어선 곤란하겠지."

노인이 말하는 상식이란 어떤 문제를 너무 신비로운 일화로 받아들이고 싶은 묘한 심리를 경계하는 말이었다. 실제 택당과 노승 사이에 전해 오는 기록 가운데는 그런 부분이 없지도 않았다. 『주역』에 눈을 뜨고 나서 택당이 그 노승을 다시 만났을 때의 기록이었다. 점을 치는 데도 매우 일가견이 있었던 그 노승은 택당의 운명을 신기할 만큼 자세히 알아 맞췄다.

"병자년 전쟁으로 인한 재앙이 있을 터이니 미리 영춘 땅(충북 단양에 있는 고을 이름)으로 피하시고, 아무 해 다시 공과 더불어 평안도에서 만날 것이니 기억해 주시면 다행이겠습니다."

● ● ●

우리는 동양 고전의 한 과목인 『주역』에 대해 알 수 있는 기회가 너무나 없다. 그래서 『주역』을 떠올리면 어떤 사람은 세상을 살아가는 하나의 비기로 여기기도 하고, 어떤 사람은 자기 앞날을 점쳐 보는 기능의 점복서 정도로 생각하는 게 대부분이다.

그러나 그보다도 더욱 중요한 기능이 하나 있다. 세상을 살아가는 올바른 세계관을 정립하는 도구의 역할이다. 따라서 누구나가 거기에 초점을 맞추게 되면 인정해야 하는 결론이 하나 있다. 세상을 살아가는 과정에 겪을 수밖에 없는 무수한 번민을 극복해 내는 힘을 느끼게 된다는 점일 것이다.

그렇다면 그 같은 이치의 세세한 설명은 그만두고라도, 『주역』에서 설명하는 마음의 평정심은 어디에 초점이 맞추어져 있을까?

첫째, 일어나는 감정을 지켜보게 한다. 그 감정은 뿌리에 있어서 눈에 띄는 어떤 자취를 찾을 수가 없으므로 외부세계와 자기 자신의 가치를 동일시하려는 자세를 먼저 경계하게 한다. 이것은 역에서 말하는 삶의 기미다.

둘째, 자기 자신과 동일시하기를 경계해야 하는 자기 감정의 뿌리는 결국 하늘에 줄기를 둔 텅빈 무無로부터 출발하고 있음을 항상 자각해야 한다.

셋째, 우리의 마음은 본질적으로 자취를 찾을 수 없는 하늘의 이치에 줄기를 대고 있다는 점에서 하나의 묘한 작용일 뿐 하늘로부터 분리된 나 자신의 실체는 아니다. 태어나서 늙고 병들어 죽는 이치가 모두 이와 같다.

넷째, 자기 자신의 마음에 어떤 형태로든 고통스러움 따위의 부정적인 에너지가 느껴진다면 그것은 바로 자기 자신이 줄기를 대고 있는 하늘의 이치로부터 마음의 뿌리가 이미 벗어났음을 깨우치면 되는 일이다. 만약 그 깨우침이 자기 안에서 분명하게 자리 잡게 되면 세상의 모든 변화는 그것이 오직 하늘의 덕스러운 작용으로 돌아가게 된다.

그래서 땅이 하늘의 움직임을 그대로 받들 듯 우리 역시 하늘에 대한 공경심을 그대로 자기 인생의 아름다운 덕목으로 살려 낼 수 있으면 되는 구조다.

20. 일이 어긋나는 까닭

"단순한 이해관계만의 문제일까?"

노인은 그렇게 반문하면서 동의하지 않았다. 세상을 살아가는 과정의 송사는 반드시 삶의 본질적인 이치와 관련 있었다. 하늘과 물이 결합되어 있는 『주역』 천수송天水訟의 괘상이 그것을 확인해 준다고 했다.

천수송

"하늘 건(乾☰)과 물 감(坎☵)의 조합!"

위가 하늘 건(乾☰)이고 아래가 물 감(坎☵)이었다. 본래 위에 떠 있는 하늘은 위에 그대로 머물러 있고 아래로 흘러내리게 되어 있는 물은 움직이는 방향이 하늘과 반대였다. 그러므로 둘 사이의 관계가 서로 어긋나게 되어 있는 천수송이었다.

"공자도 상전象傳에서 그렇게 말하잖아."

공자의 상전이란 『주역』 본문 가운데 한 분야였다. 『주역』에는 우리가 역에 관심을 가졌을 때 마주치게 되는 분야가 셋 있었다. 하나는 음陰과 양陽의 부호로 이루어져 있는 그림, 즉 괘상卦象이고 다음이 그 괘상에 대한 문왕의 말이었다. 그리고 그 말과 괘상이 지닌 의미에 대해 공자가 다시 해석을 덧붙였는데 그것이 바로 공자의 십익十翼이었다. 『주역』 본문에 열 가지 날개를 달아 『주역』의 이치를 아는 데 도움이 되고자 노력하셨다는 공자의 십익. 물론 여기서 노인이 상기시키는 공자의 상전象傳이란 바로 그때의 십익 안에 들어 있는『주역』괘상에 대한 공자의 해석을 뜻하는 말이었다.

"그런데 공자님은 역시 공자님이셔."

작사모시作事謀始! 지을 '작作', 일 '사事', 꾀할 '모謀', 처음 '시始'. 이 역시 출처는 공자의 상전象傳이었다. 노인의 강조가 아니라도 사내로서는 납득할 만했다. 이해관계가 충돌하고 난 뒤에 그것을 바로잡는 것은 최상의 지혜일 수는 없었다. 아예 송사 자체가 생겨나지 않도록 하는 처음 시작을 이치에 맞게 하려는 작사모시作事謀始! 굳이 공자의 가르침 때문일까? 사내로서는 고개가 저어졌다. 그것은 사내가 아닌 다른 누구라도 부정할 일은 아니기 때문이었다. 그렇지만 그게 가능할까? 결코 가능할 리가 없었다. 사내가 아닌 인간의 세상살이는 이익이 아니면 권력이어야만 하는데 누가 현실을 살아가면서 그것이 아닌 삶의 본질을 선택할 수 있겠는가.

"본인이 그렇다면 강제할 수는 없겠지. 이익을 위한 선택은 누구나 자신의 몫이니까."

노인이 말하는 이로움은 여기서도 역시 천수송에 대한 공자의 해석이었다.

"송訟은 위가 강하고 아래는 험해서, 이익을 위해 서로 험하고 굳센 모양의 조합이 어긋나는 송이다. 그러나 송사는 이긴다는 믿음이 있더라도 결국 막히게 되어 두려울 수밖에 없다. 이를 안다면 중간에라도 하늘의 이치로 돌아설 수 있어야 길하다. 그렇지 않고 끝까지 고집함은 흉하니 대인의 마음으로 하늘의 알맞고 바른 이치를 숭상해야 하며 눈앞의 이익을 위해 굳이 끝까지 자기를 고집하는 일은 못에 빠져들게 되어 결코 이롭지 못한 세상살이다."

"……."

"그 점에서 보면 송사도 결국은 다를 수가 없지. 실체가 없는 마음의 자각!"

실체가 없기 때문에 송사를 고집할 까닭도 없으며 실체가 없음을 알기에 이익이 아닌 덕을 좇게 되어 있는 이치의 자각, 그게 천수송 단전에서 강조하는 공자 교훈의 핵심이라는 게 노인의 결론이었다.

21. 스승은 누구라야 할까?

"사단師團? 여단旅團? 왜 그 말들의 배경이 『주역』일까?"
 이어지는 노인의 설명이 군사 사師와 나그네 여旅의 뜻이었다. 노인에 의하면 군사 사師는 상경上經의 지수사地水師와 관련이 있었고, 나그네 여旅는 하경下經의 화산여火山旅가 배경이었다.
 "아, 그랬나요?"
 듣고 보니 의아해지는 사내였다. 왜 그 말의 배경이 『주역』일까? 그러고 보니 사내의 의구심은 거기서 끝나지도 않았다. 왜냐하면 사단의 사師는 일반적으로 스승을 뜻하는 용어였기 때문이다. 그런데 그게 전쟁과 관련된 군사 용어! 왜일까? 집을 떠나서 싸움터를 전전해야 한다는 점에서 나그네 여(旅)는 그런대로 납득할 만한 사내였다.
 "처음 듣는 정보겠지."
 예견한 듯한 노인의 반응이었다. 그만큼 일반인들에게 『주역』은 낯선 분야였다. 노인으로서는 안타까웠다. 한국의 사상·문화·풍속, 심지어는 한글의 과학적 원리까지도 모두가 『주역』이었다. 그런데 사람들은 관심조차 없었고, 관심이 있더라도 사주나 관상 수준이 고작이었다.
 "아무도 볼 수 없는 땅 아래 험한 무리들이 숨어 있다고 가정해 봐."
 지수사地水師에 대한 해석이었다. 『주역』의 부호로 보면 위가 땅 곤

(坤☷)이고, 아래는 험한 물 감(坎☵)이었다. 땅 아래에 험한 무리가 숨어 있다면 그것은 전쟁에 나가는 군사의 무리임이 분명했다. 그리고 그것을 이끄는 주체는 아래 두 번째 자리에 위치한 하나의 양이었다. 왜냐하면 세상은
음양이 짝을 이루면서 하나의 온전한 역할이 생겨나게 되어 있으므로 지수사에서 위와 아래에 자리 잡고 있는 여러 개의 음들은 결국 자리가 아래임에도 하나 뿐인 양에게 의존하여 자기 삶을 열어 가고자 하게 되어 있기 때문이었다. 따라서 위의 여러 음들은 자기들보다 아래인 두 번째 양을 유순하게 따르게 되어 있고 두 번째 자리의 양 역시 험한 물괘의 가운데이면서도 자기 삶의 중심을 하늘의 이치로 삼고자 한다는 점에서 지수사에 나타난 『주역』의 본질은 결론이 너무나 뻔했다. 특정 집단의 이해관계가 아닌 하늘의 이치, 바로 그것뿐이었다.

"실제 전쟁이라는 게 그렇겠지. 사람의 목숨과 바꿀 수 있는 그 무엇!"

노인에 의하면 그것은 중천건重天乾, 하늘의 괘사 원형이정元亨利貞의 덕이었다. 만물을 낳아 양육하면서 만물을 이롭게 하고 마땅한 이치로 자리 매김하게 할 수 있는 하늘의 이치. 오직 그것이라야 했다. 그러므로 지수사에서 군대를 이끄는 인물은 인간들의 삶에서 스승으로 높여 부르게 되어 있는 장인丈人이라야 하는 것이고, 군사 사師가 스승 사師의 뜻으로 보편화될 수 있는 게 조금도 어색하지가 않았다.

"오해도 많지만 『주역』은 결론이 결국 하나지. 중천건, 하늘의 덕인 원형이정."

노인은 그것만으로 다소 아쉬웠는지, 원형이정이란 『소학小學』의 인의예지仁義禮智와 같은 뜻임을 상기시키면서 덧붙이는 설명이 다음의 문언전文言傳이었다.

원元은 착함의 으뜸이요, 형亨은 아름다운 것들의 모임이요, 이利는 마땅한 것의 어울림이요, 정貞은 모든 일의 줄기가 된다. 그러므로 진정으로 선하다면 세상의 우두머리가 될 수 있고, 모임을 아름답게 할 수 있다면 그 도리가 마땅해질 것이며, 만물을 이롭게 하는 삶이면 분명 의리에 맞을 것이고, 뜻이 곧고 바르다면 모든 일에 있어서 줄기가 될 수 있을 것이다. 그리고 이것이 바로 『주역』 중천건에서 말하는 하늘의 덕스러움인 원형이정이 되는 것이다.

22. 인생의 봄을 기다리며

"음양陰陽의 순환."

일 년 12달의 변화를 두고 역易에서는 어떻게 설명하느냐는 질문에 대한 노인의 답이었다. 계속되는 내용의 요지를 다시 정리하면 봄과 여름은 양기가 자라나는 계절에 속하고, 가을과 겨울은 음기의 활동이 왕성해지는 계절로 나눌 수가 있었다. 따라서 계절이 변한다는 것은 양이 불어나면서 음이 사라지고, 음陰이 성해지면 양이 밀려나는 소식영허消息盈虛의 이치로 표현할 수 있다는 노인의 설명이었다.

"그래서 한 해의 분기점은 동지冬至와 하지夏至가 되는 거지."

노인에 의하면 음이 가장 왕성한 모습을 띠는 절기는 동지였고, 양이 가장 왕성한 분기점은 하지였다. 따라서 춘분과 추분을 중요하게 여기는 서양의 역법과 달리 동양의 역법은 동지와 하지가 중요하게 여겨졌음을 강조하는 노인이었다.

"따라서 지구에 봄이 왔다고 하면 그것의 의미는 뭐가 되겠어?"

역에서 말하는 양기가 돌아왔다는 뜻이고, 이를 해가 뜨고 지는 천체의 변화와 결부시키면 당연히 동쪽으로 해가 뜨는 장면이 떠오르게 된다는 점에서 동쪽의 푸른색을 봄철의 상징으로 내세우는 역의 구궁도九宮圖는 조금도 어색하지 않는 옛사람들의 지혜라고 할 수 있다는 노인의 설명이었다.

"뭐랄까? 『주역』의 괘상도 그래서 지뢰복地雷復이 되지 않겠어."

노인이 말하는 지뢰복이란 삼획괘의 조합이 위는 땅 곤(坤☷) 아래가 우뢰 진(震☳)이었다. 그러므로 삼획괘의 조합으로도 짐작할 수 있듯이 땅과 우레의 조합인 지뢰복은 하나의 양陽이 아래에서 처음 자라나기 시작하는 때의
괘상이었다. 이는 땅의 봄기운이 활기를 띠게 되면서 세상의 만물이 소생하는 생명의 탄생을 의미하는 것이기도 했다. 그래서 일 년의 사계절을 대신하는 봄의 개념 역시 어원은 볕(陽)에 맞춰져 있다는 노인의 설명이었다. 이는 봄을 뜻하는 한자어 춘春에 대한 노인의 보충설명으로서 그 의미가 겨우내 혹한에 짓눌려 있던 봄볕이 힘을 얻게 되면서 땅 위로 풀이 돋아 나오는 모양의 표현으로 이해하면 된다고 하였다.

"어때, 너무나 분명하고 단순한 원리 같지 않아?"

세상의 모든 변화를 음양의 순환으로 구체화시켜 바라보던 옛사람들의 안목에 대한 노인의 예찬이었다. 또 그 점에서 음의 작용보다는 양기의 움직임을 중요하게 생각하는 것은 자연스러울 수밖에 없는 것이고, 음에 해당되는 땅의 작용보다도 양인 하늘의 이치를 보다 더 높게 생각하는 계사전의 시각은 너무나 당연해진다는 게 노인의 분명한 결론이었다.

"물론 양이 높다는 것은 양기 자체에 실체가 있다는 뜻은 아니지."

양기로 작용할 수도 있고, 음기로 작용할 수도 있는 실체가 없는 생명력, 그것에 초점을 맞춘 생명력 숭배 사상쯤으로 이해하더라도 무리는 아닐 것이라는 노인의 계속되는 설명이었다. 그렇다면 노인의 설명이 아니라도 하나의 양기가 땅 밑에서 움직이기 시작하는 지뢰복의 의미는 매우 각별함을 지닌다고 볼 수 있었다. 왜냐하면 하나의 양이 회복

된다는 것은 겨우내 움츠리고 지내야 했던 생명력이 되살아난다는 뜻이고, 땅 위의 모든 만물이 그와 같은 하늘의 봄기운에 힘입는 경사스러움을 기대할 수가 있기 때문이다. 그래서 자손이 귀한 집안에서는 아들을 낳기 바라면서 봄이 시작되는 입춘에 물을 받아 두고 이 물을 부부가 서로 나누어 마시고 동침에 들어가는 이해하기 어려운 풍속마저 생겨나기도 했다. 물론 그뿐만도 아니었다.

절기상 입춘을 앞두게 되면 우리의 조상들은 집 앞 대문에 '입춘대길立春大吉'과 '건양다경建陽多慶'이라는 문구를 써서 붙이는 풍속도 있었다. 이것도 당연히 의식의 출발점은 『주역』의 양기를 숭배하는 우리 조상들의 입춘첩立春帖이었다.

반면 양과 달리 음은 어둡고 만물을 저장해 감추는 덕으로 받아들였다. 어쨌든 일반적으로 『주역』의 양기가 만물이 그 모습을 드러내는 생명력을 상징하고 음기가 사물을 감추는 생명력으로 의미한다면 하나의 양기가 땅 아래로부터 움직이기 시작하는 지뢰복의 때에는 거기에 대응하는 우리의 반응이 다음과 같아야 함을 기억할 필요가 있다는 노인의 새삼스러운 주문이었다.

(공자의) 상전에서는 말한다. 우레가 땅 가운데 움직이고 있음이 돌아온다는 복復이니, 선왕이 보고서 동짓날에 국경으로 (사람들이) 드나드는 것을 막고 장사꾼과 여행자가 다니지 못하게 하며, 임금은 나라 안의 사방을 시찰하지도 않아야 한다.

(象曰, 雷在地中, 復, 先王以至日閉關, 商旅不行, 后不省方.)

『주역』의 계사전에 보면 다음과 같은 말이 나온다.

천지의 큰 덕을 낳는 것(生)이라고 일컫고 성인의 큰 보배는 지위가 된다. (그러면) 무엇으로써 지위를 지키는가? 그것은 어진 덕(仁)이다. 무엇으로써 사람을 모으는가? 재물이다. 또 재물을 다스리며 언사(辭)를 바로 하며 백성의 잘못을 금하는 것을 의라고 한다.

증자는 바로 이 원리를 터득하여 전체 대학의 체계에 해당하는 10장을 만들었다. 그 내용을 보면 내용의 머리와 꼬리가 앞 계사전에서 말하는 사람과 재물의 두 가지 형태를 벗어나지 않는다.

재물로서 사람을 모으고 사람으로서 지위를 지킨다고 하는 것이 바로 그 구체적인 사례다. 나라는 재물이 없으면 안 되는 것이나 재물만 있으면 그릇된 짓을 하는 데 빠지기가 쉬운 까닭에 마땅한 이치(義)로써 마지막을 삼았으니 그 요점은 자기의 마음을 척도로 삼아 남의 마음을 헤아리는 추기급인推己及人에 있는 것이다.

사람으로서 지위를 지키자면 어진 이를 구하는 것이 급선무가 되는데, 어진 사람이란 재주와 기술이 있음을 말하는 것이 아니요, (만물을 살아나게 하는 천지의 큰 덕을 말하는 것이니) 아름답게 용납하는 바가 있으면 천하의 재기와 언성을 합하여 이를 등용하지 못할 것이 없다. 나라의 일은 이와 반대로 하면 반드시 망하고 만다.

― 성호 이익

23. 왜 백년해로를 말할까?

"백년해로百年偕老가 꼭 필요할까요?"

뜻을 맞출 수가 없다면 이혼도 답이었다. 끊임없는 고통에 시달리면서도 부부 관계를 어쩔 수 없이 이어 가야 한다면 그것은 족쇄나 다름없었다. 자기 삶의 행복, 자기 삶의 안락은 스스로가 선택한 인생의 결과물이었다.

"답하기 곤란한 질문일세. 뇌풍항雷風恒의 이해를 필요로 하니까."

"뇌풍항?"

"그래, 그 단어에서 떠오르는 선생의 생각은 뭔가요?"

"뭘 알아야……."

사내로서는 멋쩍은 표정으로 뒤통수를 긁을 수밖에 없었다. 사실 남이 묻는 말에 답을 할 수 있으려면 아는 게 있어야 했다. 그러나 사내로서는 무엇 하나 그에 관해 아는 게 없었다. 그것이 새 이름인지, 아니면 사람 이름인지, 풀이나 꽃의 이름인지, 그것도 아니면 하늘 세계의 벼슬 이름인지. 도대체 왜 노인은 갑자기 뇌풍항을 알아야 한다고 말하는지 모든 게 수수께끼였다.

"수많은 세월이 흘러도 많은 사람들이 태어났다가 사라져도 언제나 변함없을 것이라고 여겨지는 세상의 상징물로는 뭐가 있을까? 아마 해와 달 아닐까?"

 노인의 설명으로는 그게 바로 뇌풍항의 참뜻이라고 했다. 언제 어느 상황에서나 어떤 세상의 구성원이라도 그것에 힘입을 수밖에 없는 상징물, 그것을 떠올려야 하는 게 바로 『주역』의 뇌풍항雷風恒이었다. 그리고 세상 사람

들이 알고 있는 백년해로의 뜻도 초점은 여기에 맞춰져야 한다고 했다.

 "육체도 육체지만 사람의 뜻이 곁들여질 때의 개념이겠지."

 "……"

 "해와 달처럼 세상 만물의 이로움에 기여할 수 있는 변함없는 뜻, 서로가 짝으로 맺어진 부부라면 『주역』에서는 그걸 원하는 거지."

 백년해로의 뜻에 대한 노인의 설명이었다. 그러면서 덧붙이는 한마디가 『주역』 하경下經의 뇌풍항雷風恒에 대한 설명이었다. 노인이 들려준 이야기의 초점은 우레와 바람의 조합이 왜 뇌풍항인가였다. 삼획괘의 구성으로 볼 때 위의 우레 '진震'은 만물이 펼쳐지게 하는 나이 든 장남이고 아래의 삼획괘는 안에서 하늘의 명에 공손한 바람 '손巽'이었다. 이를 언제나 변하지 않는다는 항恒으로 괘명을 삼는 것은 이유가 단순했다. 세상의 온갖 사물이 왕성한 힘을 얻을 수 있도록 안에서는 북돋고, 밖에서는 우레로 양기를 적극 펼쳐 보이는 삼획괘의 성격에 주목하기 때문이었다. 가정의 구성원으로 이해하면 위의 우레는 장가를 들어 집안을 이끌고 있는 나이 든 남자이고 아래 바람은 위의 우레와 음양으로 짝을 이루고 있는 나이 든 집안의 여자였다.

 그러므로 노인의 결론에 의하면 젊은 남녀가 부부로서 맺어져 백년해로해야 한다는 뜻은 결코 육체적인 결합만을 염두에 둔 이야기가 아니었다. 그보다는 하늘이 땅을 통해 만물을 낳는 덕 거기에 초점이 맞추어

져야 했다. 그래서 아내와 남편은 서로가 그와 같은 이치에 기여하는 남녀 간의 결합이 될 수 있기를 요구하는 백년해로였다.

• • •

남녀 간의 결합으로부터 인간의 세상살이가 항구해야 한다고 말할 때의 뜻을 알 수 있는 구절이 있다. 바로 『주역』 뇌풍항雷風恒의 다음 구절이다.

항恒은 형통하여 허물이 없고 바름이 이롭다고 하였다. 그 까닭은 도道에 오래하기 때문이다. 그 본보기로 하늘과 땅의 움직임을 생각할 수 있다. 왜냐하면 천지의 도는 항구하여 그치지 않으며 마치면 언제나 시작함으로서 가는 바를 두고 있기 때문이다.

따라서 해와 달이 하늘을 얻어 능히 오래 비추며 사시가 변화해서 능히 오래 지속되며, 성인이 그 도에 오래함으로서 천하가 감화를 받아 변하게 된다. 이처럼 항상 오래 지속되는 이치를 보고 있게 되면 천지만물의 실정을 그로 인해 볼 수가 있다. 그러므로 상전에서는 우레와 바람이 항恒이니 군자가 보고서 서서 방소를 바꾸지 않는다고 말하는 것이다.

(恒亨无咎利貞 久於道也 天地之道恒久而不已也. 利有攸往 終則有始也. 日月得天而能久照 四時變化而能久成 聖人久於其道 而天下化成 觀其所恒 而天地萬物之情可見矣.)

象曰. 雷風이 恒이니 君子以立不易方하나리라.

24. 지역감정, 어떻게 뛰어넘을까?

"하늘의 도는 가득 찬 것을 훼손시켜 겸손한 쪽에 더해 주며, 땅의 도는 가득 찬 것을 변하게 하여 겸손한 데로 흘러가게 하며, 귀신은 가득 찬 것을 해치고 겸손한 것에 복을 주고, 사람은 자기 자신은 가득 차 있고 싶으면서도 남들이 가득 찬 것은 싫어하여 겸손한 것에 마음을 준다고 하지."

"그거 『주역』의 지산겸地山謙에 나오는 문구 아녜요?"

"맞지."

그것도 알고 있느냐는 노인의 말투였다.

"사람이 가진 것을 이미 성대하게 채웠다면 가득 찬 것

지산겸

으로 교만해서는 안 된다. 괘의 구성이 땅은 위에 있고 산이 아래에 자리 잡고 있다. 본래 산은 땅보다 높아야 하지만 땅 아래로 자기 자신을 낮춰 겸손하게 살아가는 덕이 숭고한 법이지. 세상을 살아가는 사람으로서 이보다 더 큰 덕이 있을까?"

"……."

무슨 말을 하려는 것일까? 젊은이는 갈피를 잡을 수가 없었다.

"그래서 지산겸에 대한 『한시외전』의 설명은 다음과 같다네. 겸이란 억눌러 덜어 내는 것이다. 가득 참을 지속시키는 방법은 억제하여 더는

것뿐이다. 이것이 더는 덕을 행하는 것이니, 이처럼 덜어 내는 덕을 따라 행동하면 당연히 삶이 복되고, 이를 거스른다면 흉하다. 역사가 계속되면서 겸손의 덕을 행할 수 있는 자는 많지 않았다. 그 가운데 주공이라는 인물이 있었어."

"……."

"문왕의 아들이요, 무왕의 아우이면서 성왕의 숙부였던 주공은 천자의 자리를 대신한 지 7년 만에 예물을 갖추어 스승으로 모셔 들인 자가 십여 명, 예물을 보내 친구로 맞아들인 자가 열 세 명, 궁벽한 산골의 선비 중에 먼저 가서 만나 본 자가 마흔 아홉 명, 때때로 그에게 좋은 생각을 말해 주는 자가 백 명, 관리 천 명, 입바른 말을 해 주는 신하 다섯 명, 보필하는 신하 다섯 명, 나쁜 점을 고쳐 주는 신하 여섯 명, 무공을 세워 후에 봉해진 동성의 무인이 백여 명이었어."

노인은 거기에 다시 덧붙이는 말이 있었다. 주공에 대한 공자의 평이었다.

"공자는 이렇게 말했어. '오히려 주공이 나라를 다스리자 상은 같은 성씨에게 많이 주고 다른 성을 가진 사람들에게는 적게 준 거야. 이를 보면 덕행이 넉넉하면서 그것을 공경으로 지키는 자는 어느 시대에나 모두가 공감하기 마련이고, 토지가 광대하나 검약으로 지키는 자는 귀해지며, 백성의 숫자가 많고 군대가 강하나 남을 두려워함으로 지키는 사는 이길 수가 있어. 그뿐일까, 총명하고 지혜로우나 어리석음으로 지키는 자는 지혜롭고, 박학다식하나 식견이 얕은 것으로 지키는 자는 넘치지 않는다고 말했지. 이 여섯 가지는 모두 공자님께서 말씀하시던 겸손의 덕이라네. 하물며 지역감정이겠는가?"

"……."

"출신이 같더라도 멀리 해야 할 사람이 있고, 출신이 달라도 친하고 가깝게 지내야 하는 사람이 있는 법이지. 그러므로 함께 어울린다는 것은 결국 겸손해야 하는 것이고, 겸손하다는 것은 삶의 본질을 아는 지혜인 거야."

노인은 거기에서 말꼬리를 잘랐다. 자신의 잔소리가 너무 길어졌다고 하며.

• • •

지산겸地山謙 단전彖傳에 말하였다.

겸謙은 형통하니 하늘의 도는 아래로 내려와 사귀어 광명하고 땅의 도는 낮되 위로 행하며 만물을 낳는다. 뿐만 아니다. 하늘의 도는 가득 찬 것을 이지러지게 하고 겸손한 것에 더해 주며, 땅의 도는 가득 찬 것을 변하게 하고 겸손한 데로 흐르게 하며, 귀신鬼神은 가득 찬 것을 해치고 겸손함에는 복을 주며, 사람의 도는 가득 찬 것을 미워하고 겸손한 것을 좋아하니, 겸은 높고 빛나며, 낮아도 넘지 못하니 군자의 끝마침이 되는 괘다.

또 상전에서도 말한다.
땅 가운데 산이 있는 것이 겸謙이니, 군자가 보고서 많은 것을 취해 적은 데 더해서, 물건을 저울질하여 베풂을 고르게 한다.
(彖曰 謙亨 天道下濟而光明, 地道卑而上行. 天道虧盈而益謙, 地道變盈而流謙, 鬼神害盈而福謙, 人道惡盈而好謙. 謙尊而光, 卑而不可踰 君子之終也. 象曰, 地中有山, 謙, 君子以捊多益寡, 稱物平施.)

25. 마음을 비워야 하는 이유

"이허수인以虛受人! 그 문구가 인상 깊다 이거로군."

이허수인, 사내로서는 인상 깊었다. 남과 소통하면서 자기 자신을 비우려는 마음의 자세. 자신도 평소 공감하면서 실천하지 못하는 이유 때문이었을 것이다. 자기 자신의 마음을 비우기보다는 자기 주장을 항상 앞세우던 자신이었다. 심리적인 배경이야 그게 남에게 좀 더 어필할 수 있으리라는 판단 때문이었지만 지나고 보면 늘 그건 아니었다. 오히려 이유 없는 갈등으로 신경을 곤두세우게 될 때가 더 많았다. 그런데 자기를 비우고 남을 받아들이란다.

"『주역』택산함澤山咸의 문구라면서요?"

"정확히는 택산함 상전象傳, 즉 공자님 말씀이시지."

택산함

공자님을 들먹일 때는 말투부터 언제나 깍듯해지는 노인이었다. 마치 자신의 바로 앞에 공자님을 마주 대하고 있는 듯한 말투와 표정이었다. 공자뿐만이 아니었다. 공자께서 아끼시던 안회를 활자로 대했을 때도 이름을 피했다. 그래서 생겨나는 습관이 안회라는 이름을 대신한 안 모였다. 뜻이 아름다웠던 사람, 세상의 본보기가 되었던 사람의 행적을 그 정도로는 우리가 존중해 줄 수 있어야 한다는 이유 때문이었다. 나라의 통치자에게 상소문 한 구절을 작성할 때에도 통치자의 이름을 입에 올리지 않는 관례가 있기 마련인데 하물며 뜻이 아름다운 사람이겠느냐는 노인의 주장이었다.

"그래야만 적어도 추기급인推己及人 정도는 될 수 있을 테니까."

노인에 의하면 자신과 세상의 진정한 소통은 이기급인以己及人에 있었다. 즉 남들을 자기와 동일한 모습으로 인식하는 삶이 가장 바람직했다. 왜냐하면 자기 자신에게 나라고 주장할 수 있는 실체가 없어야 하니까. 공자는 이를 두고 자신의 어록인 『논어』에서 나를 끊을 수 있어야 한다는 절아絕我의 개념으로 사람들을 일깨우신다고 하셨다. 그러나 그게 쉽지 않다면 추기급인이라도 되어야 한다는 노인이었다.

자기 자신의 마음을 헤아려서 다른 사람의 형편을 배려할 줄 아는 마음의 자세, 즉 입장을 바꾸어 남의 처지를 헤아려 보는 『주역』의 역지사지易地思之에 해당한다고 했다. 노인에 의하면 본래 그 문구는 제齊나라 경공景公과 안자晏子의 대화에서 유래했다.

눈이 삼 일을 내리며 날이 개일 줄을 몰랐다. 마침 경공이 여우겨드랑이 털옷을 입고 섬돌 위에 앉아 있었다. 안자晏子가 들어와 자리를 잡자 경공이 말했다.

"괴이한 일이다. 눈이 삼 일을 내리는데도 춥지 않다니."

안자가 말했다.

"날씨가 춥지 않다는 말씀이신가요?"

경공이 웃자 안자가 말했다.

"제가 들으니 옛날 어진 군주는 배부를 때 백성들의 굶주림을 알고, 따뜻할 때 백성들의 추위를 알며, 편안할 때 백성의 수고로움을 알았다고 하는데, 지금 대왕께서는 알지 못하고 있습니다."

경공이 말했다.

"옳은 말이오. 과인은 그대의 말에 따르리다."

경공이 명령을 내려 갓옷과 곡식을 풀어 춥고 배고픈 자에게 나누어 주었는데, 길에서 보이는 자에게는 고향을 묻지 않으며, 마을에서 보이는 자에게는 그 집을 묻지 않아, 전국적으로 혜택을 받은 이들이 헤아릴 수 없이 많았다. 이에 일할 수 있는 자는 두 달 몫의, 병든 사람에게는 두 해 몫의 혜택이 돌아가게 되었다. 그러자 공자가 이를 듣고 말했다.

"안자는 원하는 바를 아뢰었고, 경공은 그 일을 훌륭하게 행하였다."

"어때, 이허수인以虛受人의 표본 아냐?"

한 나라를 다스리던 제나라의 경공도 그렇지만 백성의 어려움을 헤아릴 줄 알았던 안자晏子와 이를 극찬하고 있는 공자의 행적 역시 노인에게는 포커스가 이허수인以虛受人이었고, 이허수인以虛受人이라야 한다고 했다.

・・・

이허수인以虛受人의 허虛를 어떻게 이해해야 좋을까? 비었다. 비었다고 하면 얼핏 노자 『도덕경』이나 불교에서 주장하는 무無 혹은 공空의 개념이 떠오른다. 그러나 전통 유가라면 이를 분명 수용하지 않는다. 그래서 도움이 되고자 『주역철학사』에서 다루고 있는 다음의 본문 내용을 소개한다.

계사전은 우주의 시원을 태극太極으로 소급시켜 태극을 천지가 분화되기 전의 어떤 혼돈 상태로서 물질적인 의미가 강하다면 노자 철학의 최고 범주는 도道다.

얼핏 보면 노자에서 '하나가 둘을 낳고, 둘이 셋을 낳고, 셋이 만물을 낳는다'고 한 말은 계사전의 '역易에 태극이 있어 이것이 양의兩儀를 낳는다'는 설과 아무 차이가 없다. 하나는 태극, 둘은 양의라고 하면 이해가 아주 잘 된다. 하지만 노자는 하나의 앞에다가 도를 얹고 유有의 앞에다 무無를 얹어서 '도道가 하나를 낳는다' 하고 '유가 무를 낳는다' 하였다.

노자는 우주의 시원이 유有나 태극이 아니라 무無, 즉 도라고 본 것이다. 이 무나 도는 이름할 수 없는 것으로 형이상의 비물질이다.

따라서 계사전의 태극과 노자의 무는 결코 같지 않다. 왕필과 한강백이 태극과 무를 얽어 하나로 본 것은 『주역』을 현학, 즉 도가적인 시각에서 해석한 것으로 역전의 근본 뜻과는 아무 관련이 없다.

- 이상 강학위康學偉

26. 평온한 삶을 위해

"색즉시공色卽是空, 공즉시색空卽是色 사실 그게 뭐겠어?"

반드시 그렇지는 않지만 노인에게는 그게 바로 택산함澤山咸의 이허수인以虛受人이었다.

"특히 남녀 간의 소통이라는 게 그렇잖아. 문제가 생기지 않으려면 결국 이허수인以虛受人이야! 실제 택산함澤山咸에 나타난 괘상의 구조가 그렇기도 하고."

택산함

노인에 의하면 『주역』의 택산함澤山咸은 본래 젊은 남자와 젊은 여자의 소통에 초점이 맞춰져 있었다. 괘상의 조합으로 볼 때 위의 연못은 젊은 여자이고, 아래의 산은 젊은 남자였다. 그런데 땅 위에 우뚝 솟아 있어야 하는 산은 땅보다 낮은 연못 아래 내려가 있으면서 자기의 짝이 될 위의 젊은 음陰 괘 연못(젊은 여자)에게 정을 구하고 있었다. 위의 연못도 이를 기뻐하면서 산을 받아들이고 있는데 그게 남녀가 이성으로서 서로 감응한다는 『주역』 하경의 택산함澤山咸이었다. 그리고 그런 구조는 현실 속에서 못과 산이 서로 기운을 통하며 음양으로 감응하는 세상의 원리 그대로였다. 즉 세상 만물은 하늘과 땅의 소통에 의해 존재하게 되는데 아래 땅의 기운이 하늘로 올려 보내지는 매개는 당연히 연못이었고 이를 사람으로 대체시키면 연못은 젊은 여자가 되고 산은 젊은 남자였다. 왜냐하면 하늘과 땅의 기운이 음양의 작용으로 소통할 때 상대적으로 그 기능이 왕성한 음은 당연히 젊어서 생식력이 활발한 연못으로 상징되는 여자라야 하고, 아래에 자리 잡은 산은 하늘의 기운이 땅으로 내려올 때 매개가 된다는 점에서 젊은 남자일 것은 의심할 여지가 없기 때문이다. 그렇다면 두 사람이 이성으로 만나 사귀고자 할 때 가장 필요한 요소는 무엇일까? 노인이 지적하는 것처럼 자기를 비워 남을 받아들이는 공자님의 이허수인以虛受人, 바로 그거였다.

"다만 그건 음적인 형태의 접근일 뿐이야."

노인에 의하면 양적인 시각의 접근도 있었다. 자기를 낮춰 여자의 정을 구하면서 마음을 비울 줄 아는 것은 뒤집어서 볼 때 남을 받아들일 줄 아는 도량과 덕이었다. 그리고 그것이 자기를 비우고서 연못 아래 자리 잡을 줄 아는 산의 의연함이었다. 실제 산은 우뚝 치솟아 거만하면서도 한편으로는 온갖 백곡초목과 산짐승들을 품어 기르는 덕스러운 모습의 대명사였다. 그래서 성현들은 어진 자는 산을 좋아하고, 지혜로운 자는 물을 즐거워한다는 '인자요산仁者樂山'과 '지자요수知者樂水'를 말하게 된다는 노인의 설명이었다.

"그러니까, 맹자의……."

사내는 반가웠다. 자신도 기억하고 있는 『맹자』 본문의 문구였기 때문이다. 그러나 노인은 수긍하지 않았다. 『맹자』의 의미 체계가 『주역』의 핵심을 압축하고 있는 책 때문이기도 하지만 조금만 인생을 깊게 생각하면 노인이나 사내 스스로 그렇게 느끼게 되어 있는 세상의 이치라고 했다. 그 점에서 노인은 자기 자신을 비워 남을 받아들인다는 문구의 뜻이 남을 배려하기 때문에 자기를 비우는 행위가 되어선 곤란하다는 주장이었다. 남이 아닌 자기 자신을 평온하게 만드는 길이 거기에 있기 때문에 자기 자신을 비워야 했다.

"아, 그 무無?"

노인의 논리에 익숙해진 사내의 반문이었다. 비운다! 그렇다면 다음에는 비어서 실체가 없는 마음에 대해 이야기할 터이고 다시 비어서 실체가 없는 마음이란 신비롭기 짝이 없음을 강조할 게 분명했다. 그래서 마음의 불편함이 생길 때마다 그것을 자기 자신에게 적용해야 한다고 말씀하실 것이고, 그런 노력을 통해 사내 나름대로는 종종 마음의 평온함을 경험하기도 하는 요즘이었다. 그래서 사내는 자신도 모르게 읊조려지는 구절이 있었다.

'마음의 평온함과 이허수인以虛受人'이라는 그 한마디였다.

● ● ●

택산함澤山咸의 상전에서 말하였다.

산 위에 못이 있는 게 함咸이다. 군자가 보고서 (마음을) 비워 남을 받아들인다.(象曰 山上有澤咸 君子 以虛受人.)

이와 달리 서로 통해 느낀다는 함의 뜻에 대해 단전에서는 이렇게도 말한다. 함咸은 느낌이니 유柔가 올라가 있고 강剛이 내려와 있어서 두 기운이 느껴 호응하여 서로 친하게 그쳐 있고. 기뻐하며 남자가 여자에게 낮추고 있다. 이로써 형통하니 바름이 이롭고 여자를 취함에 길하다. 천지가 감동하면 만물이 태어나고 성인이 인심을 감동시키면 천하가 화평하니 감동하는 바를 보면 천지만물의 정을 볼 수가 있다.

(彖曰. 咸, 感也. 柔上而剛下, 二氣感應以相與. 止而說, 男下女, 是以亨, 利貞, 取女吉也. 天地感而萬物化生 聖人感人心而天下和平. 觀其所感 而天下萬物之情可見矣.)

27. 상징의 의미

"엄지발가락에서 느끼고 장딴지에서 느끼고 넓적다리에서 느끼고, 그뿐이에요? 뺨따귀에서 느낀다는 구절까지 있어요. 대체 무슨 뜻이에요? 못이 산을 적셔 준다면 이해를 하겠는데 이래서야 『주역』을 사람들은 도대체 알 수가 없잖아요."

"……."

사내의 푸념에도 노인은 아무런 대꾸가 없었다.

"역술인 백만 인 시대라는 기사도 있었어요. 차라리 명쾌한 점술로나 얘기를 해 주든지요."

"……."

노인은 여전히 침묵만을 고집하였다.

"요즘은요, 사회가 매우 이성적이라고요. 합리적으로 납득이 가지 않으면 관심조차 없어요. 나이 든 어른들은 고전을 이야기하는데 먹고 살기 바쁜 세상에서 엄지발가락이 어떻고, 넓적다리가 어떻고 그게 도대체 어떻다는 거에요? 사람들이 관심이나 있겠어요?"

"뭐가 행복인가를 모르기 때문이지."

"선생님이 생각하시는 인간의 행복은 뭔데요?"

"내가 마음공부에 관심을 가질 때가 있었지. 도대체 한번 깨닫고 나면 세상의 모든 질문이 모조리 풀린다는 거야. 자넨 믿을 수 있겠어? 나도 마찬가지였어. 영 믿음이 가지 않는 거야."

노인의 대답은 엉뚱했다. 사내는 계속 이어질 노인의 뒷말에 귀를 기울였다.

"지금 알게 된 결론인데 결국 답은 전체 고전에 있었던 거야."

"……."

"종교에서 가르치는 핵심 이치, 사서삼경이나 『도덕경』 등에서 가르치는 핵심 이치, 『주역』이라고 다르겠어? 요는 그게 정리가 되면 처음 자네 궁금증도 풀린다는 뜻이야. 실제 그렇지 않아? 군자는 마음을 비워서 사람을 받아들인다. 본문 구절대로 말하면 이허수인以虛受人, 그거 아니겠어. 그리고 그게 아니면 엄지발가락이고, 장딴지고 또 허벅지나 뺨따귀 정도가 되는 거야. 고전의 전체적인 핵심 의미 안에서 자기 인생을 돌아보라는 뜻이지. 삶의 본질에서 지엽을 보라는 상징이야."

"……."

그러나 노인의 이런 설명에도 여전히 답답하기만 한 사내였다. 특히 본질이나 핵심 따위의 용어가 튀어나올 때면 늘 그랬다.

● ● ●

엄지발가락에서 느끼고 장딴지에서 느끼고 넓적다리에서 느끼고, 『주역』의 본문 내용은 매사가 이런 식이다. 세상을 바라보는 눈에 관한 풍지관風地觀에서도 안목이 매우 유치한 초효初爻라면 아이들이 세상을 바라보는 것과 같다는 동관童觀이다.

다음 두 번째는 집 안에서 문틈으로 겨우 내다보는 규관閨觀이다. 더 나아가 세상의 아름다운 풍속을 본질에 바탕을 두고 음미할 수 있다면 이는 관광觀光이다.

풍지관風地觀뿐만이 아니다. 하나의 괘에서 어떤 괘상을 사람의 신체에 비교하게 되면 초효初爻는 가장 밑자리가 되므로 발이나 꼬리, 이효二爻는 초효보다는 윗자리이므로 무릎, 삼효三爻는 장딴지, 사효四爻는 가슴, 오효五爻는 머리 등으로 이미지를 구체화시킨다. 즉 이런 식의 표현은 우리 삶의 중심을 어디에 두고 살아야 할 것인가를 눈뜨게 하는 비유적인 표현들이다.

『주역』의 이해뿐만이 아니라 세상을 살아가는 척도 면에서도 분명 참고해 볼 만한 옛사람들의 시각일 것이다.

28. 밝은 눈을 안으로 감추자

"세상을 살아가면서 기억해야 하는 게 있지."

노인의 표현에 의하면 이면의 긍정적인 요소를 볼 줄 아는 지혜였다. 『주역』 지화명이地火明夷에 바탕을 둔 노인의 교훈이었다. 『주역』의 지화명이地火明夷는 괘의 조합이 위는 땅 곤(坤☷)이 되고 아래는 이치에 밝은 불 이(離☲)였다. 그러므로 불 이(離☲)가 땅속에 들어가 있다면 그 불은 반드시 꺼지거나 상하게 되어 있었다. 땅과 불의 조합을 밝을 명(明), 상할 이(夷). 밝음이 상했다는 명이明夷로 해석하게 되는 이유였다.

지화명이

"상황 자체가 긍정적일 수 없겠지."

"긍정적이지 못하다, 땅속에 묻힌 불이라서?"

사내는 혼자서 중얼거려 보았다.

"어떤 생각이 들어? 사람의 처지가 그렇다면 매우 심란하지 않겠어?"

사내의 대답을 기다리는 듯한 노인의 한마디였다. 그러나 사내는 대꾸할 말이 없었다. 땅속에 묻혀 있다는 불의 뜻도 알지 못했지만 구체적으로 지화명이地火明夷의 괘명과 괘상이 어떤 상태로 현실을 반영한다는 것인지 감조차 잡히지 않았기 때문이다.

"타올라야 할 불이 땅에 묻힌다면 그게 꺼져 어두워진다는 뜻 아니겠어. 그렇다면 세상살이라는 게…….”

그러나 지화명이를 대화의 소재로 삼는 노인의 밑 마음은 따로 있었다. 아무리 땅속에 묻혀 꺼질 수밖에 없는 지화명이의 괘상卦象이라도 그것을 활용하기에 따라서는 오히려 긍정적인 면이 생겨나게 되어 있음을 강조하기 위해서였다. 다시 말해 타올라야 할 불이 땅에 묻혀 있는 지화명이는 다른 쪽에서 바라보면 불처럼 환하게 밝은 자기 마음의 눈을 어두운 땅속에 감쪽같이 숨기고 사는 군자의 지혜로운 모습이었다.

실제 우리가 직면하고 살아가는 세상의 모든 이치가 그랬다. 밝은 쪽이 있으면 그것 자체와 짝을 이루는 어두움이 있는 것이고, 아픔이 있으면 그로 인한 삶의 축복도 있는 법이었다. 노인은 바로 그와 같은 세상의 이치를 『주역』의 지화명이에서 보아야 한다는 뜻이었다.

“생각해 봐, 땅속에 불이 들어가 있다면 다만 그뿐이겠어? 그 반대로 불을 땅속에 감추고 살아가는 지혜가 될 수도 있는 거지.”

노인이 사내에게 요구하는 이면의 요소란 바로 그런 원리였다. 지화명이의 부정적인 쪽이 아닌 긍정적인 형태의 자각. 『주역』의 표현을 빌리면 하나의 음과 하나의 양이라는 양면적인 관점으로 세상을 바라보아야 하는 가르침이었다.

“왜 있잖아, 옛적 위정자들의 면류관.”

“면류관?”

왕들의 머리 앞으로 늘어져서 출렁거리는 구슬들이 절로 연상되었다. 노인은 그게 부정적일 수밖에 없는 땅속의 불조차 긍정적인 면으로 살펴볼 줄 아는 안목의 유연성이었다. 그러나 그게 어디 삶의 유연성만으로 끝나겠는가. 밝음과 어둠, 긍정과 부정 등과 같이 세상의 모든 것이 서로 다른 짝을 이루면서 전개되는 까닭에 어떤 형태의 실체조차 인정해서는 안 되는, 그러나 삶의 긍정적인 면에 주목하여 세상을 살아갈 수 있도록 하는 『주역』 괘상의 핵심적인 교훈의 하나였다.

"그래서 공자님도 하시는 말씀이 있잖아. 일음일양一陰一陽이 도라고."

『주역』 계사전의 문구라고 했다.

• • •

상전象傳에서 말하였다. 밝음이 땅속으로 들어감이 명이明夷니 군자가 보고서 무리를 대할 때에 어둠을 써서 밝게 한다. 또 단전에도 말하였다. 밝음이 땅 가운데로 들어감이 명이明夷니 안으로 문명文明하고 밖으로 유순해서 크게 어려움을 무릅쓰니 문왕文王이 이로써 본이 되셨다. 어렵게 여기고 곧게 함이 이로움은 그 밝음을 감추는 것이다. 안에 있게 되어 어려우나 그 뜻을 바르게 하였으니, 기자가 이것을 사용하였다.

(象曰, 明入地中, 明夷, 君子以莅衆, 用晦而明. 彖曰, 明入地中, 明夷, 內文明而外柔順, 以蒙大難, 文王以之. 利艱貞, 晦其明也, 內難而, 能正其志, 箕子以之.)

29. 태산 한줌의 흙도 버리지 않는 마음

"안정감 있는 나라의 조건, 그건 뭘까?"

이익 중심의 패거리 문화와 소외 계층을 염두에 둔 노인의 한마디였다. 『주역』에 의존한 노인의 결론은 붕망朋亡과 불하유不遐遺로 상징되는 지천태地天泰 구이九二 효사였다. 그곳의 붕망朋亡은 뜻이 붕朋과 망亡의 합성어였다. 다시 말해 붕朋은 벗 등의 무리를 뜻하고, 망亡은 없을 무無의 뜻이었다.

그러므로 어떤 나라가 태평할 수 있으려면 이해관계를 같이 하는 자들하고만 패거리를 짓는 일이 없어야 한다는 뜻이었다. 또 불하유不遐遺에서 불不은 부정사이며 하遐는 거리를 두고 멀리한다는 뜻이고, 유遺는 버리다로서 변방이나 소외 계층 등과 같이 세상으로부터 버려진 이들을 멀리하지 않아야 한다는 내용의 문구였다. 실제 우리나라 조선의 가장 큰 국가적 폐단도 결국은 이해관계가 겹쳐 있는 관료들끼리의 붕당정치였다. 물론 이웃나라 중국도 그 점에서 다를 수는 없었다.

"중국 최초의 통일국가 진나라 때의 일이었지."

진나라가 아직 통일을 이루기 전의 일이었다. 나라에서 필요한 인재를 등용하면서 가장 문제가 되었던 게 등용하려는 관리의 출신지였다. 자기 나라가 아닌 다른 나라 출신이 국가의 핵심 요직을 차지한다면 우려할 수밖에 없었던 게 진나라 자체의 중신이나 왕족들이 소외를 받게 된다는 점이었다. 그래서 이 의견은 왕에 의하여 받아들여져 진나라 이외의 출신들에 대해서는 대대적으로 추방을 해야 한다는 논의가 이루어지고 있었다.

"이사도 당연히 추방 대상이었지."

노인이 말하는 이사는 분서갱유로 상징되는 진나라 부흥의 일등 공신에 해당하는 인물이었다. 통일국가의 기틀이 되는 군현제를 실시하고 나라의 정비에 필요한 갖가지 시책을 모두 기획했던 인물 이사. 그러나 그의 출신은 초나라였다. 가르침을 받았던 스승도 다른 나라 출신의 순자였고, 진나라의 관직에 등용될 수 있었던 것은 여불위의 식객으로 맺은 인연 덕분이었다.

"고민이 컸겠지."

타개책을 고심하던 이사는 앞의 지천태地天泰 구이 九二 효사를 연상시키는 내용을 들어 다음과 같이 호소하였다.

지천태

"태산은 한 줌의 흙도 버리지 않음으로써 큰 산의 모습을 유지하고, 황하가 물을 넘치게 끌어안는 것은 조그만 시냇물도 받아들였기 때문입니다."

결국 이사의 말은 받아들여졌고 다른 나라 출신의 벼슬아치들을 추방하려던 계획이 철회되면서 통일국가로서의 초석을 다져 나가는 데 승상 이사의 역할은 매우 중요한 요소가 되었다. 물론 이사가 나라의 정책에 관여하면서 빚어진 부정적인 폐단도 적지는 않았다. 시서가 불타고 같은 동문이었던 한비자는 이사의 무고로 죽음을 맞기도 하였다.

그렇지만 중국 최초의 통일국가라는 진나라의 위상은 지천태 구이 효사와 같은 포용력이 아니었다면 결코 쉬운 과제가 될 수는 없었다. 민주주의 사회의 특징이라고 할 수 있는 다양한 의견의 개진도 어쩌면 논의의 출발점이 붕망朋亡이나 불하유不遐遺와 같은 『주역』의 이치에 초점이 맞추어져야 하는 것은 아닐까?

노인은 다시 반문할 까닭도 없다는 듯이 거듭 들려주는 내용이 다음과 같은 지천태 구이효사의 본문 내용이었다.

거친 것을 포용하며 하수를 맨몸으로 건너는 용기와 먼 것을 버리지 않고 붕당을 없앨 수 있다면 중도에 맞는 행위가 될 것이다.
(包荒 用馮(빙)河 不遐遺 朋亡得尙于中行)

• • •

변점도의 고찰

『주역』에서 괘상을 구성할 때 이용하는 매개물이 시초다. 그래서 계사전에서는 그와 관련된 설명이 있는데 내용은 대략 다음과 같다.

순양으로 이루어진 건乾의 책수策數는 216이요, 곤坤의 책수策數는 144다. 합하면 모두 360이 되니 (이는 서경에서 말하는) 일 년의 전체 날 수인 기년朞年의 일수와 일치한다.

한편 상上·하下 두 편의 책수策數는 모두 일만 일천 오백 이십(一萬一千五百二十)이 되는데 이는 만물의 수에 해당한다. 이런 까닭에 시초를 조작하면서 넷씩 나누어 헤아려 본 뒤 그걸로 역의 괘상을 이루고, 열여덟 번을 되풀이하여 하나의 괘가 만들어진다. 이는 삼획괘로 이루어진 역의 기본 팔괘가 위와 아래로 겹쳐진 결과로서 그게 곧 천하의 모든 일을 망라하는 『주역』의 구성이다.

여기에 대한 해설을 덧붙인다.

역의 변화는 곧 십진법을 적용한 결과의 수로서 낱낱 수의 성격으로 바라보면 6은 노음老陰, 9는 노양老陽 8은 소음少陰, 7은 소양少陽이 된다. 이때 건乾의 책수策數는 노양의 수(4×9=36)로써 육효六爻의 수를 곱하면 216이 된다. 또 곤坤의 책수策數는 노음의 수(4×6=24)로써 육효六爻의 수를 곱하면 144가 된다. 그리고 그 두 수의 합을 구하면 답은 360이다.

기년의 일수(當期之日)라는 것은 두루 12월을 돌아 하나의 기한이 됨을 말하니, 삭朔으로서 말하면 354일이다. 기로써 말하면 365일 1/4이다. 그러므로 기영삭허의 중中으로써 말하면 360의 수가 된다.

다시 이들의 순환을 소음과 소양으로 대신하면 소양의 책수는 (4×7=28)이 되니 전체적인 수는 28×6=168이다.

소음은 책수가 (4×8=32)가 되니 전체적인 수는 32×6=192다.

그래서 168과 192의 수도 또한 합하면 360이다. 그런데 음양의 움직임 가운데 변하는 수는 노양과 노음이고 소양과 소음은 그렇지 않으므로 계사전에서는 9와 6을 쓴다고 하고, 7과 8을 쓴다고는 하지 않았다.

다시 『주역』을 구성하고 있는 2편은 상하 경이 64괘다.

이들 괘의 조합을 양과 음으로 낱낱이 헤아려 구분하면 양효가 192개, 음효가 192개다. 이들 효의 개수를 노음의 수 24와 노양의 수 36으로 계산하면 6912(192×36)와 4608(192×24)로 합하면 답이 11520이다. 또 소양 28과 소음의 수 32로 각각 곱하여도 마찬가지다. 그에 따른 결과는 5376(192×28)과 6144(192×32)가 된다. 이들을 다시 합하면 그 답은 11520이다.

노양은 노음과 짝이 되고, 소양은 소음과 짝이 되면서 소음과 소양의 수는 노음과 노양의 가운데 숨어 있다. 즉 7·9는 모두 양이 되고, 6·8은 모두 음이 되니 양은 기수奇數, 음은 우수偶數이며 건乾과 곤坤 9·6의 뜻은 여기에서 찾아진다.

이를 점괘로 적용함에는 건괘乾卦와 곤괘坤卦에서 용구用九와 용육用六에 해당한다고 보기도 한다.

건괘는 용구를 보면 '견군룡무수見群龍无首 길吉'이라고 했으니 그것을 참고로 한다는 뜻이고, 곤괘坤卦 용육用六은 '이영정利永貞'이라고 했으니 그를 적용해 해석한다는 뜻이다.

30. 마음이 괴로워지는 진짜 이유

노인의 권유에 답을 드려야겠구나 생각을 하고 있던 날 노인이 먼저 불렀다.

"왜 안절부절이야, 요즘?"

"그걸 아셨어요?"

말할 수 없는 고민, 글공부를 할려고 해도 결국 열쇠는 돈이었다. 또 그게 아니라도 이렇게 보따리 시간 강사로 마냥 늙어서도 안 되었고, 늙을 수만도 없었다.

"범수范雎의 출신은 위나라야. 어쩌다 진秦나라에서 재상까지 지냈지. 진나라의 소왕昭王은 정치가로서의 범수를 대단히 신임했다고 해. 그런데 범수가 천거한 장수 가운데 정안평이 이웃 조나라와 전쟁에서 패배를 했지. 범수의 마음은 몹시 괴로웠어. 소왕이 그 전쟁의 실패를 범수에게 묻지 않겠다고 했는데도 여간 마음이 편치를 않는 거야. 왜였을까?"

노인은 거기서 잠시 침묵을 지켰다. 젊은이는 이럴 때마다 애매해지곤 했다. 단순히 그 이유만을 묻는다고 여겨지진 않았기 때문이다. 실제 노인이 그렇게 질문할 때는 늘 의도가 있었다.

"답은 결국 인간의 욕망이야. 우리는 그것을 채택蔡澤의 말에서 확인할 수가 있지."

'일 년 네 계절을 살피면 봄에 만물이 자라나서 여름철로 바뀌고, 여름에 무성했던 식물은 가을이 되어 열매를 맺습니다. 또 가을에 맺은 열매가 익게 되면 겨울로 옮겨 가는 사이에 그것을 보관합니다. 사람도 성공을 한 뒤에는 그 자리에서 물러나기도 하는 것이 사시의 절기가 바뀌는 이런 이치와 조금도 다르지 않습니다.'

"자신에게 가득 차 있는 공을 끝없이 누리려고 하지 말라는 거야. 이왕 훈계조가 됐으니 한마디를 더하고 싶어. 내가 자네에게 늘 『주역』 배울 것을 권하는데 그 이유가 뭘까?"
"……."
"세상은 일음일양一陰一陽이야. 음陰과 양陽이 서로에게 의지해 있다면 본래 눈에 보이는 세상의 일체 것들은 아무런 실체가 없다는 뜻이지. 그래서 석가도 서로가 서로에 의지해서 존속되는 연기緣起의 이치를 강조하잖아. 보여지는 것이 아닌 보여질 수 있게 하는 무無의 놀라운 작용도 주목할 줄 알아야 하는 거야. 범수에 대한 채택의 충고도 결국 그거 아니겠어."
"……."
"세상의 이치란 결국 그런 거야. 갖지 못했어도 초조해하지 마. 금이나 옥이 집에 가득 채워져 있기를 늘 바라지만 그렇다고 행복하지만은 않는 거야. 늘 비울 줄 알아야 하고 비어서 실체가 없는 것에서 느끼는 행복이 진짜 행복인 거야!"

역의 괘상을 특성에 따라 구분하면 배합괘配合卦, 도전괘倒轉卦, 부도전괘不倒轉卦, 호괘互卦 등이 있다.

이들을 배합괘配合卦부터 알아보자. 세상의 모든 현상은 반대되는 것끼리 짝을 이루어 하나의 온전한 작용을 이룬다는 개념의 상징이다.

곧 순수한 양으로 이루어진 하늘(☰)은 모든 효가 양이므로 그 짝은 순수한 음의 땅(☷)이 된다.

불(☲)은 두 개의 양이 바깥에 자리 잡고 있고 가운데 하나는 음이므로 그 배합괘는, 두 개의 음이 가장 자리에 위치해 있고 가운데 하나의 양이 구덩이에 빠진 것처럼 보이는 물(☵)이 배합괘다.

나머지 괘들도 마찬가지다. 바람과 우레의 짝(☴ ☳), 산과 못의 짝(☶ ☱) 이들은 반드시 서로 반대되는 괘상의 작용을 통해서 하늘과 땅의 덕을 온전하게 공유하게 된다.

그래서 이것들을 역에서는 서로 반대의 모습이면서도 오히려 상대방의 기운을 짝으로 보완해 준다는 뜻에서 배합괘라고 일컫는다. 그것들은 양이 음으로 변하고 음이 양으로 변해 서로 다른 정반대편의 괘상이 되면서 만물의 변화를 이끌고 만물을 살아 움직이게 하는 역할을 한다.

그래서 도道란 다름 아닌 일음일양一陰一陽의 작용을 두고 일컫는 말이라는 게 『주역』 계사전의 시각이다. 하늘의 기운(☰)은 산(☶)을 통해 땅으로 내려오고 땅(☷)의 기운은 못(☱)을 통해 하늘로 올라간다.

이것은 하늘과 땅의 기운이 사귐에 있어서 산(☶)과 못(☱)에 의존한다는 산택통기山澤通氣의 배합괘 개념이다.

봄에 하나의 양陽 기운이 땅 밑에서 우레(☳)로 움직이면 땅 위에서는 바람(☴)이 함께 만물에 온기를 더해 주니 이것은 우레와 바람이 만물을 살아 숨 쉬게 한다는 뜻에서 뇌풍상박雷風相薄의 배합괘다.

또 물(☵)과 불(☲)은 서로 상극相剋 관계이지만 맹목적으로 싫어 멀리하지만은 않는다. 불은 물을 적당히 말리고, 물은 불의 기운을 적당히 보완하는 점에서 물(☵)과 불(☲)은 서로 하나의 좋은 짝이 되는 수화불상석水火不相射의 배합괘다.

이처럼 상대적인 것이야말로 자기 자신에게 있어서 가장 요긴한 구성 요소다. 그러므로 세상은 자기다운 것만을 고유한 자기의 소유물로 고집해서는 안 된다. 자기의 정체성이 자기의 대척점에 서 있는 대상을 통해서 비로소 온전해지는 이치를 우리는 역에서 배울 수 있어야 한다.

그 다음은 도전괘倒轉卦다. 입장을 바꾸어 놓고 생각하면 역시 하나가 되는 이치. 수뢰둔水雷屯은 산수몽山水蒙과 하나이고, 천수송天水訟은 수천수水天需와 하나다.

따라서 이들 괘상을 뒤집어 놓고 생각하면 전혀 다른 괘상이 되므로 자기가 상대하는 어떤 사람의 입장을 자기 자신과 땅을 바꾸어 놓고 생각하는 게 바로 이곳 도전괘에 근거를 둔 역지사지易地思之다.

그러나 앞의 도전괘와 달리 입장을 바꾸어도 형태가 변하지 않는 괘상이 있다. 이는 상경에 6개 하경에 두 개 합 8개다.

따라서 주역 64개의 모든 괘상을 이들 도전괘와 부도전괘의 형태로 단순화시키면 모두 28개의 괘상으로 하늘의 해가 운행되는 황도 위의 별자리 숫자와 일치한다.

다음은 호괘互卦다. 전체 6자리의 효들 가운데 아래쪽 초효를 제외한 2 3 4효의 3획, 위쪽에서 가운데 3 4 5효의 세 획을 취하여 하나의 대성괘를 구성한 명칭이다.

31. 갑질을 겪는다면

"세상살이에서 겪는 갑질?"

노인에 의하면 조금도 분개할 일이 아니었다. 갑질로 인한 마음의 고통은 갑질을 일삼는 자의 몫일 수밖에 없다는 이유 때문이었다. 그러면서 생각났다는 듯이 들려주는 인용문이 있었다. 맹자와 제선왕 사이의 오간 다음의 대화였다. 제선왕이 맹자를 만났을 때였다.

"청컨대 과인에게는 병통이 하나 있습니다."

아랫사람들의 생각이나 행동이 자신의 뜻에 맞지 않으면 불같이 분노하게 되는 병통이었다.

맹자의 대답은 망설임이 없었다.

"왕은 청컨대 사소한 용맹심을 너무 좋게 여기지 마십시오. 자신의 혈기 때문에 무릇 칼을 빼들고 눈을 부릅뜬다면 이것은 필부의 용맹이며 한 사람을 상대하는 것일 뿐입니다. 왕께서 좋아하시는 용맹심은 큰 것을 위한 게 될 수 있기를 바랍니다."

맹자가 강조하는 큰 것의 개념은 세상과 세상 사람들을 사랑하기 때문에 생겨나는 분노심이었다. 달리 말해 그것은 땅을 통해 하늘이 만물을 낳을 때 보여주는 덕스러운 분노였다.

"그건 상식의 문제이지 않겠어?"

노인이 다시 덧붙이는 이야기가 역시 맹자였다.

"가졌으면서도 어진 사람의 마음은 크고 너그러우며 측은하고 슬프게 여길 줄 알아서 크고 작은 대소大小와 강하고 약한 힘의 논리에 따라 움직이질 않는다는 게 맹자의 지론이지. 그래서 예로 드는 게 탕임금과 문왕이야. 중국 고대의 은나라를 열었던 탕湯임금은 큰 나라임에도 자기네보다 작은 갈葛나라를 섬겼어. 또 문왕도 그렇잖아. 힘이 있는 대륙 국가이면서도 변방의 이민족이었던 곤이昆夷를 섬기는 자세를 보여 주었지."

"……."

"이는 결코 정치적인 상황에만 적용되는 견해일 순 없어."

곰곰이 생각하면 현대사회에서 문제되는 일반적인 형태의 갑질, 그것의 문제임을 명심할 필요가 있다는 주장이었다. 왜냐하면 누구나 수긍하게 되겠지만 그것이 바로 우리 자신들이 세상을 살아가는 삶의 근본 이치이기 때문이었다.

따라서 하늘의 이치를 두려워할 줄 안다면 자기보다 못한 상대방이 자기 자신에게 공손하지 않더라도 그것을 언짢게 여기지 않는 게 좋았다. 또한 자기보다 여러 모로 많이 가진 자가 자기를 능멸하더라도 예로써 그들을 섬길 줄 아는 자세, 그것은 오직 하늘의 이치를 새길 줄 아는 자만이 가능한 사람의 지혜였다. 이처럼 작으면서도 큰 것을 섬길 수가 있고 크면서도 작은 것에 대해 공손할 수 있다면 하늘은 반드시 그 사람의 뜻과 역할에 힘을 실어 주게 되어 있다고 했다.

"어떻게 확신할 수 있느냐고? 『주역』의 이치가 그렇거든."

사내의 견해 따위는 전혀 아랑곳하지 않는 노인 혼자만의 일방적인 자문자답이었다. 그리고 덧붙이는 노인의 다음 이야기는 화천대유火天

大有 상구上九 효사였다.

하늘로부터 도움이 있을 것이니 이롭지 않음이 없다.
(自天祐之라 吉无不利니라)

노인이 말하는 화천대유火天大有는 삼획괘의 조합이 위가 불 이(離☲), 아래가 하늘 건(乾☰)이었다. 그 가운데 상구上九는 여섯 자리의 부호들 가운데 맨 윗자리를 차지하고 있는 양효陽爻였다. 그럼에도 자기보다 낮은 아래 자리의 육오六五 음효陰爻에게 자신을 낮춰 공손하게 대하므로 어찌 하늘이 돕지 않을 수 있겠느냐는 노인의 주장이었다.

화천대유

그러므로 하늘의 도움을 기대할 수 있는 갑질! 그거야말로 세상과 세상 사람들을 위해서라도 자신이 취해야 하는 도리일 거라는 게 노인의 자연스러운 주장이었다.

●●●

역사에서 부당한 형태의 대표적인 갑질 피해자를 찾는다면 누가 있을까? 은殷나라 시대의 문왕文王을 떠올릴 수가 있다. 문왕은 중국 고대 은나라 당시의 제후 신분이었다. 그 무렵 나라의 천자로 군림하고 있던 주紂는 못 말리는 역사상의 폭군이라는 이미지로 묘사되어 있다.
문헌에 의하면 그는 미녀 달기를 사랑하여 백성들에게 무겁게 세금을 매기고 그렇게 해서 거둬들인 재화와 보물을 녹대라 불리는 누각에 가득 채웠으며 곡식도 산처럼 쌓아 두고 연회를 즐겼다. 거기에 정원을 크게 확장하고 많은 술로 연못을 만들었으며 고기를 숲처럼 걸어 놓고 남녀를 발가벗겨 뛰어다니게 하면서 밤낮을 가리지 않고 큰 잔치를 되풀이하는 비이성적인 모습을 보여 주었다.

여기에서 '주지육림酒池肉林'이라는 고사 성어가 유래가 되었다. 이에 백성들은 원한을 품었으며 제후들은 배반하는 자들이 늘어났다.

그러나 주왕紂王은 구리로 기둥을 만들어 그 위에 기름을 바르고 활활 타는 숯불 위에다 올려놓고, 죄인을 그 위로 건너게 하여 결국 미끄러져 불에 타 죽게 하는 포락炮烙의 형벌로서 나라 안의 여론을 억압하며 세상을 다스렸다. 또 포락의 형벌뿐이 아니었다. 기록에 의하면 주는 창(문왕의 이름)의 세력을 의심하여 창의 친구인 악후와 구후의 살코기 젓을 서백西伯의 희창에게 전했다.

희창은 그 패륜 행위에 할 말을 잊고 말할 수 없는 비애를 느꼈다. 이를 지켜본 숭후호는 주왕에게 그 사실을 고자질하여 주왕은 당장 희창을 유리옥에 감금시켜 버렸다. 물론 이는 나라의 인심이 서백西伯이었던 문왕에게 쏠릴 것을 염려한 주紂의 계산된 결과였다.

그러나 문왕은 이런 처지를 원망하지 않고 오로지 그 안에서 음양陰陽 형태의 부호뿐이었던 『주역』 64괘에 말을 붙였는데 이는 자기 자신이 당해야 했던 삶의 갑질을 보편적인 세계관으로 승화시켜 극복해 낸 장인 정신의 본보기였다.

그 결과 은나라의 주紂는 세상의 인심을 잃고 나라의 멸망을 지켜보아야 했으며 문왕은 아들 무왕武王에 의해 주周라는 새로운 나라를 수립하게 되었다.

한 사람의 부당한 갑질과 하늘의 이치에 대한 믿음이 어떤 식의 결과를 가져오는지 알 수 있게 하는 하나의 분명한 사례다.

참고로 『주역』에 말을 붙인 문왕에 대한 이해는 그의 조상이었던 후직으로부터 살펴볼 필요가 있다. 즉 후직은 주나라의 실질적인 기반을 닦았던 문왕의 기억할 만한 조상이었다. 후직은 요임금과 순임금 때에 농사일을 관장하던 벼슬을 지낸 인물이다. 은나라의 마지막 왕인 주왕紂王을 무너뜨리고 황제가 된 무왕이 그 후직의 16세 손이었다.

그 가문은 고공단보 대에 이르러 기산이라는 산 밑을 연고지로 삶의 터전을 잡았다. 그의 큰아들은 태백이고, 둘째 아들은 우중이며, 막내가 계력이었다. 계력이 창(뒷날의 문왕)이라는 아들을 낳았는데 덕망이 있었다.

그래서 태백과 우중은 아버지인 고공단보가 장차 계력을 후계자로 삼아 나라의 통치권을 창에게 전하고자 하는 뜻을 알아차리고 형나라 땅으로 옮겨가 왕위를 셋째인 계력에게 양보하였다. 고공단보가 세상을 떠나자 계력이 뒤를 이었으며 후직의 대통은 계력의 아들 창으로 이어져 내려갔다.

뒷날의 문왕인 계력의 아들 창은 당시 은나라의 임금이었던 제을帝乙왕의 누이와 결혼을 하였다. 여기서 말하는 제을帝乙왕은 은나라의 마지막 임금이었던 주왕紂王의 아버지다.

주왕의 아버지 제을은 누이를 희창문왕에게 시집보내고 그를 서백의 제후로 봉하였다. 서백 창은 덕망이 높아 나라 안의 사람들에게 어진 정치를 베풀었으므로 나라 안의 백성과 제후들로부터 신망을 한 몸에 받는 처지가 되었다. 이는 문왕의 고조부였던 고공단보까지도 마찬가지였다. 자세한 내용은 생략한다.

32. 삶이 편안하지 않다면

"만물자시萬物資始 내통천乃統天!"

한동안 이어지던 침묵을 깨고 내뱉는 노인의 갑작스런 한마디였다. 만물이 하늘에 힘입어 시작되는 까닭에 이에 하늘을 거느리고 있다는 뜻이었다. 문구의 출처는 『주역』 중천건重天乾 하늘 괘 단전이라고 했다. 이에 '내乃', 실마리(큰 줄기) '통統', 하늘 '천天'이라는 한자의 개별적인 음과 훈까지 곁들이던 노인은 이 문구를 자기 자신이 애송하는 동기를 단순하게 설명하기는 어렵다고 했다.

중천건

"그래요. 그렇지만 세상살이에서?"

사내의 반문이었다. 하늘을 거느리고 있다면 어떻고, 그렇지 않으면 또 어떻겠는가. 사내가 생각하기에 그것은 자기 자신 같은 무리에게는 밥이 되는 것도 아니고 용돈이 생기는 것도 아니었다.

"늘 삶이 편치 못했거든. 나이 들기까지는."

이윽고 시작되는 노인의 고백이었다. 노인이 생각하기에 그 문구가 늘 자신에게 감동적인 이유는 세상을 살아가는 자기 스타일에 있었다. 그만큼 노인은 세상을 살아가면서 필요 이상으로 남의 시선에 민감했고, 조증과 울증이 심하게 반복되면서 목숨을 부지하며 살아가는 자체가 너무 괴로웠다. 거기에 자기 자신을 신뢰하지 못하면서 생겨나는 일상적인 열등감까지. 그러나 그뿐만이 아니었다. 그날이 그날 같고 그날이 그날 같아지면서 생겨나는 삶에 대한 깊은 회의도 있었다.

'왜 사는 걸까?'

세상의 온갖 고민을 노인 혼자서 다 안고 사는 것처럼 갈등의 늪에서 허우적거리고 있을 때 마주친 게 바로 동양의 여러 고전이었다. 특히 그 가운데서도 『주역』이 인상적이었다.

'만물자시萬物資始 내통천乃統天!'

견딜 수 없는 갈등과 자기 자신으로서도 이해되지 않는 이기적인 자기 자신의 모습이 실제로는 하늘을 거느린 모습이라니. 그것은 신선한 충격이었다. 자기 자신이 고뇌하는 자신의 갈등은 추호도 고민할 일이 아니었다. 오히려 긍지를 느껴야 하는 마음의 작용이었다. 하늘을 거느리고 살아가는 신비로운 마음의 작용, 그것이 되기 때문이었다.

이타적이기를 바라는 자기 안의 기대치도 예외가 아니었다. 하물며 그날이 그날 같고, 그날이 그날 같은 삶의 일상이겠는가. 의미가 없어 무기력하게 느껴야 하는 부정적인 일상이 아닌 그 역시 하늘을 거느린 마음의 작용이었다.

"『화엄경』의 표현을 빌리면 표현만 달라지는 거고."

노인이 달라진다고 말하는 표현의 내용은 세상의 일체가 본래 성스러운 마음, 즉 성품에서 일어난다는 성기설性起說이었다. 이는 『금강경』도 마찬가지였다. 그러나 그곳의 관련 문구는 세상을 살아가는 우리 자신의 원력에 초점이 맞춰져 있으므로 그에 대한 내용의 구체적인 언급은 오히려 젊은 사람의 반발심만 초래할 수 있다며 입을 닫았다. 그러나 노인으로서는 이왕 내친걸음이었다. 『주역』 단전의 본문 내용은 한번쯤 음미해 볼 만한 가치가 있을 것이라고 했다.

'단전에 말한다. 거룩하구나, 하늘의 덕스러움이여! 만물이 힘입어 비롯하나니, 이에 하늘을 거느렸도다.(하늘에 줄기 했다.) 구름이 일어나고 비가 내려 만물이 형체를 갖추는구나.
(彖曰, 大哉乾元! 萬物資始 乃統天. 雲行雨施, 品物流形)

・・・

일상적인 삶을 살아가는 사람들에게 하늘이란 어떤 의미를 지닌다고 보아야 할까? 보이는 것만이 아닌 보이지 않는 삶의 가치까지도 돌아볼 줄 아는 상징적인 개념이 되어야 함은 너무나 분명하다.

그래서 정자도 중천건重天乾을 해석하면서 다음과 같은 설명을 덧붙인다. 건乾은 천天 즉 하늘이니 천天은 하늘의 형체이고 건乾은 하늘이 가지고 있는 성정性情이다.

그 점에서 하늘 천天을 건乾이라고 하는 것은 하늘의 작용이 굳세어서 쉬는 법이 없음을 나타내는 말이 된다. 즉 형체에 관해 말할 때는 하늘 천天이라고 하고, 만물을 주재하여 양육하는 점에 있어서는 상제上帝라고 할 수 있으며, 작용의 공덕을 두고 말할 때는 귀신鬼神이라고 하며, 그 작용의 신비함을 염두에 두게 되면 신神이 되고 성질로 말하게 되면 건乾이다.

33. 평온한 삶에 이르는 길

"건강관리? 그거 단순해."

『주역』의 원형이정元亨利貞을 자신의 신체적인 기능과 결부시켜 생각하면 쉽다고 했다.

"원형이정? 뜻밖이네요."

사내로서는 정말 듣느니 뜻밖이었다.

"뜻밖이겠지. 학교 공부에서 배울 수 있었던 게 아니니까?"

그러나 세상의 이치는 배움을 반드시 필요로 하는 것이 아니었다. 왜냐하면 그건 지식이 아닌 상식의 세계였기 때문이다. 예컨대 활동력이 왕성해지는 봄이면 몸에 활력이 넘치게 하는 신체의 장기인 간肝을 활기차게 만들면 좋았다. 방법은 무엇일까? 봄철에 흔한 푸른색 채소 등을 많이 섭취하는 일이었다. 이것이 역의 개념으로는 중천건重天乾 효사인 원형이정元亨利貞의 원元이었다.

그러므로 역의 이치에 자신을 맡긴다는 것은 자연의 생동감을 억압하는 형태의 분노심, 절망감, 의기소침함이나 슬픔 등에 빠져드는 일을 스스로 경계하는 일이었다. 그렇지 않고 자기 자신의 원기가 지나친 욕구나 방만함으로 억압을 당하게 되면 때아닌 여름 감기로 고생을 하는 건 너무나 당연했다. 그래서 이를 방지하고자 신체적인 단련을 꾀한다면 사람의 심신이 활발하게 힘을 받을 수 있는 근육과 힘줄을 부드럽게 풀어 주고 봄이 아닌 다른 계절보다 더 틈나는 대로 운동을 자주 하는 게 하나의 지혜였다.

물론 이런 원리는 여름과 가을, 겨울도 마찬가지라는 게 노인의 주장이었다. 여름에는 우선 일조량이 풍부한 때이므로 해가 뜨고 지는 시간에 몸의 움직임을 맞추면 되었다. 곧 수면을 예로 들면 비교적 잠자리에 늦게 들고 아침 일찍 일어나는 방법이었다.

이는 하늘과 땅의 기운이 자기 몸 안에서도 원활하게 소통할 수 있도록 하는 삶의 지혜로서『주역』의 표현을 빌리면 중천건重天乾 하늘의 원형이정元亨利貞 가운데 두 번째인 형통함이었다. 만약 여름의 특징이 만물을 뻗어나가게 하는 형통함에 있다면 신체적으로 유념해야 하는 포커스는 무엇일까?

노인의 결론으로는 몸과 마음으로 이를 구분해서 생각해 보면 쉬웠다. 몸은 우선 기운이 안에서 정체되지 않도록 땀을 종종 흘려 주고 사람에 따라 차이는 있겠지만 대체로 음식은 붉은색이 도움이 된다고 여기면 틀릴 수가 없었다.

그러나 여기서도 중요한 것은 어떤 상황에서도 마음의 평온함을 유지할 수 있는 세계관으로서 낙천적인 생각과 세상에 대한 불평불만을 품지 않는 게 중요했다. 이런 조화가 허물어지면 가을에 겪게 되는 질환이 심장과 관련해서 나타나는데 그 이유는 여름의 기운이 토기土氣에 속하기 때문이다. 여름의 토기土氣는 인간의 장기로 보면 심장이었다.

"가을이나 겨울이라고 다르겠어? 그러나 어떻게 설명하더라도 결국은……."

고전의 원리에 바탕을 둔 인간 개인의 세계관을 바르게 확보하는 일이었다. 그리고 그게 노인에게는 불교의 공空 도리였고, 노자의 무無이 자 만물이 하늘을 품고 살아가는 『주역』 내통천乃統天의 원리였다.

"자기 자신과 가족을 위한 기도라는 것도 결국은 그거야."

무엇인가에 매달려 구하기보다는 자기의 마음을 붙여야 할 곳에 붙이며 살아감으로서 그것의 힘에 도움을 받는 이치, 오직 그것이었다. 그리고 자신의 경험으로는 그와 같은 평범한 이치를 돌아볼 수 있게 해 준 매개물 가운데 하나가 엉뚱하게도 『주역』의 점괘였다는 고백이었다.

"보이는 흐름만 세상에 있는 건 아니거든."

자신의 뜻에 따라 생겨나는 보이지 않는 흐름! 그것을 강조하는 노인의 한마디였다.

34. 스스로 두려운 마음의 도적

"늘 잊기 마련이야."

정작 두려운 세상살이의 도적은 밖이 아닌 자기 안에 있다는 노인의 말이었다. 그래서 들려주는 말씀이 공자의 『주역』 계사전繫辭傳이었다.

공자께서 말씀하셨다. 역을 기술한 자는 도적을 알았을 것이다. 역에 이르기를 '지고 있으면서도 또 탔으니 도적을 불러들이는 것이다'라고 하니 지는 것은 소인의 일이요. 타는 것은 군자의 기물이다. 따라서 소인임에도 군자의 기물까지 욕심을 내어 타고자 한다면 도적은 반드시 이것을 빼앗고자 할 것이다. 또 윗사람을 상대할 때는 거만하고 아랫사람들에 대해서는 포학하니, 도적은 그것을 공격하지 않겠는가. 창고를 지키는 것을 소홀히 하여 도적이 오게 한다면 반드시 후회할 것이며, 얼굴을 야野하게 다듬어 음탕함을 불러온다면 결국 뉘우치게 될 것이다.

(子曰 爲易者, 其知盜乎. 易曰 "負且乘, 致寇至" 負也者, 小人之事也. 乘也者, 君者之器也. 小人而乘君子之器, 盜思奪之矣. 上慢下暴盜思伐之矣. 慢藏誨盜, 野容悔淫.)

"뇌수해雷水解 삼효三爻 해석이지."

위가 우레 '진震'이고 아래가 물 '감坎'이라면 어려운 상황에서는 이미 벗어난 뒤의 일이었다. 그래서 괘명도 얼음이 얼어붙은 듯한 어려움이 풀려 거기서 벗어났다는 뜻의 뇌수해雷水解였다. 이는 우레와 비가 일어나면서 온갖
세상의 과실과 초목들이 모두 싹이 트는 움직임을 의미했다. 그런데 소인은 이 같은 세상의 축복을 혼자서 독차지하고 싶은 욕심꾸러기다. 그렇다면 남들의 대응이 어떻겠는가. 답하지 않아도 알 수 있을 것이라고 했다.

"우공의 일화가 좋은 사례지."
노인이 예로 든 우공의 일화란 '회벽기죄灰壁其罪'라는 고사성어와 관련되어 있었다.

우공은 우숙과 형제였다. 마침 동생인 우숙에게는 푸른 빛깔이 도는 진귀한 하나의 옥이 있었다. 우공은 우숙에게 그 벽옥을 달라고 했다. 예기치 않은 형의 요구에 우숙은 처음 그 부탁을 거절했으나 이내 생각을 바꾸었다. '평범한 사람(匹夫)이 죄가 없더라도 벽옥을 가지고 있다면 죄가 된다'는 주나라의 속담을 떠올린 것이다. 내 어찌 이것을 가지고 재앙을 부르겠느냐? 그는 우공이 원하는 벽옥을 이내 형에게 바쳤다. 그러나 우공은 거기서 만족하지 않고 우숙이 가지고 있던 보검을 다시 원했다. 우숙은 우공의 지나친 요구에 '이는 욕심이 끝이 없는 것이다. 마침내 그 요구가 내 몸에까지 미칠 것이다.'라고 하면서 우공을 쳤다. 우공은 결국 지위를 보전하지 못하고 공지로 쫓겨나야 했다.

"어떤 생각이 들어? 계사전의 뜻풀이 그대로잖아!"

보물의 진정한 가치에 눈뜨지 못한 사람의 안타까움, 비단 우공만의 일이겠느냐는 노인의 반문이었다. 그러면서 노인은 계사전의 앞 구절을 사내에게 다시 들려주고 있었다.

'공자께서 말씀하셨다. 역을 기술한 자는 도적을 알았을 것이다. 역에 이르기를 '지고 있으면서도 또 탔으니 도적을 불러들이는 것이다'라고 하니 지는 것은 소인의 일이요, 타는 것은 군자의 기물이다. 따라서 소인임에도 군자의 기물까지 욕심을 내어 타고자 한다면 도적은 반드시 이것을 빼앗고자 할 것이다.

・・・

사람의 세상살이가 고통스러워지는 이유는 터무니없는 탐욕심에 애착을 두기 때문이라고 했다. 인간의 지나친 욕망은 세상살이의 모든 고통을 불러오게 되므로 석가모니는 인간을 파멸시키는 삼독三毒 가운데 탐욕심을 첫 번째 항목으로 열거하고 계신다. 사실 욕망을 위해 인간은 어떠한 악도 스스럼없이 자행한다. 욕망을 위해 인간은 도덕도 양심도 모두 외면하고 살아가기도 한다.

이는 자기 자신에게 일시적인 이로움은 될 수 있을지라도 마음의 자긍심까지 키워 주지는 못한다. 그래서 공자는 경계하기를 소인은 이익에 빠르고 군자는 마땅한 도리, 즉 의義에 빠르다고 하였다. 우리가 마음이 따뜻한 삶을 추구한다면 욕망에 자기 자신을 맡기기보다는 인간으로서의 도리를 생각하며 절제할 줄 아는 것이 삶의 자세일 것이다.

35. 하늘의 도움을 바란다면

"보이는 것에만 연연해서야 되겠어?"

노인에 의하면 지혜로운 인간이라면 보이지 않는 세상의 흐름도 한번쯤 짚어 볼 수 있어야 했다. 그래서 덧붙이는 노인의 다음 이야기가 맹상군에 관한 일화였다.

전국시대 제나라의 명 재상으로 활동했던 맹상군. 그가 잠시 국가 간의 문제로 인해 진나라의 볼모로 잡혀 갔을 때의 일이었다. 그는 볼모로 붙잡혀 있으면서 자기 자신의 앞일에 관한 『주역』의 괘상을 뽑아 보았다. 나타난 괘상의 내용이 변화를 보이지 않는 택천쾌澤天夬였다. 택천쾌라면 자신의 현재 상황을 크게 염려하지 않아도 된다는 뜻이었다. 택천쾌는 괘상의 구성이 아래가 하늘 건(乾☰) 위는 못 태(兌☱)였다. 공자의 해석에 의하
택천쾌

더라도 이는 바람직하지 못한 대상이나 긍정적인 쪽의 바람을 위해 과감하게 결단한다는 뜻이니 비록 지금은 볼모로 잡혀 있지만 크게 걱정하지 않아도 되었다. 자기 자신 안에 하늘의 강건한 힘을 믿고 그 이치로서 기뻐하며 과감하게 결단하면 현재의 어려움에서 반드시 벗어날 수 있다고 보았기 때문이다. 이에 맹상군은 기쁜 마음으로 진나라에서 탈출을 시도했다. 날이 밝아 첫닭이 울 때쯤 변경인 함관函關을 빠져나가면서 추격하는 손길로부터 벗어날 수가 있었다.

"우연의 일치가 아닐까요?"

"우연의 일치일 수도 있겠지."

노인의 대답은 분명했다. 다만 그와 같은 노인의 분명한 태도에는 노인 나름대로의 이유가 있었다. 즉 『주역』의 괘상이 보여주는 결과를 백 퍼센트 신뢰할 수 있다거나 무슨 일을 당해 『주역』의 점에 의지해야 한다는 것을 말하려던 게 아니었기 때문이다. 그보다는 세상을 살아가는 자기 자신의 세계관, 그것을 『주역』의 괘상에서 볼 수 있어야 한다는 의미가 더욱 컸다. 예컨대 택천괘를 뽑아 든 맹상군이라면 어떤 일에 임하는 그 사람의 세계관이 두 개의 삼획괘 하늘 건(乾☰)과 못 태(兌☱)가 요구하는 그대로가 될 수 있어야 한다는 뜻이었다.

그렇다면 탈출을 도모하는 맹상군의 대응은?

당연히 안으로 하늘의 이치(乾☰)를 위한 삶에 자기 자신을 맡긴 채 거기에 대한 굳센 믿음을 간직할 수 있어야 하고, 밖으로는 그 이치로 인한 기쁨(兌☱)에 자신을 맡길 것을 주문하는 괘상이었다. 그리고 맹상군이 그와 같은 세계관으로 진나라의 탈출을 도모한다면 그 기대가 조금도 어긋날 리가 없다는 뜻으로 그 의미를 받아들여야 한다는 노인의 주장이었다. 그렇다면 그게 어떻게 정해져 있는 흐름을 알려주는 점의 문제이겠는가. 어떻게 살아야 하는가를 눈뜨게 하는 자기 세계관의 문제이고 어떻게 살아야만 하늘이 돕게 되어 있는가를 보여 주는 삶의 원리에 관한 문제였다. 따라서 맹상군이 아닌 그 누구라도 자기가 당면한 현실의 문제를 혹 『주역』 괘상에 의지하여 합리적으로 판단하고자 한다면 오로지 근거는 분명했다. 하늘이 자기 자신을 도울 수밖에 없는 삶의 안목! 바로 그것이었다.

"결국 뜻의 문제거든. 세상을 살아가는 사람의 일이."

세상과 세상 사람들을 이롭게 하려는 자신의 뜻, 수천 년 인간의 진리에 기여하고 진리와 더불어 살아가려는 자기 내면의 뜻, 그리고 이와 같은 삶의 패턴을 누군가가 마음속에 퍼뜩 떠올렸다면 거기에는 반드시 따라붙어야 하는 원리가 수반된다고 했다. 그것은 다름 아닌 '실체가 없는 마음의 신비!'였다.

"불교적인 개념으로는 삼처회향三處廻向이지."

노인이 말하는 삼처회향三處廻向이란 보리회향菩提廻向, 중생회향衆生廻向, 실제회향實際廻向의 셋이었다. 사내는 그 단어들의 의미가 좀 더 궁금했지만 묻지는 않았다. 무엇인가 자기 삶의 에너지를 의미 있게 쓰면 될 것이라는 정도로 해석하고 싶기 때문이었다.

● ● ●

『금강경』에서는 이렇게 말한다. 만일 진리를 추구하는 자에게 나라는 생각이나 중생이라는 생각, 혹은 수명에 집착하는 생각이 있게 되면 보살이 아니다. 왜냐하면 세상에 보여지는 모든 것은 실체가 없어 허망하기 때문이다. 그런데 이와 같은 허망함에도 불구하고 추구하는 역할은 분명하다. 세상의 모든 무리가 평온해질 수 있도록 자신의 뜻을 거기에 맞추어야만 한다. 이른바 『금강경』 세 번째 장의 대승정종분에서 강조하는 인생살이의 가장 큰 뜻이 되는 보살도다.

있는 바 모든 중생, 즉 알에서 생겨난 것이거나, 태에서 생겨난 것이거나, 습기로 생겨난 것이거나, 색이 있는 것이거나, 색이 없는 것이거나, 생각이 있는 것이거나, 생각이 없는 것이거나 일체의 무리들로 하여금 추호의 번민도 없는 열반에 들 수 있게 하기를 발원하라.

36. 노평공 이야기

"참 묘해!"

맹자를 만나기 위해 출타를 앞둔 노魯나라 평공平公에 관한 이야기였다. 악정자樂正子가 괘를 뽑아 보니『주역』의 산풍고山風蠱였다. 산풍고는 삼획괘가 위는 교만한 산 간(艮☶)이고, 아래는 공손한 바람 손(巽☴)이었다. 그러
므로 이는 노평공에 대해 맹자는 교만하고, 군주인 노평공魯平公은 군주이면서도 맹자에게 공손하다는 뜻이었다.

"실제 상황이 그랬거든."

노인에 의하면 노평공은 맹자를 어진 인물로 평가하여 자문을 구하고 싶었고, 맹자는 패도가 아닌 왕도정치를 세상에 설파하며 노평공 등과 같은 세상의 위정자들을 가르치는 자세를 취하며 교만했다.

"우연의 일치일 수는 있었겠지."

주역 점에 대한 맹신을 경계하는 말이었다. 누군가가 자신의 실제 상황을 손바닥에 꿰뚫고 있는 것처럼 여겨지더라도 그것에 혹해서는 곤란했다. 냉철한 이성과 합리적인 세계관에 바탕을 둔 삶의 지혜, 그것이 곁들여져야 하고『주역』의 괘상으로 도움을 받아야 하는 게 바로 그 부분이었다. 그리고 그 점을 상기하는 선에서 주역 점에 관한 노평공의 사례를 한번쯤 화제로 삼아 볼 수 있을 것이라는 노인이었다.

"맹자가 교만하고 노평공은 공손하다? 그렇다면 악정자樂正子의 해석은?"

악정자도 산풍고山風蠱의 의미대로라면 맹자를 만나는 게 유쾌할 수는 없다고 노평공에게 알려 주었다. 왜냐하면 바람 손(巽 ☴)으로는 공손하더라도 위의 산 간(艮 ☶)으로는 그쳐 있는 게 이롭다고 보기 때문이었다.

이는 역의 구체적인 의미를 위와 아래의 삼획괘가 지닌 뜻으로 압축시켜 해석했을 때 생겨나는 주역 점의 당연한 해석이었다. 이와 같은 상하 삼획괘의 특징에, 괘명이 지닌 의미, 즉 산 아래에서 바람이 불면서 산 위의 열매가 우수수 떨어진다고 바라보는 산풍고의 특징을 적용하면 아무래도 노평공이 맹자를 만나지 않는 게 이롭다는 것을 강조하는 『주역』 괘상의 적용이었다.

"결과는 어땠을까?"

노인은 우선 이에 답하면서 먼저 강조하는 한마디가 있었다. 『맹자』에 소개되고 있는 평공의 당시 기록은 엄밀하게 주역 점과 관련된 의미의 해석 문제는 아니라는 점이었다.

"아무튼 맹자는 노평공을 만나지 않지."

그 이유에 대해 평공은 악정자에게 이렇게 대답했다. 뒤에 죽은 모친상을 먼저 죽은 부친상보다 필요 이상으로 화려하게 치른 것을 볼 때 맹자를 예의에 밝은 어진 인물이라고 여기기가 어렵기 때문이라고 했다. 산풍고의 주역 점을 고려한 자신의 심리 변화였을까? 사실 그 점을 깨우치도록 도와 준 이는 평소 자신이 총애하던 애첩 장창藏倉이라는 여인이었다. 노평공이 맹자를 만나기 위해 출타를 준비하고 있을 때였다.

"왕께서 먼저 몸을 필부에게 굽히도록 하는 것이 어진 자로서 할 일이라고 보십니까? 사람의 예의는 현자로부터 나와야 합니다. 그런데 맹자는 뒤에 죽은 모친상을 먼저 죽은 부친상보다 더 화려하게 치뤘으니 왕께서는 (맹자를) 찾지 마소서."

결국 『주역』 괘상에 대한 노인의 결론은 단순했다. 자기 자신이 직면하고 있는 어떤 일의 포괄적인 의미를 좀 더 신중하고도 합리적으로 돌아보게 만드는 하나의 도구, 그 이상도 그 이하도 아니라는 노인의 견해였다.

37. 세상이 호응하는 길

"조조의 조조다운 점?"

노인의 설명으로는 계사상전의 본문 구절을 참고하는 게 도움이 될 것이라고 했다.

건乾은 세상일을 주장하여 크게 시작하되 하는 일이 쉽고 곤坤은 하늘의 하는 일에 맞춰 만물을 이룸이 간략하면서도 능숙하다.
(乾知大始, 坤作(化)成物. 乾以易知, 坤以簡能)

노인은 이상하게도 그곳에서의 이지易知와 간능簡能의 개념이 조조를 떠올릴 때면 자연스럽게 겹쳐진다는 고백이었다.

"근거가 되는 기록도 있어."

조조가 어떤 사람의 집을 방문했을 때였다. 시간이 되어 돌아가면서 문에 살 활活 자를 써서 남겨 놓았다. 앞뒤 설명도 없는 조조의 행동에 사람들은 모두 어리둥절한 표정이었다. 그러자 동행했던 양수가 '대문을 좀 작게 하라는 뜻이오.'라고 하였다. 듣고 있던 사람들이 왜 그런 해석이 생겨나는가를 다시 물었다. 양수의 대답은 다음과 같았다. '문 속에 활活 자가 들어 있으니, 넓을 활이 아니고 무엇이겠소? 문이 너무 크다는 뜻이오.'라고 하였다. 즉 문을 자기 신분의 상징으로 나타내 보이면서 지나치게 크게 만들어 가벼운 마음으로 들어서기 어렵게 만든다는 취지로 받아들이면 되었다. 이는 쉽게 주장하고 간략하게 응하는 하늘과 땅의 아름다운 덕, 그대로가 아니겠느냐는 노인의 조심스러운 해석이었다.

"비단 조조만은 아니었지."

노인에 의하면 공손홍도 마찬가지였다. 사실 옛적에 황궁이나 지위가 높은 사람의 관저는 평범한 사람들이 드나들기에는 자연스럽지가 못했다. 왜냐하면 남쪽에 자리 잡고 있는 정문의 규모가 너무 커서 출입하는 사람들이 이용하기에는 어딘가 위압감이 생겨날 수밖에 없기 때문이었다. 그래서 한나라 무제 때의 승상이었던 공손홍도 자기 관저의 동쪽 문을 항상 열어 놓고, 사람들이 부담감 없이 드나들 수 있도록 배려하였다. 이는 항상 문을 개방해 놓고 세상의 인재를 모으고자 하는 조조의 시각 그대로였다.

"그러나 원칙은 있었지."

노인이 말하는 원칙이란 하늘과 땅의 아름다운 덕에 짝을 이룰 수 있는 세상의 본질적인 이치였다. 하늘의 이치를 유순하게 받들어 만물이 생겨나 뻗어가게 하는 땅 곤(坤)의 후덕한 이치.

"사실 그 관점이어야 하겠지. 사람을 평가할 때도."

"······."

"본질을 말하려다 보니 언급 안 할 수가 없네."

역시 노인이 거론하는 인물은 이번에도 공손홍이었다. 그는 '화和'를 자기 인생의 신조로 알고 살았는데 그로 인해 조정에서는 평가가 크게 엇갈렸다. 즉 겸손한 태도로 군주나 남의 의향에 거스르지 않고 따르면서 자기주장을 관철시키는 모습이 혹자는 매우 관대한 대인과 같다고 했고, 혹자는 겉으로는 좋은 얼굴을 하면서도 뒤로는 원한을 잊지 않는 소인배로 취급했다.

  노인이 보기에 공손홍의 '화和'는 군주가 하늘의 명을 따르면 백성들도 이에 호응한다는 믿음을 고집하는 점에서 공손홍의 '화和'는 결코 타협이 아니고, 꼬리를 물고 연쇄 반응을 일으켜 만물을 안정시키는 세상의 본질적인 이치였다.

  노인에 의하면 이는 "한 사람의 생각이 선善하면 천 리 밖에서도 응해 오고, 한 사람의 생각이 선하지 못하면 천 리 밖에서도 어긴다"는 『주역』 계사전 풍택중부風澤中孚에 관한 해설 그대로였다.

38. 하늘에 근본을 두고 사는 사람

"전설을 믿을 수 있을까?"

평안도 안주安州 고을의 칠불사에 얽힌 일화였다. 거리는 평양으로부터 서쪽 백여 리쯤 되는 곳이었다. 고을을 가로지르는 강 가로 백상루가 있고 누각 곁에 절이 한 채 자리 잡고 있었다. 이 절은 창건 동기가 고구려 무렵까지 거슬러 올라갔다. 당시 수나라 군사가 쳐들어오면서 강가에 이르렀을 때의 일이었다. 옷차림이 비슷한 중 7명이 군사들이 보는 앞에서 강을 건너는데 물의 깊이가 무릎까지도 차지 않았다. 이를 눈여겨보던 수나라 군사들도 이내 중들의 뒤를 따라 물을 건넜다. 그런데 얼마 지나지 않아 앞에서 물을 건너던 적군들이 모조리 강에 빠져 죽었다. 그래서 적의 장수는 뒤따르려던 휘하 군사들로 하여금 강에서 물러나게 하자 앞에서 길을 인도하던 중들도 이내 모습을 감추고 말았다. 이에 지방 사람들은 그 일을 부처님의 은혜로 알고 강이 내려다보이는 자리에 칠불사를 짓고 해마다 제사드리는 일을 잊지 않았다. 노인은 그 이야기가 이중환의 『택리지』에 실려 있다고 했다.

"반문이 필요한 게 아니지."

까닭 없이 죄 없는 백성들을 해치는 무리에 대해서는 반드시 그 죗값을 치르도록 하는 게 누구나 의심해선 안 되는 하늘의 당연한 이치이기 때문이라는 노인의 주장이었다.

"어때, 그 논리가?"

사내를 향한 노인의 질문이었다. 언젠가 설명을 했을 것이라고 하면서 지수사地水師의 구조는 중심이 아래 삼획괘의 가운데 자리 양陽에 맞춰져 있다고 했다. 그런데 위의 중심에 자리 잡은 다섯 번째 자리의 지도자가 윗자리에 있으면서도 아래의 두 번째 효에게 자기 자신을 낮춰 그의 뜻에 따라 주는 특징이 있다고 했다.

"그 이유가 뭘까?"

노인에 의하면 아래 두 번째 자리의 양陽 구이九二가 전쟁을 통해서라도 하늘의 아름다운 이치를 지키고자 하는 확신 때문이라고 했다.

"세상일이 결국 그렇지 않겠어."

동의를 구하는 노인의 나직한 한마디였다. 사내가 생각하기에도 틀린 말은 아니었다. 평소 사내 자신이 느끼기에도 세상을 살아가는 동안의 결론은 자기 자신이 평소 마음을 붙이고 살아가는 그것 이상의 색다른 호응은 경험하지 못했기 때문이었다.

"그래서 문언전에는 이런 구절도 있지."

노인이 말하는 문언전文言傳은 중천건重天乾 하늘 괘의 다섯 번째 효사에 관한 공자의 다음과 같은 해석이었다.

나는 용이 하늘에 있으니, 대인을 만남이 이롭다고 했다. 도대체 그 말은 무슨 뜻인가?

(九五曰 飛龍在天, 利見大人, 何謂也?)

공자께서 말씀하셨다. 같은 소리는 서로 호응하고 같은 기운은 서로 구하여, 물은 습한 데로 흐르고 불은 마른 데로 나아가며 구름은 용을 따르고 바람은 호랑이를 쫓는다. 그리하여 성인이 세상에 출현하심에 만물은 이를 우러러보는 것이다. (왜냐하면) 하늘에 근본을 두고 있는 자는 위를 친하고 땅을 근본으로 삼는 자는 아래를 친하게 되어 있어 누구나 제각기 그 비슷한 부류를 따르기 때문이다.

(子曰, 同聲相應, 同氣相求, 水流濕, 火就燥, 雲從龍, 風從虎, 聖人作而萬物覩, 本乎天者親上, 本乎地者親下, 則各從其類也.)

39. 마음이 뜨거운 삶을 살자

사내로서는 자신의 귀가 의심스러웠다. 음양陰陽? 자공에 대한 공자의 가르침이!

"가난해도 아첨하지 않고 부유해도 교만하지 않는다면 어떻습니까(貧而無諂 富而無驕)?"

자공의 질문이었다.

"옳기는 옳다만 가난해도 하늘의 이치를 즐거워하며(貧而樂天) 부유해도 예를 좋아하는 것만 같겠느냐(富而好禮)."

공자님의 망설임이 없는 대답이었다.

"이 구절이 어떻게 음양이 될 수가 있나요?"

노인의 해석이 납득되지 않는 사내의 반문이었다.

"가난과 부유함, 소극적인 삶과 적극적인 삶, 그뿐일까? 나와 너, 진보와 보수, 남자와 여자……."

노인은 거기에서 일단 숨을 골랐다.

짝이 있는 이치, 음과 양, 가난함과 부유함 등의 짝이 일어나게 하는 작용의 신비! 노인으로서는 그것을 결국 설명할 수는 없었다.

"그래도 그건 좀……."

사내로서는 수긍하고 싶지 않은 말씀이었다. 세상의 이치는 단순했다. 음이면 음이고 양이면 양이어야 했다. 선이면 선이고 악이면 누구나 그것을 멀리하는 악이어야 했다.

"자긍심과 연결하면 답이 나와."

다시 덧붙이는 노인의 한마디였다.

"그렇지, 마음이 뜨거워지는 자긍심."

"어떤 종교에서는 그것을 두고 이고득락離苦得樂으로 설명하고 또 어느 분야에서는 피흉취길避凶趣吉로 표현이 달라지는 거지. 그렇지만 말이야……."

노인은 말이 많아지고 있었다.

"짝이 있는 세상의 이치는 토대가 어디겠어. 신비스러운 우리 마음의 작용인 하늘, 그거 아니겠어?"

아하! 젊은이의 머릿속으로 순간 밝아지는 느낌이 하나 있었다. 음양의 기둥을 떠받드는 하늘과 땅의 후덕함. 확신은 없었지만 납득할 수는 있었다.

40. 석가에 대한 범천의 권유

"너무 살벌해요, 세상이."

눈앞의 일만을 의식하기 때문은 아니었다. 차라리 그 정도라면 귀여웠다. 보이스 피싱, 특정인을 상대로 한 청소년들의 집단 폭행. 심지어 자식이 부모를 죽이고 부모가 자식을 살해하는 패륜 행위까지.

"이해해야지. 풍토가 그런 걸."

"……."

사내로서는 의외였다.

"돼지 눈에는 돼지만 보이고 부처 눈에는 부처만 보여. 석가의 고민도 그게 아니었겠어?"

석가모니가 깨달음을 성취했을 때의 범천梵天 권청勸請에 관한 이야기였다. 샛별이 떠 있는 보리수나무 아래서 정각을 성취하고 난 뒤의 일이었다. 자기 자신이 깨달은 법의 내용이란 세상의 풍토에 맞지도 않고 사람들이 이해하기에도 한계가 있었다. 석가모니는 망설였다. '사람들을 위해 법을 설해야 하는가?' 용기를 내어 법을 설하더라도 자신이 깨달은 세상의 이치에 공감해 줄 사람을 찾는 게 쉬울 것 같지도 않았다. 격정에 사로잡힌 자신의 욕망과 성공에 대한 갈증, 오직 그것만이 전부였고 그게 고통의 뿌리임을 생각해 보지도 않는 세상 사람들이었다. 그러자 범천이 권했다.

"세존이시여, 세상에는 당신의 가르침을 원하는 자도 있으며 이해하는 자도 있을 것입니다. 그들을 위해 당신의 법은 펼쳐져야 합니다."

"……"

"음, 그렇게 해서 생겨난 게 불교 아냐?"

"……"

"굳이 범천이 아니라도 석가로서는 어땠겠어? 외면할 수가 없었겠지. 왜냐고? 사람들이 측은하거든."

노인의 결론은 한마디로 무지였다. 세상이 살벌할 수밖에 없는 이치, 스스로 고통 속으로 빠져들 수밖에 없는 이치, 그것을 안다면 반드시 사람에 대한 연민의 정을 가져야 한다는 이야기였다. 그게 결국 남이 아닌 자기 자신을 사랑하는 길이었다.

'그렇지만 제가 석가모니는 아니잖아요.'

사실이었다. 자기 자신은 석가모니가 아니었다. 갈비뼈가 앙상해지는 수행자의 삶을 선호하는 자신이 아니었다. 사소하더라도 눈앞의 자존심이 소중하고 호주머니에 채워질 만 원 한 장의 지폐가 더욱 소중했다. 그러나 사내는 그 말만은 참았다. 침묵에서 느껴지는 사내의 거부감을 읽은 것일까. 노인은 잊었다는 듯이 나직하게 덧붙였다. 꼭 사내를 위해서라기보다는 자기 자신의 생각을 정리하고 싶을 때의 독백이나 다름없는 한마디였다.

"그게 축복이거든. 자신의 고집을 비운다는 게! 어떻게 아느냐고? 습감習坎에서 그렇게 말하고 있으니까."

습감習坎은 『주역』 상경에 나오는 괘의 명칭이라고 했다. 뜻으로 보면 위와 아래로 물이 거듭 포개어져 있는 험한 인생살이의 상징이었다. 그러나 이와 같은 험함에도 신비로운 하늘의 도에 대한 믿음을 잃지 않는다면 하늘은 반드시 복을 주게 되어 있다는 게 노인의 주장이었다. 물론 그렇지 못한 소인小人이라면 위와 아래가 험한 습감習坎의 때에는 당연히 그 사람의 인생이 험하게 되어 있었다. 왜냐하면 하늘의 이치가 아닌 자기중심의 세상살이는 결국 실체에 대한 고집으로 치닫게 되어 있고 그로 인한 사행심은 반드시 사악하고 험한 데로 빠져들 수밖에 없는 필연적인 이유 때문이라는 노인의 분명한 지론이었다.

41. 어느새 지나가는 세월

"귀신鬼神의 자취가 보여 주는 덕이 무성하다. 보려고 하여도 보이지 않으며, 들으려고 하여도 들리지 않는다. 그럼에도 만물의 본체가 되어 버릴 수가 없다."

노인의 설명에 의하면 『중용』의 본문 구절이라고 했다.

"귀신?"

사내로서는 단어를 떠올리는 것만으로도 끔찍했다. 머리를 풀어헤치고 입에 칼을 문 전설의 으스스한 여인이 떠오르는 게 전부였다. '전설의 고향'에서 흔히 보아 오던 이미지였다.

"그렇지, 귀신이지!"

노인에 의하면 보이지 않는 모습에서 드러나며 펼쳐지는 양陽의 작용이 귀신鬼神의 신神이었다. 보이는 모습에서 보이지 않는 곳으로 돌아가는 음陰의 작용은 귀신鬼神의 귀鬼였다. 그러므로 『주역』의 논리를 빌릴 때 세상의 변화는 곧 이론 이성으로는 이해할 수도 없는 음양의 작용 바로 그거였다.

"그런데 왜죠? 귀신하면 으스스 소름부터 돋곤 하는 게."

사내로서는 사실 노인에게 질문할 문제는 아니었다. 그래서였을까? 노인의 대답도 그 점에 있어서는 건성이었다.

"『시경』에 이런 구절이 있지. 신이 강림하심을 헤아리기 어렵거늘, 하물며 싫어할 수 있으랴."

세상의 모든 사람들이 목욕재계하고 제사를 받들게 되는 것도, 그래서 보거나 만지지 못하면서도 세상 도처에 가득 채워져 있는 것 같이 여기는 것도, 이백 년도 지나지 않았는데 교회가 사방에 넘쳐나고, 그 혹독한 척불 정책에도 절이 없어지지 않고 이어져 오는 것도 이유를 생각해 보면 너무나 뻔하다고 했다.

"자기 자신의 근본에 대한 갈망!"

그런 이유 때문에 맹자는 중용中庸 천명장天命章에서 이렇게 강조했다.

"숨어 있는 것보다 더 분명한 것은 없으며, 작고 미세한 것보다 더 드러나는 것은 없으니 그런 이유 때문에 자기의 근본을 돌아볼 줄 아는 사람이면 반드시 세상을 살아가면서 혼자 있을 때를 삼가게 되는 법(莫見乎隱 莫顯乎微 故君子 愼其獨也)"이라는 노인의 주장이었다. 그러나 이런 담론이야 그저 머리만 복잡할 수도 있을 테니 왕안석이 느끼던 시내 건너편의 꽃향기나 음미해 보라고 했다.

我與丹靑兩幻身(아여단청양환신)　世間流轉會成塵(세간유전회성진)
但知此物非他物(단지차물비타물)　莫問今人猶昔人(막문금인유석인)
나와 단청이 둘 다 허깨비라
세간에 유전하다 끝내 티끌이 되는 것을
다만 이 몸이 남의 몸 아님 알겠으니
지금 사람이 옛사람과 같으냐고 묻지 마오

垂楊一徑紫苔封(수양일경자태봉) 人語蕭蕭院落中(인어소소원락중)
唯有杏花如喚客(유유앵화여환객) 倚墻斜日數枝紅(의장사일수지홍)
수양버들 늘어진 샛길엔 보랏빛 이끼 덮여 있고
쇠락한 원의 뜨락에는 사람의 말소리 쓸쓸하네
오직 한 그루 살구꽃 길손을 부르는 듯
담에 기댄 두어 가지 석양 속에 붉었네

溪水淸漣樹老蒼(계수청연수노창) 行穿溪水踏春陽(행천계수답춘양)
溪深樹密無人處(계심수밀무인처) 只有幽花渡水香(지유유화도수향)
시냇물 맑게 흐르고 고목은 푸르른데
봄볕 즐기며 시냇가를 거닌다
골짜기 깊고 숲 우거져 오는 사람은 없어
그윽한 꽃향기만 물 건너 풍겨 오네

후기

편지로 날아든 생활 속 고전

하루하루의 삶이 때로 힘들고 괴로워지기도 할 것입니다. 그랬을 때 우리는 어떻게 자기를 관리해야 할까요? 대답은 많겠지요. 저는 그 많은 해결책 가운데 고전의 이치에 근거를 둔 다음의 두 가지만을 생각해 보고자 합니다.

첫째는 땅을 통해 하늘이 만물을 양육하는 덕을 생각하는 방법입니다. 그때는 자기 자신의 존재 이유가 세상과 세상 사람들의 삶에 기여하는 데 있음을 분명히 자각하게 되면서 자기의 마음이 자신도 모르게 뜨거워지게 됩니다. 그러나 문제는 이와 같은 삶의 분명한 이치에도 불구하고 그것만으로는 자기 삶의 정서가 늘 뜨겁게 관리되지 않는다는 점입니다. 그래서 생각해 보아야 하는 게 생활 현장에서 생겨나는 감정상의 순간적인 기복에 관한 문제입니다 그때는 당연히 실체가 없는 마음의 이치를 상기할 수 있어야 합니다.

실제 불교의 반야부 경전은 이런 원리를 집중적으로 다루고 있습니다. 우리가 세상을 살아가는 삶의 현장에서 마음의 불편함이 생겨날 때는 반드시 실체가 없는 무無를 떠올리도록 옛사람들은 강조하고 있습니다. 물론 이와 같은 방법은 소극적일 수도 있습니다.

폭풍우가 몰아치고 태산이 무너져 내리는 순간의 역경과 외로움 앞에서도 자신의 에너지가 세상과 세상 사람들을 위한 역할에 의지하여 자기 자신을 추스릴 수 있다면 이는 대인일 것입니다. 그러나 그럴 수가 없다면 우리는 해가 떠오르는 순간의 이슬방울과도 같은 자기 자신의 허망한 실상을 떠올려야만 합니다. 그것이 바로 실체가 없는 마음을 자각하는 구체적인 방법이고 삶의 지혜입니다.

한편 『주역』에서는 그 순간 음양의 원리를 적용합니다. 예컨대 마음이 침울하게 가라앉아 있을 때는 그것을 다시 뜨겁게 만드는 양의 이치를 활용합니다. 책읽기에 이를 비교하면 뜨거운 열정을 가지고 세상을 살았던 사서류에 관심을 가지는 방법입니다.

반면 마음이 들떠 있을 때는 이를 가라앉힐 수 있는 음의 작용을 빌려야 합니다. 이것도 책읽기에 의존해 생각하면 경전류 등의 무거운 책을 손에 잡는 일입니다. 누구나 다 그렇지 않습니까? 옛사람들의 진지한 경전이나 철학 및 사상류의 책들은 자기도 모르게 마음을 무겁고 경건하게 만듭니다.

그런데 이와 같은 삶의 이치와 별개로 우리의 문제점은 대체로 엉뚱한 데 있기도 합니다. 즉 마음 안에 어떤 생각을 떠올려 굴려 보기만 하면 수많은 근심 걱정이 파도처럼 밀려올 때가 많다는 점입니다. 무엇 때문일까요. 마음에서 일어나는 생각 자체의 바탕은 물론 우리 자신의 몸조차도 실체가 없음을 늘 기억하지 못하기 때문입니다.

그로 인해 우리에게는 집착이 생겨나고 그 집착에 매달리기 때문에 삶이 근심스럽고 고통스러워진다는 게 불교 석가모니의 가르침입니다. 그래서 『주역』은 이를 극복하는 방법이 만물을 낳아 양육하는 하늘과 땅의 후덕한 덕을 추구함에 있다고 말합니다. 인자무적仁者無敵, 어진 자는 적이 없다고 했지요. 『논어』의 말씀입니다.

실체가 없는 본래의 마음으로 세상과 세상 사람들에게 기여하려는 어진 세계관을 유지하는데 그 누가 자신을 거부하겠습니까? 세상살이의 이치는 오직 그뿐입니다. 그리고 그것이 고전의 으뜸가는 이치이자 본질로서 하나로 꿰는 우리 삶의 이치입니다.

노인 곁을 떠나고 난 뒤 노인으로부터 날아든 편지의 내용이었다. 사내는 그것을 하루 종일 윗옷 안쪽의 호주머니에 넣고 있다가 밤이 되어서야 펼쳐 보았다. 글씨는 영어의 필기체에 가까웠다. 매사에 소극적일 만큼 조용한 느낌을 풍기던 노인에 대한 이미지를 떠올리며 사내는 그 글을 두세 번쯤 반복해서 읽었다. 그리고 자신도 모르게 생각나는 하나의 문구가 있었다.

'마음이 평온해지는 길'

사내에게 강조하던 노인의 한결같은 결론이었다. 고전의 포인트는 오직 거기에서 찾게 되어 있다고 하면서.

'일대사인연一大事因緣'이라는 불교의 문구가 있다. 풀이하면 뜻은 단순하다. 태어나서 늙고 병들어 죽는 삶의 고통! 바로 그것이다. 그렇다면 그것의 해결책을 고전에서는 어떻게 가르치고 있을까? 당연히 본래 실체가 없는 생명의 이치에 눈뜨기를 강조한다. 고전의 개념을 빌려 표현하면 연기緣起이며 일음일양一陰一陽이다.

남자가 여자를 짝으로 살아가는 이치로서의 연기緣起, 여자가 남자를 짝으로 살아가는 이치로서의 일음일양一陰一陽. 남녀의 개념만이 아니다. 현상과 본질, 유와 무, 큰 것과 작은 것, 밤과 낮, 우리가 공유하고 살아가는 세상의 모든 속성이 그와 같다.

그런데 우리는 이를 항상 대립하고 있는 존재론적인 실체로서 이해하며 살아간다. 서로가 서로를 의지해서 성립하게 되는 본래 실체가 없는 이치를 자각하지 못하는 것이다. 그리고 거기에서 세상을 살아가는 마음의 고통이 생겨나게 되어 있다는 옛사람들의 한결같은 주장이다. 그러므로 우리가 자기 마음에 삶의 고통이 생겨난다면 돌아보아야 하는 게 있다. 본래 실체가 없는 일음일양一陰一陽 및 연기緣起의 이치인 세계관의 문제다.

원 포인트 고전 인문 시리즈 3
번민-고전에 답이 있다

2019년 2월 20일 초판 1쇄 인쇄
2019년 2월 28일 초판 1쇄 펴냄

지은이 | 김 가 원
펴낸이 | 이 철 순
디자인 | 정 미 림

펴낸곳 | 해 조 음
등 록 | 2003년 5월 20일 제 4-155호
주 소 | 대구광역시 중구 남산로13길 17 보성황실타운 109동 101호
전 화 | 053-624-5586
팩 스 | 053-624-5587
e-mail | bubryun@hanmail.net

저작권자 ⓒ 김가원, 2019
이 책은 저작권법에 의해 보호를 받는 저작물이므로
저자와 출판사의 허락 없이 인용하거나 발췌하는 것을 금합니다.

ISBN 978-89-92745-72-7 03140
•잘못된 책은 바꾸어 드립니다. •책값은 뒤표지에 있습니다.